WULFF D. REHFUS

DIE VERNUNFT FRISST IHRE KINDER

ZEITGEIST UND ZERFALL DES MODERNEN WELTBILDS

HOFFMANN UND CAMPE

CIP-Titelaufnahme der Deutschen Bibliothek

Rehfus, Wulff D.:
Die Vernunft frisst ihre Kinder:
Zeitgeist und Zerfall des modernen Weltbilds / Wulff D. Rehfus.
– 1. Aufl. – Hamburg: Hoffmann u. Campe, 1990
  ISBN 3-455-08360-9

Copyright © 1990 by Hoffmann und Campe Verlag, Hamburg
Lektorat: Hubertus Rabe
Einbandgestaltung: Lo Breier
Satz: Utesch Satztechnik GmbH, Hamburg
Druck und Bindung: Ebner Ulm
Printed in Germany

INHALT

Vorbemerkung   7

ENDZEIT
Die Krise   15
Homo destructivus   44
   Die Lust am Untergang   44
   Der Tod und die Bombe   53
   Das evolutionäre Defizit   57
   Von der Notwendigkeit einer Evolutions-
   beschleunigung   63

ZEITGEIST
Die Machtübernahme der Vernunft   73
Der Zusammenbruch der Vernunft   86
   Die reflexive Vernunft   86
   Formalisierung und Regionalisierung der Vernunft . .   89
   Fraktionierung der Vernunft   93
   Der Sturm auf die Bollwerke der Vernunft:
   die Institutionen 102
Die Krämpfe der zerbrochenen Vernunft 106
   Die torkelnde Freiheit: Beliebigkeit 106
   Pluralismus 112
Die Kompensation der verlorenen Vernunft 120
   Verrechtlichung des Alltags 122
   Die Wende zur Natur 128
   Das Engagement 136
   Der Terror der Moral 141
   Der Kommunikationszwang 150
Die Auflösung der Realität in den Schein 154
Das verwaltete Glück. Zur Logik der Vernunft
im Sozialismus 164

DAS SCHICKSAL DER MODERNE

Die Ordnung und das Chaos 185
  Die fremde Welt 185
  Ordnungsmuster der Wirklichkeit 194
Der Selbstverständigungsprozeß der Moderne 198
  Die Selbstbegründung der Moderne in der
  Philosophie 199
  Die Welterklärung der Moderne in der Physik 207
  Die Selbstdeutung der Moderne in der Kunst 218
Irrwege der Moderne 232
  Der psychoanalytische Irrtum 232
  Der materialistische Determinierungsfehler 239
  Der Machbarkeitswahn 244
  Das Sinnmißverständnis 250
Die Logik der Vernunft 257
  Der Logos 258
  Das Schicksal 267
  Der Fluch 275
  Arbeit 281
Jenseits von Arbeit und Sinn 288

Literaturhinweise 299
Über den Autor 304

VORBEMERKUNG

Der Zeitgeist hat die Endzeit entdeckt. Am Ausgang der achtziger Jahre wetterleuchtet ein Gewitter, dessen Ausbruch im nächsten Jahrhundert erwartet wird. Die Moderne hat ihr Selbstvertrauen verloren, ein Epochenwechsel bahnt sich an. Der Alp des Weltuntergangs drückt das Gemüt des aufgeklärten Bürgers. Ein Nachtmahr breitet seine Flügel und verschattet den Blick auf die Welt. Die Zukunft ist verdüstert.

Die einen sind gelähmt, die anderen engagiert, die nächsten demonstrieren, mancher ist ahnungslos, viele nehmen es nicht ernst. Die Politiker geben Interviews, die Pfarrer sind ratlos, die Manager betreiben ihr Geschäft. Die Philosophen gehen ihren Studien nach. Propheten haben Zulauf, Gesundbeter sind ausgebucht, die Couchen der Psychoanalytiker überbelegt, die Versicherungsgesellschaften blühen. Das Geschäft mit dem Weltuntergang geht gut.

Wir leben in keiner fruchtbaren Zeit, in keiner Zeit der kulturellen Höchstleistungen, aber wir leben in einer interessanten Zeit. Uns befällt keine klassische Langeweile, die aus dem Abstand und mit Muße überschaut. Wir leben mitten in Turbulenzen und suchen nach Sicherheiten. Deshalb sind unsere Stellungnahmen parteiisch. Nur wissen wir nicht, wofür wir Partei ergreifen sollen. Gestern für Ho Chi Minh und Mao, heute für die Ökobewegung oder die jungen Aufsteiger – und morgen? Es gärt, es brodelt. Könnte es ein spannenderes Leben geben als angesichts eines Umbruchs, bei dem sogar das Ende der Menschheit auf dem Spiel steht? Indessen: Einfache Erklärungsmuster sind gefragt. Wohlfeile Rezepte, eindeutige Lösungen, schlichte Gesundungsvorschläge finden Absatz. – Es fehlt eine Theorie der Moderne.

Eine Theorie der Moderne muß den Gesamtzusammenhang der Gegenwart verständlich machen. Sie muß unseren Alltag erklären, die Politik, die Wissenschaft, die Philosophie, die Kunst. Sie muß eine umfassende Zusammenschau all der Erscheinungen sein, die unsere Gegenwart und Zukunft bestimmen. Man muß den Urknall verstehen und die Currywurst, Glasnost und Bundespost, Martin Heideggers: »Was ist Metaphysik?« und Robert Lembkes: »Was bin ich?«.

Dieses Buch entwickelt die Grundzüge einer Theorie der Moderne aus einer Bestandsaufnahme der achtziger Jahre, die zum philosophischen Nachruf auf die Kultur der Aufklärung wurde, zum Epilog einer Epoche.

Die Moderne ist die Zeit der Aufklärung. Diese fühlt sich bis heute als Hort der Vernunft. Das Gegenteil aber ist wahr: Die Aufklärung hat die Vernunft zerstört, denn sie hat sie autonom gemacht, kritisch und reflexiv. Die Dreifaltigkeit der aufklärerischen Vernunft, Autonomie, Kritik und Reflexivität, hat sie in den Selbstmord getrieben.

Diesen Weg verfolgt das Buch, und es zeigt, daß dieser Weg unaufhaltsam gewesen ist. Die Grundbewegung der Moderne folgt einer inneren Konsequenz der aufklärerischen Vernunft. Die Moderne bewegt sich aus sich selbst, und ihr Gang beginnt mit der Autonomie und findet ihren Höhepunkt in der Selbstbezüglichkeit, die zugleich der Wendepunkt zur Selbstauflösung ist. Die Vernunft frißt ihre Kinder. Es gibt keinen Bereich unserer Gesellschaft, der sich diesem Ablauf entziehen könnte. So stellt sich heraus, daß unsere heutigen Probleme ihre Ursache nicht darin haben, daß wir unvernünftig wären, sondern darin gründen, daß wir vernünftig sind. Wir sind unerbittlich vernünftig, denn die Aufklärung ist unser Schicksal.

Die Frühaufklärung dachte die Vernunft autonom, die heutige Spätaufklärung denkt sie als Anhängsel des Willens, der Ökonomie oder des Unbewußten. Dies Mißverständnis hindert uns, die Gegenwart zu begreifen. Denn nach wie vor ist die Vernunft autonom, und unser Denken und Handeln folgen ihr blind. Die Gegenwart ist der Zustand der zusammenbrechenden aufklärerischen Vernunft. Die Aufklärung ist kollabiert,

8 sie hat die Vernunft ruiniert.

Das Debakel der Vernunft zeigt, daß wir einem weiteren Miß-verständnis aufgesessen sind. Wir haben an das Märchen vom Glück der Arbeit geglaubt, das uns die Vernunft erzählt hat. Ihr Ende hat uns inzwischen eines Besseren auch über die Arbeit belehrt. So haben wir einen festen Halt verloren; das aufklärerische Selbst- und Weltverständnis ist am Ende. Alle bisherigen Annahmen sind von der kritischen Vernunft ent-larvt und ihrer Unhaltbarkeit überführt worden, alle Tabus sind gebrochen. Dieser Zustand drang ins europäische Bewußt-sein in den zwanziger Jahren dieses Jahrhunderts. Das »Dritte Reich« hat ihn den Juden angelastet und in der Ästhetisierung der Politik zu überspielen versucht. Solche Auflösung der Wirklichkeit in den Schein funktionierte zwölf Jahre lang, dann brach die Kulisse zusammen. Heute leben wir in ihren Trümmern und in denen der zerstörten Vernunft. In unserem vernünftigen Denken gefangen, sitzen wir im Käfig der Auf-klärung. Wir wissen nicht weiter, wir sind ratlos.

Die Extreme zu meiden und die goldene Mitte zu finden ist die Tugend der Politiker. Bücher der goldenen Mitte sind langwei-lig. Das Denken darf nicht in der Mitte stehen, sondern muß den Punkt anstreben, der so hoch ist, daß die Extreme sichtbar werden. Gedanken müssen manchmal Brechstangen sein.

Ich möchte die Wirklichkeit, die Gegenwart begreifen. Gegen-wartsanalyse und geschichtlicher Rückblick greifen dabei stän-dig ineinander, sie durchdringen sich so, daß eine eindeutige methodische Trennung nicht möglich ist; sie ist auch gar nicht erwünscht. Die Aufarbeitung der Vergangenheit ist Aufarbei-tung der Gegenwart und umgekehrt.

Wissenschaftliche Theorien sind keine Offenbarungen der Wahrheit, vielmehr Erklärungsmodelle für Ereignisse und Tatbestände. Die klassische Wahrheitstheorie bestimmte »Wahrheit« als Übereinstimmung von Begriff und Wirklich-keit. Diese Definition hat den Nachteil, daß sie keine Gesichts-punkte benennt, aufgrund derer eine Übereinstimmung ge-prüft werden kann. Deshalb dachte man sich neue Theorien aus, von denen jedoch keine eine Wahrheit erbrachte. **9**

Aus diesem Grund ist es ratsam, den Begriff Wahrheit aus dem wissenschaftlichen Wortschatz zu streichen, wie das die Naturwissenschaftler schon längst getan haben. Theorie ist für sie der Entwurf eines Denkmodells ihres Forschungsgegenstandes. Dieses Modell hat mindestens drei Anforderungen zu genügen: Es muß in sich widerspruchsfrei sein, Beobachtungen in einem kausalen oder mathematischen Begründungszusammenhang erklären und Vorhersagen ermöglichen. Die Erfüllung der dritten Bedingung macht Theorien zu mehr oder weniger gut »bestätigten«, macht sie aber niemals »wahr«. Entsprechend diesem Theorieverständnis entwerfe ich ein Modell der Moderne, das in sich widerspruchsfrei ist, die verwirrende Vielfalt gegenwärtiger Erscheinungen erklärt und Vorhersagen trifft.

Ich will zeigen, daß die Annahme, die heutige Welt sei vernünftig, erheblich einleuchtender und erklärungsstärker ist als die gängige, gemäß der wir an einem Mangel an Vernunft litten. Weiter werde ich darlegen, daß die Entwicklung, die heute zu beobachten ist, notwendig und in Westeuropa und den USA am weitesten fortgeschritten ist. Daraus ergeben sich zwei Prognosen: Erstens werden alle Länder, welche die aufklärerische Vernunft entweder freiwillig übernommen oder aber aufgezwungen bekommen haben, eine ähnliche gesellschaftliche Entwicklung nehmen, wie wir sie in Westeuropa und den USA seit der Aufklärung durchgemacht haben. Aus der inneren Logik der aufklärerischen Vernunft folgt zweitens, daß sich unser europäisch-amerikanisches Selbst- und Weltverständnis in einem Selbstzerstörungsprozeß notwendig auflösen wird.

Die Selbstzerstörung der Vernunft selbst ist vernünftig; sie ist das Grundgeschehen der Neuzeit bis zum heutigen Tag, und die Mannigfaltigkeit der Wirklichkeit ist Symptom dieses Zerfalls. So eröffnen sich Zusammenhänge, die sonst verschlossen blieben: die Psychoanalyse und der McDonald's-Schnellimbiß, die Fußgängerzone und das Ozonloch, Terroranschläge und **10** Sport. Was hat denn die Flick-Affäre damit zu tun, daß in

Bottrop nicht die gelben Telefonzellen der Bundespost aufgestellt wurden, sondern die bekannten roten der englischen Krone? – Erscheinungsbilder des vernünftigen Zerfalls der Vernunft zu sein, lautet die Antwort. Wir leben nicht im Jenseits der Vernunft, sondern in einer Zeit, in der die Vernunft die Alleinherrschaft übernommen hat. Wir können gar nicht irrational sein; was dem einen oder anderen so erscheinen mag, ist in Wahrheit die Vernunft selbst.

Die Gegenwart läßt sich nicht länger nach einem Links-Rechts-Schema verstehen. Auch hier hat die Vernunft ganze Arbeit geleistet. Aus der Sicht ihres Auflösungsstadiums, der Reflexivität, gehört diese Begrifflichkeit in die Rumpelkammer der Geschichte. Dies schließt jedoch nicht aus, daß anachronistische Schlachten geschlagen werden. Auch Scheinkämpfe werden real ausgefochten. Allerdings bleiben dann nur Verlierer übrig.

Die Augen dürfen nicht geschlossen, sondern müssen geöffnet werden. Dann zeigt sich: Die heutigen Probleme sind riesig, aber die Welt geht nicht unter. Was untergeht, ist nur die Epoche der Aufklärung.

Nicht die Welt geht unter, sondern die Epoche der Aufklärung – dies ist die Hauptthese des Buches. Sie geht unter, weil sie erfolgreich war, sie wird von ihrem eigenen Prinzip zerstört, von der autonomen Vernunft. Getrieben vom Willen zur Kritik und zur Entlarvung, geht sie ihren eigensinnigen Gang; sie kritisierte den Menschen aus aller Tradition heraus, und schließlich kritisierte sie sich selbst. Damit zog sie sich den Boden unter den eigenen Füßen weg. Das ist ihr Ende. Wir feiern es als Pluralismus, richtig gesehen, ist es die Bodenlosigkeit unseres Denkens und Handelns, deren Freigabe an die Beliebigkeit.

Zum Aufbau: Zunächst beschreibe ich kurz die Ereignisse und Tatbestände, deren Zusammentreffen uns die heutige Lage als »Krise« erscheinen läßt. Dann wird die Ursache unserer Schwierigkeiten freigelegt. Von diesem Grundübel her betrachtet, erscheinen die gegenwärtigen gesellschaftlichen Ent- **11** wicklungen in einem überraschenden Licht. Schließlich werden die Folgefehler des Grundübels der Moderne dargelegt, und abschließend folgen Überlegungen, wie ihnen zu begegnen ist, denn »was helfen einem die schönsten kritischen Zeiten, wenn man sie nicht zu benutzen versteht?« (Wilhelm Raabe). Noch eine Anmerkung zum Begriff »Moderne«: Für die europäische Geschichte hat sich eine Einteilung in Altertum, Mittelalter, Neuzeit und Gegenwart eingebürgert. Der Begriff der Moderne wird dabei sehr unterschiedlich gebraucht. Ich verwende ihn hier zur Kennzeichnung des Selbst- und Weltverständnisses, das mit der Renaissance beginnt, in der Aufklärung seinen Höhepunkt erreicht und bis heute unser Denken und Handeln bestimmt.

Ein Buch zu schreiben ist eine mühevolle Lust; jedenfalls für den Autor, weniger für diejenigen, die auch in dieser Zeit mit ihm zusammenleben. Ich widme dieses Buch deshalb meiner Frau Barbara und Antea, unserem Kind.

ENDZEIT

DIE KRISE

Wer sich heute darüber streitet, ob die Kultur der Aufklärung wohl zu Ende gehen mag oder nicht, der hat etwas nicht begriffen: Wir leben bereits im Endstadium. Dies ist kein Kulturpessimismus, denn das Ende einer Kultur ist weder besser noch schlechter als ihr Beginn, ist weder besser noch schlechter als ihr Höhepunkt. Das Ende einer Kultur ist nur das Ende einer Kultur. Es müssen andere Probleme bewältigt werden als am Beginn oder Höhepunkt. Picasso ist anders als Rembrandt, Gorbatschow anders als Napoleon, der Airbus anders als die Droschke. Das ist alles.

Wenn der Walkman das Tafelkonzert ersetzt, die Telekommunikation das Gespräch, der Monitor das Buch – dann ist das nicht schlimmer als die Ersetzung des gesprochenen durch das geschriebene Wort, aber es ist auch nicht besser, es ist nur etwas anderes. Darüber zu klagen gibt es keinen Grund. Allenfalls darüber, daß so wenige fähig und bereit sind, den Wandel auszuhalten, und deshalb eine Rolle rückwärts versuchen oder einen Salto nach vorn. Wie immer man jedoch an der europäischen Aufklärungskultur hängen mag: Sie geht vorüber – wie die Antike und das Mittelalter.

Wir erleben aber keine postmoderne Morgenröte, wo die Schatten sich auflösen und sich neue Horizonte auftun. Wir erleben die spätmoderne Dämmerung, in der die Schatten lang geworden sind, sich auf unsere Seele legen und die Konturen verschwimmen. Im Halbdunkel sind nicht nur die Katzen grau – der getrübte Blick vermag das Wesentliche vom Unwesentlichen nicht mehr zu scheiden. Die Ununterscheidbarkeit, die Indifferenz, die Beliebigkeit, die Austauschbarkeit sind die Merkmale des Untergangs. Doch die Zeichen der Auflösung werden umgewidmet. Die Ununterscheidbarkeit wird Gleichheit genannt, die Indifferenz Integration, Beliebigkeit Pluralismus und Austauschbarkeit Harmonisierung.

Solche Übergangszeiten sind nichts Neues und haben nichts Erschreckendes. Es handelt sich um regelmäßige Umbrüche, seit sich die Menschen in größeren sozialen Gebilden zusammengeschlossen haben, seit es staatenähnliche Gemeinschaften gibt. All diese Zusammenschlüsse benötigen ein einheitliches Selbst- und Weltverständnis zu ihrer Stabilisierung. Ohne einen Mindestkonsens an Selbst- und Weltverständnis kann es keine menschliche Gemeinschaft geben. Unterschreiten nun solche Gemeinschaftsüberzeugungen einen bestimmten Grundbestand, dann ist der Zusammenhalt der Gemeinschaft gefährdet. Soll er dennoch aufrechterhalten werden, gelingt dies nur noch mit Gewalt. Es läßt sich deshalb sagen, daß es entweder Gewaltstaaten oder Überzeugungsstaaten gibt, wobei die Übergänge selbstverständlich fließend sind.

Nach dem Übergang von der griechischen in die römische Antike, der römischen Antike in die christliche Ära, vom Mittelalter zur Neuzeit erleben wir in Europa heute den Übergang der Neuzeit in etwas, das wir noch nicht kennen: in eine Nachmoderne. Ob sie, wie einige Futurologen behaupten, nachindustrieller Art sein oder ob sie, wie andere vermuten, ein »Solarzeitalter« werden oder ob sie sonst etwas sein wird – dies kann heute keiner wissen. Platon konnte sich sehr wohl eine Polis denken, wie er sie in seiner *Politeia* skizziert hat, aber er sah nicht das Römische Reich voraus. Der heilige Augustinus konnte sich ein Gottesreich auf Erden vorstellen, nicht aber den modernen Industriestaat. Paulus hat nie damit gerechnet, daß das Christentum einmal genau das ausüben würde, wogegen es angetreten war: Herrschaft und Gewalt. Alle heutigen Prognosen haben zwar den Reiz, sich das Unausdenkbare vorzustellen, sie bleiben aber hilflose Spekulationen, ohne Voraussagewert. Sie stillen nur unser Phantasiebedürfnis.

Der Umbruch, in dem wir heute leben, zeigt sich, wie immer in der Geschichte, in einer Veränderung unseres Selbst- und Weltverständnisses. Darin gleicht er allen epochalen Umbrüchen der menschlichen Geschichte. Der Umbruch unseres Denkens ist der Sturz der Vernunft.

Viele wollen die Vernunft beerben. Bewegungen und Gruppierungen entstehen und platzen wie die Blasen im Wasser, bevor es zu verdampfen beginnt. Aber der Streit um das Erbe der Vernunft kommt zu früh, denn sie ist noch nicht tot. Das führt zur Verwirrung in den Erbauseinandersetzungen: Selbst sie werden noch im Namen der Vernunft geführt. Da ist die Vernunft der Frauenbewegung, die technologische Vernunft, eine »Ganzheitsvernunft«, eine ökologische Vernunft, und selbst die aufklärerische Vernunft erfreut sich vereinzelt noch eines guten Rufs. Alle, die heute die Vernunft beerben wollen, haben sie noch nicht überwunden. Sie sind gar keine Erben, noch nicht einmal Leichenfledderer, denn die Vernunft ist noch nicht tot. Die vermeintlichen Erben sind deshalb nicht die neue Morgenröte, sondern die letzten Zuckungen der aufklärerischen Vernunft, ohne dies zu begreifen. Sie ist noch bei Kräften, nur sind ihre Kräfte auseinandergefallen und bekriegen sich gegenseitig. Wir leben noch nicht im Jenseits der Vernunft.

Die europäisch-neuzeitliche Vernunft hat zuerst die Neue Welt, Amerika, erobert, nahm Besitz von Asien, vom Nahen Osten, Schwarz-Afrika. Wie eine Epidemie verbreitete sie sich auf der ganzen Welt. Selbst so alte Kulturen wie Ägypten, China, Indien und Japan konnten sich ihres Ansturms nicht erwehren. Das einzige Land, das sich verweigert, ist der Iran des Ajatollah, sieht man von den Eskapaden Gaddafis einmal ab. Vergeblich wird in beiden Ländern der Versuch gemacht, das Rad der Geschichte zurückzudrehen. Aber der Todeslauf der Vernunft ist nicht aufzuhalten.

Der Infektionsherd sitzt in Europa und Amerika, und von diesen Zentren aus betrachtet sind die anderen Länder und Kontinente Peripherie; ein Problem, das in der linken Öko-Szene um Rudolf Bahro diskutiert wurde. Wo die Vernunft sitzt, da ist die Macht – weltweit. Aber die Macht bröckelt. Sie ist erschüttert, weil die Vernunft ihren Lauf nimmt, und der endet in der Selbstauflösung. Indem sich die aufklärerische Vernunft selbst aufzehrt, zerstört sie die Zentren der Macht. **17**

Die Weltmächte wanken, weil die Vernunft wankt. Deshalb versuchen sie, sich zu restaurieren. Reagan versuchte es in den USA, Gorbatschow versucht es in der UdSSR, in Ungarn, Polen und der CSSR gaben die kommunistischen Parteien ihr Machtmonopol auf, in der Bundesrepublik und selbst in der DDR wurde die »Wende« ausgerufen. Aber der alten Vernunft kann keine Wende gelingen, weil sie selbst der Grund für den Machtverfall ist. Die Vernunft kann die Krise der Gegenwart nicht beheben, denn die Krise der Gegenwart ist die Krise der Vernunft. Ihrem Zerfall entspricht machtpolitisch die Dezentralisierung und Internationalisierung. Die Peripherie gewinnt an Bedeutung, die jedoch, gemessen am gerade zu beobachtenden Abschied der sozialistischen Ideen aus der Weltgeschichte und dem Ende der Epoche der Aufklärung, erst dann zum Tragen kommen kann, wenn der Verfallsprozeß der aufklärerischen Vernunft abgeschlossen sein wird.

Wer heute in Europa und Amerika Meditationsübungen macht, sich für Zen interessiert, wer vor kurzem noch auf Bhagwan hereingefallen ist, sich aus dem *I Ging* die Erneuerung verspricht oder im »New Age« sein Heil sucht – der spürt dumpf den Verfall der Vernunft. Dieser Verfall erklärt die Anzeichen eines aufkeimenden Irrationalismus. Die Anhänger des neuen Okkultismus, von den Wünschelrutengängern bis zu den »Weisen Frauen«, versuchen vergeblich, der aufklärerischen Vernunft zu entkommen. Sie finden weder eine nachaufklärerische Zukunft, noch finden sie zurück in die voraufklärerische Zeit. So enden ihre Fluchtversuche in der Selbstverwirrung – wie am 30. Juli 1986 in Bochum:

Zwei Männer und eine Frau waren überzeugt, vor 12 000 Jahren am Untergang von Atlantis schuldig gewesen zu sein. Die Frau nämlich hätte sich damals geweigert, den Herrscher von Atlantis zu heiraten. Zur Strafe sei sie deshalb dem Bösen, in der Gestalt des Katzenkönigs, ausgeliefert worden. Von diesem hätten sie die beiden Männer befreit. Aus Wut ließ dieser dann Atlantis untergehen. Die Seelen der drei hätten sich daraufhin geschworen, der Menschheit immer dann beizustehen, wenn

ihr Gefahr drohe. So hätten sie schon als Maria und Josef, Johannes der Täufer, Graf Salentin und Papst Pius III. hilfreich eingegriffen. Im Jahre 1986 nun drohte neues Unheil vom Katzenkönig, der im sauerländischen Möhnesee und einem nahegelegenen Friedhof sein Versteck hatte. Jede Nacht fuhren die drei deshalb dorthin und besänftigten ihn durch allerlei Opfer und Rituale, zu denen unter anderem ein mitternächtliches Durchschwimmen des Sees gehörte. Schließlich, so offenbarte der Erzengel Michael, konnte nur noch ein Menschenopfer den Katzenkönig beschwichtigen. Die Braut des einen müsse von dem anderen Mann, einem Polizeimeister, getötet werden. Am 30. Juli 1986 ersticht dieser die Verlobte des anderen. (»Die Zeit«, 23. 9. '88)
Dies ist nicht der vor-aufklärerische Aberglaube, aus dem die Vernunft führen sollte, dies ist vielmehr der Aberglaube, den die Aufklärung selbst produziert. Die Selbstverwirrung ist angelesen und »angesehen«. Der Aberglaube ist nicht eingebunden in eine dörfliche, unaufgeklärte Tradition, vielmehr ist er frei schweifende Phantasmagorie, aus Versatzstücken, deren geschichtlicher Zusammenhang unbekannt ist, willkürlich zusammengesetzt, wie die postmodernen Architekten und Designer ihre Häuser und Möbel entwerfen. Im Spätstadium der Vernunftkrankheit kann sich der Aufgeklärte seinen Aberglauben frei erfinden.
Der anspruchsvollere vernünftige Aberglaube mischt im Namen von Vernunft- und Wissenschaftskritik wissenschaftsähnliche Elemente mit unkontrollierbaren Spekulationen. Das beginnt bei von Däniken und gipfelt in der diffusen Welt des »New Age«. Der unerfüllte Anspruch von Wissenschaft und Technik, den Zufall auszuschalten und die Welt verfügbar zu machen, rächt sich. Die neuen Lösungen für die uneingelösten Versprechungen machen den Zufall zum System: Die im Alltag erfahrenen Zufälle werden in einer umfassenden Zufallstheorie verständlich gemacht. Genau dadurch aber wird der Zufall weniger zufällig.
Im kleinen wird hier deutlich, was sich weltgeschichtlich zu- **19**

trägt: die Umkehr der Verhältnisse. Das Zentrum ist ausgebrannt und erhofft eine Erneuerung aus der Peripherie. Ex oriente lux. Die Welt verliert ihre historisch-politische Orientierung der letzten Jahrhunderte.

Die Krise unseres Selbst- und Weltverständnisses fällt in eine Zeit, in der wir über Mittel verfügen, um die Natur zu kontrollieren, in der wir aber die Gesamtheit der Mittel immer weniger beherrschen. Wir produzieren Weizen, indem wir Insektenvernichtungsmittel einsetzen und resistente Pflanzen züchten und genetisch manipulieren, wir sind aber den Nebenwirkungen hilflos ausgeliefert, wir kennen sie noch nicht einmal. Wir entfachten die Atomenergie in den Kernreaktoren, doch bei einem Reaktorunglück sind wir machtlos. Wir sind ständig überfordert.

Wir stecken mitten in einem Umbruch, den wir als Krise erleben. Jeder kennt die vielen Probleme, die uns bedrängen, die Tagespresse ist voll davon. Die Risiken haben keinen Neuigkeitswert. Gleichwohl sind wir weit davon entfernt, sie zu vermeiden; es scheint sogar, daß die meisten die Augen vor ihnen verschließen.

Die folgende Systematisierung und Kommentierung der heutigen Krisensituation beruht auf Material, das überall nachzulesen ist. Meine Ausführungen erheben nicht den Anspruch, neue Zahlen und Daten vorzulegen, vielmehr möchte ich in Erinnerung rufen, was eigentlich jeder wissen müßte. Ich beschränke mich deshalb auf die allgemein zugänglichen Quellen: auf die Agenturmeldungen und Presseberichte deutschsprachiger Zeitungen, besonders des »Spiegels« und der »Zeit« der Jahre 1987 bis 1989.

Drei Hauptbereiche heutiger Gefährdungen lassen sich unterscheiden: eine ökologische, eine ökonomische und eine technologisch-sozial-ethische Krise.

Zur ökologischen Krise: Die Versorgung der Industriestaaten und die Entsorgung des dadurch entstehenden Mülls gefährden die Ökosphäre. Wenn man die Industrieabfälle unberücksichtigt läßt, dann erzeugt jeder Einwohner der USA heute im

Durchschnitt 744 kg Müll, jeder in der Bundesrepublik Lebende 374 kg. Der Hauptanteil sind mit 30 % Küchenabfälle, gefolgt von Papier, Mittelmüll, Asche, Glas, Kunststoff, Textilien, Windeln und Metall. Viel gefährlicher aber sind die Industrieabfälle: Treibgase könnten die Ozonschicht zerstören. Der Anteil des Fluorchlorkohlenwasserstoffs in der Luft wächst durch die Verwendung von Treibgas in Sprühdosen, Kunststoffschäumen und Kühlmitteln. Weltweit werden derzeit 800 000 t davon produziert. Beim Aufstieg in die Stratosphäre (15–50 km) greifen sie den Ozonmantel, der die Erde umgibt, an. In einer Kettenreaktion kann ein Fluorchlorkohlenwasserstoff-Molekül Zehntausende von Ozon-Molekülen zerstören. Bei anhaltendem Verbrauch wäre dann in knapp 100 Jahren die Ozonschicht zerstört. Diese aber schützt uns vor der ultravioletten Strahlung, die zu einer Schädigung der Keimzellen führt. Sollte der gegenwärtige Verbrauch um nur 3 % pro Jahr steigen, ist schon im Jahre 2020 mit einer 10%igen Verminderung der Ozonschicht zu rechnen. Das »Frühjahrsloch« in der Ozonschicht über der Antarktis, so zeigten die jüngsten Untersuchungen, wird jedes Jahr größer. Zwischen 14 und 24 km Höhe sind ungefähr 90 % des Ozons verschwunden, und an dessen Stelle trat Kohlendioxid.

Seit etwa 1850 wurden ungefähr 185 Milliarden t Kohlenstoff in Kohlendioxid verwandelt, und durch Brandrodung kommen noch einmal 100 Milliarden t dazu. Das Verbrennen von Öl, Gas und Kohle produziert heute pro Jahr etwa 5 Milliarden t. Der seit einigen Millionen Jahren gleich gebliebene Kohlendioxid-Gehalt der Atmosphäre (zwischen 180 und 300 ppm = part per million: ein Teil auf eine Million Teilchen Luft) stieg seit etwa 1800 um 30 % auf 347 ppm. Jährlich kommen heute circa 1,6 ppm hinzu. Für das Jahr 2220 schätzt man 850 bis 1000 ppm. Hinzu kommt die Vermehrung anderer Spurengase wie Methan, Ozon, Distickstoffoxide, Fluorchlorkohlenwasserstoffe. Methan stieg seit 200 Jahren von 700 auf 1700 ppb (= part per billion: ein Teil auf eine Milliarde Teilchen). Distickstoffoxid steigt jährlich um 0,2 %, Fluorchlorkohlenwasserstoff um jährlich 5 %. Diese Spurengase und vor allem der CO_2-Anteil der Luft wirken als Wärmefilter. Er läßt das Licht der Sonne durch, verhindert aber, daß die von der Erde reflektierte Sonnenwärme ins All zurückstrahlt. Daraus ergibt sich der »Treibhauseffekt«. Eine englische Auswertung der Temperaturkurven über 130 Jahre zeigt, daß sich die mittlere Jahrestemperatur in dieser Zeit um 0,5° C erhöht hat. Temperaturmessungen im arktischen Permafrost zeigten seit 1870 eine Erhöhung um 2° bis 4° C. Im Juli 1987 lag die Durchschnittstemperatur weltweit 0,3° C über der von 1958, für Juli 1990 rechnet das Goddart Institute for Space Studies mit einem Anstieg von 0,5° C gegenüber 1958, im Juli 2015 mit 1° C und im Juli 2029 mit 1,5° C (»Der Spiegel«, Nr. 29, 1989). Sofern die gegenwärtige Umweltbelastung anhält, rechnen Klimatologen mit einer Erhöhung von 3° bis 9° C in den kommenden 100 Jahren. Erhöhte sich die Temperatur um nur 1° bis 2° C, dann stiege der Meereswasserspiegel und überflutete heute dichtbesiedelte und fruchtbare Flußdeltaregionen in China und Ägypten; unter Wasser lägen das Ganges-Delta in Bangladesch, das Mekong-Delta in Vietnam und Kambodscha und die Po-Ebene in Italien.

Seit Temperaturmessungen vorgenommen werden, waren die letzten fünf Jahre die wärmsten. Schon in den letzten 50 Jahren stieg der Meeresspiegel weltweit jährlich um 2 bis 2,5 mm. In den letzten Jahren erhöhte er sich also um ungefähr 10 cm – mit steigender Tendenz. Sofern die Eiskappe Grönlands schmölze, würden die Fluten weiter steigen; käme es gar zur Schmelze des antarktischen Eises, wäre das Meer 60 bis 80 cm höher als heute. In der Antarktis brach bereits der bislang größte Eisberg von 160 km Länge vom Schelf. Sollte dies das Anzeichen einer globalen Erwärmung sein, dann schrumpfen die Regenwälder, die Savannen, Steppen und Wüsten hingegen wüchsen. In den letzten Jahren hat sich die Linie, die Orte mit gleichbleibend niedrigem Niederschlag verbindet, 150 km nach Süden verschoben. Pro Jahr gehen gegenwärtig 200 000 qkm Ackerfläche verloren, eine Fläche beinahe so groß wie die Bundesrepublik.

Von Verwüstung bedroht sind 10,5 Millionen qkm in den USA, in Kanada und Mexiko, 7 Millionen qkm Urwald-, Gebirgs- und Landwirtschaftsflächen in Südamerika. 6,9 Millionen qkm veröden südlich der Sahara, in der Sahelzone, im Sudan, in Äthiopien und Kenia. In Indien, Pakistan, China und Australien sind es 4,3 Millionen qkm, in Spanien, Marokko, Tunesien, Libyen und der Türkei sind 1,3 Millionen qkm bedroht. Verschärft wird das Problem der Verwüstung dadurch, daß der entwaldete und ausgelaugte Boden das Wasser der sintflutartigen Regengüsse nicht mehr aufnehmen kann und die verbliebene Erde weggeschwemmt wird.

In Europa wird die gesamte Vegetation durch sauren Regen, Schadstoffe im Boden und im Wasser sowie durch die Luft- und Umweltverschmutzung schwer geschädigt.

Nach dem Nordseeschutz-Bericht der Bundesregierung vom September 1987 werden pro Jahr in die Nordsee geschwemmt: 11 000 t Blei, 28 000 t Zink, 950 t Arsen, 335 t Cadmium und 75 t Quecksilber. Von Schiffen und Bohrplattformen werden pro Jahr legal etwa 150 000 t, illegal etwa 6000 t Öl abgelassen. Von den Schiffen werden jährlich ungefähr 20 000 t Hausmüll über Bord geworfen. 100 000 t Giftmüll werden im Jahr auf See verbrannt. Baggergut und Klärschlamm machen ca. 80 Millionen t aus. Fast zwei Millionen t Dünnsäure werden legal »verklappt«, aus Flüssen, Ableitungsrohren und der Atmosphäre ergießen sich 100 000 t Phosphate und ungefähr 1,5 Millionen t Stickstoffverbindungen in die Nordsee. Diese Nährstoffe scheinen es vor allem gewesen zu sein, die im Frühjahr 1988 das enorme Wachstum einer bislang unbedeutenden Algenart bewirkten. Ein 200 km langer und zehn km breiter Algenteppich, der sich von der Südküste Schwedens bis zu den Nordseestränden Jütlands hinbewegte, erstickte bis in eine Tiefe von 12 m alles Leben. Schwedische Meeresbiologen haben bei Messungen in der Ostsee bereits Ende 1987 festgestellt, daß rund 100 000 qkm des Ostseebodens abgestorben sind. In Italien flüchten Touristen vor dem Gestank faulender Algen, das Robbensterben bedroht das Überleben der Gattung. **23**

Am Karfreitag 1989 lief der Tanker »Exxon Valdez«, befehligt vom dritten Offizier, während der betrunkene Kapitän seinen Rausch ausschlief, in Alaska auf ein Riff. Über 40 000 t Öl liefen aus und verteilten sich auf rund 2230 qkm des Prinz-William-Sundes, 1600 km Festlandsküste und Inselstrände wurden verschmutzt.

In der Bundesrepublik zeichnen sich Probleme mit der Trinkwasserversorgung ab. Die Überdüngung der Felder mit Gülle und Kunstdünger führt in einzelnen Trinkwasser-Einzugsgebieten zu äußerst hohen Nitrat-Belastungen, so daß das Trinkwasser einzelner Orte den zulässigen Höchstwert von 50 mg/l schon überschritten hat.

In Asien, Afrika und Lateinamerika werden große Teile der Tropenwälder abgeholzt. Weltweit jährlich 11 bis 15 Millionen ha – ein Gebiet, größer als Österreich. Mehr als die Hälfte der Tropenwälder zur Zeit der Jahrhundertwende sind heute vernichtet: um Städte und Autobahnen zu bauen, um Anbauflächen für die Land- und Viehwirtschaft zu gewinnen, um Brennholz zu haben, um zu exportieren. Allein die Bundesrepublik importiert jährlich 490 000 cbm Schnitt- und Sperrholz aus Südostasien. Die Aufforstung ist demgegenüber äußerst gering. In Asien im Verhältnis 1 : 4,5, in Lateinamerika 1 : 10,5, in Afrika 1 : 29. In Europa sterben die Wälder. In der Bundesrepublik waren gemäß der »Waldschadenserhebung« im Jahre 1983 34,4 % der Waldflächen geschädigt, 1988 waren es 52,4 %: 73 % der Tannen, 69,6 % der Eichen, 63,4 % der Buchen, 53,4 % der Kiefern, 48,8 % der Fichten. Von den vorhandenen Waldflächen Europas waren 1988 (gemäß allen 4 Schadstufen) geschädigt: ČSSR: 71 %, Großbritannien 64 %, Griechenland 64 %, Bundesrepublik 52 %, Polen 49 %, Niederlande 49 %, Dänemark 49 %, DDR 44 %, Schweiz 43 %, Schweden 39 %, Jugoslawien 32 %, Spanien 31 %, Österreich 29 %, Frankreich 23 %. In den südlichen Regionen, in Italien und Spanien, wo ohnehin keine Bäume mehr wachsen, kann man sehen, wozu die kahlen Berge und Felsen noch gut sind.

24 Die überdimensionierten Reklamewände ersetzen den Wald.

Was wird es sich die McDonald's-Kette kosten lassen, ihr »M« in gelben Neonröhren auf der Lorelei blinken zu lassen?

Die Abfallbeseitigung, hauptsächlich der chemischen Industrie, verseucht Meere, Flüsse, Bäche und das Grundwasser, den Boden und die Luft. Der nukleare Müll belastet auf Jahrhunderte und Jahrtausende die Erde mit radioaktivem (d. h. selbststrahlendem) Material. Nickel 59 und Niob 94 etwa, die in Kernreaktoren anfallen, sind radioaktive Substanzen mit Halbwertzeiten von 80 000 und 20 000 Jahren. Nach dieser Zeit also ist die Hälfte der Atomkerne zerfallen und somit unschädlich. In den derzeit 21 bundesrepublikanischen Kernkraftwerken fallen pro Jahr ungefähr 300 t abgebrannter Brennstäbe an. In den USA lagerten 1986 12 000 t verbrauchter Brennelemente. Bis zum Jahre 2000 schätzt man eine Zunahme von 40 000 t. Zum Atommüll gehören aber nicht nur die Rückstände aus Kernkraftwerken und Wiederaufbereitungsanlagen, sondern alles, was mit Radioaktivität in Berührung kommt: Gebäude, Maschinen, Werkzeuge, Schutzkleidung usf. Die Lagerung solchen Materials ist völlig ungesichert. Selbst wenn ein Teil der abgebrannten Brennelemente wiederverwendet (»wiederaufbereitet«) wird, bleibt zumindest das nichtspaltbare Uran 238 übrig, das dann »endgelagert« werden muß. Keiner weiß, wo. Auf der ganzen Welt gibt es bis heute keine endgültige Lagermöglichkeit.

Der bundesrepublikanische Atommüll beläuft sich nach Angaben der Physikalisch-Technischen Bundesanstalt in Braunschweig derzeit auf ungefähr 40 000 cbm. Er wird, wie im Nukem-Skandal Anfang 1988 herauskam, von einem Kernkraftwerk ins andere verschoben.

Wie wir seit Harrisburg und Tschernobyl wissen, ist das »Restrisiko« der arbeitenden Kernreaktoren größer als hochgerechnet, der Supergau wahrscheinlicher, als die Computer errechnet haben. Und vor allem: Er ist tödlich.

Die Ausbeutung der natürlichen Rohstoffe führt zu einer Verknappung und schließlich zum Versiegen dieser Quellen. Zwar werden die nicht ersetzbaren Brennstoffe, nämlich Kohle, Erd- **25** öl, Erdgas, Ölschiefer, Teersand und Uran noch für vermutlich einige Jahrhunderte ausreichen. Konflikte werden sich aber daraus ergeben, daß nicht jedes Land über Rohstoffe verfügt und daß das Viertel der Weltbevölkerung, das in den Industrienationen lebt, drei Viertel der gesamten mineralischen Rohstoffe verbraucht.

Zu diesen ökologischen Problemen gesellen sich ökonomische. So hat die Industrie noch keine Strategien entwickelt, um die ökologischen Probleme bewältigen zu können. Klar ist, daß die alten Muster industrieller Problemlösung die neuen Probleme nicht meistern können, daß sie die ökologischen Probleme sogar noch vergrößern. Denn die Methoden zur Erwirtschaftung von Gütern und zur Vermehrung von Kapital sind nicht geeignet, den Abbau von unersetzlichen Rohstoffen und die Verseuchung von Luft, Wasser und Erde zu verhindern.

In dieser Phase der industriellen Umwandlung droht gleichzeitig eine strukturelle Arbeitslosigkeit, deren Anfängen wir schon seit einigen Jahren hilflos gegenüberstehen. Die industrielle Basis ändert sich radikal: Die Quellen wirtschaftlichen Reichtums sind nicht mehr Stahl, Kohle und die klassische chemische Industrie, sondern neue Technologien wie Computer, Chips, Biotechnik, Gentechnologie. Die Arbeitslosigkeit in der Bundesrepublik ist hauptsächlich geprägt von diesem Umwandlungsprozeß. Hinzu kommt, daß die menschliche Arbeitskraft immer teurer wird, so daß es langfristig rentabler ist, Menschen durch Maschinen zu ersetzen. Das Wirtschaftsministerium der Bundesrepublik schätzt den Abbau von Arbeitsplätzen bis 1992 auf 230 000 bis 250 000 hauptsächlich in der Landwirtschaft, dem Kohleabbau, der Stahlindustrie und der Automobilwirtschaft. Schon jetzt sind rund 2 Millionen Menschen arbeitslos. Selbst für die geburtenschwachen Jahrgänge Mitte der neunziger Jahre rechnen die Nürnberger Arbeitsmarktforscher mit 2,5 bis 3,3 Millionen Arbeitslosen.

Zu allem Überfluß wächst auch die Gefahr eines erneuten weltweiten wirtschaftlichen Zusammenbruchs. Die Verschuldung der Dritten Welt betrug 1988 über 1,2 Billionen Dollar.

Die Anteile der Geschäftsbanken an den Schulden Venezuelas (insgesamt 35 Milliarden Dollar) betragen 85 %, Mexikos (insgesamt 107,4 Milliarden Dollar) 76,5 %, Brasiliens (insgesamt 120,1 Milliarden Dollar) 71,6 %, Argentiniens (insgesamt 59,6 Milliarden Dollar) 69,3 %. Der Zusammenbruch der Banken konnte bislang durch zwei Maßnahmen verhindert werden. Zum einen machen die Banken »Wertberichtigungen«, d. h., sie bringen einen Teil ihres Gewinns in die Reserve ein, so daß im Fall der Zahlungsunfähigkeit der Schuldner der so entstehende Verlust aus der Reserve gedeckt werden kann. Zum andern wird »umgeschuldet«, d. h., die Zahlungsunfähigkeit der Länder und in Folge davon der Banken wird dadurch verhindert, daß den Schuldnern neue Kredite zur Verfügung gestellt werden, damit sie die Zinsen aus den alten Krediten bezahlen können. Dadurch wird die sich im Umlauf befindliche Geldmenge aufgebläht, die mitverursacht ist durch Fluchtkapital aus diesen Ländern. Die Kredite nämlich, die die Schuldnerländer bekommen, fließen zu einem Großteil in die Kreditländer zurück, wo das Geld an die Börse gegeben wird, so daß zur Zeit an den Börsen jeden Tag ungefähr 200 Milliarden Dollar umgeschlagen werden; Geld, das weder in Waren noch Maschinen, Fabrikanlagen oder Forschung umgesetzt wird; vielmehr wird auf Spekulationsgewinn gehofft. Das Risiko eines Zusammenbruchs bei solchen Dimensionen sowohl der Schulden der Dritten Welt als auch beim Spekulationskapital ist beträchtlich. Und selbst die USA spielen ein gefährliches Spiel. 1987 hatten sie über 420 000 Milliarden Dollar Auslandsverbindlichkeiten, die Handelsbilanz zeigte einen Import-Überschuß von über 170 000 Milliarden Dollar, das Haushaltsdefizit betrug 200 Milliarden Dollar. Inzwischen ging es etwas zurück. Die Staatsverschuldung beläuft sich auf 2,7 Billionen Dollar, das sind über 52 % des Bruttosozialprodukts, für die jährlich mehr als 150 Milliarden Dollar Zins bezahlt werden müssen, die ungefähr 14 % der Staatsausgaben ausmachen. Auch die Bundesrepublik lebt über ihre Verhältnisse: Nach Angabe des Bundesfinanzministeriums wurden 1989 263,5

Millionen DM eingenommen, jedoch 291,3 Millionen DM ausgegeben. Der Schuldenstand betrug 498 Milliarden DM. Bis 1993 soll er gemäß dem Finanzplan auf 617 Milliarden DM anwachsen. Die Baisse an der New Yorker Wall Street vom 19. Oktober 1987 schockte die Welt. Um 508 Punkte, fast 23 %, fiel der Dow-Jones-Index, der die Kurse der wichtigsten Wertpapiere notiert. Zwar gibt es keinen Kausalzusammenhang zwischen tatsächlicher Wirtschaftslage und den Aktienkursen, aber der Sturz zeigt die Nervosität und Unsicherheit der Finanzwelt, die für die wirtschaftliche Entwicklung, vor allem was neue Investitionen der Unternehmen betrifft, nicht völlig unerheblich ist.

Neue Technologien verändern den geistigen Horizont der Menschen und erzeugen eine technologisch-sozial-ethische Krise mit erheblichen ethischen Problemen. Wir haben den Computer erfunden, und genau deshalb brauchen wir ihn auch. Es ist völlig vergeblich, den Versuch zu machen, Erfindungen nicht anzuwenden. Deshalb findet die modische Bildschirmstürmerei auch nur in den Feuilletons statt. Kein Kind und schon gar nicht die Industrie lassen sich davon beeindrucken. Wer anderer Auffassung ist, sollte sich kundig machen, welcher Betrieb nicht zusammenbräche, würden in ihm die Computer ausgeschaltet. Deshalb ist es angebracht, sich Gedanken nicht um ihre Abschaffung zu machen, sondern um den verantwortungsvollen Umgang mit ihnen. Sie müssen noch leistungsstärker gemacht werden, die Vernetzung muß weiter ausgebaut werden, sie dürfen nicht in den Händen weniger bleiben. Das Computer-Bediener-Wissen muß eine Kulturtechnik werden wie Schreiben und Lesen. Weil das Wissen immer schneller wächst und inzwischen einen Umfang angenommen hat, den kein menschliches Hirn mehr speichern kann, und weil wir keine Zeit mehr haben, die überkommenen Informationsquellen, nämlich Bücher, zu lesen, deshalb brauchen wir andere Informationsspeicher und vor allem Informationsverarbeitungsmaschinen. Wir brauchen den Computer.

28 Er arbeitet präziser und vor allem erheblich schneller als der

Mensch. Gemäß dem eingespeicherten Programm versorgt er uns mit den Informationen, die wir haben wollen. Genau dieser Vorteil ist aber auch ein Nachteil. Wer ein Buch liest, um eine Information zu bekommen, macht eine Unzahl an zufälligen Zusatzerfahrungen, die zwar im Moment überflüssig sein mögen und aufhalten, die aber langfristig von größter Wichtigkeit sind. Solche Zusatzinformation fällt weg, wenn der Rechner gemäß den Befehlen die Diskette auf die gewünschte Information hin abtastet. Wir brauchen den Computer trotzdem, aber er ist noch nicht gut genug. Daß er die Kommunikation unterbände, ist ein Ammenmärchen; im Gegenteil, sie wird zunehmen, nicht als mündliches Gespräch, sondern als Telekommunikation mit Gott und der Welt.

Allerdings wird die Wirtschaftlichkeit des Computers konterkariert durch seine Anfälligkeit gegen das »Computervirus«, das die Programme von aneinandergeschalteten Computern völlig lahmlegen kann – also durch die Möglichkeit, daß Unbefugte in die Systeme eindringen, wie es die »Hacker« immer wieder vorführen. Der Computer birgt auch die Gefahr, daß er Entscheidungen trifft, die vom Benutzer nicht mehr kontrollierbar sind, weil sie für das menschliche Hirn zu schnell getroffen werden und ein zu komplexes Material zugrunde legen. Fatale Folgen kann dies besonders im militärischen Bereich haben, wenn etwa der Einsatz von Nuklearwaffen vom System selbst entschieden wird. Andererseits müssen beim heute üblichen technischen Stand militärische Entscheidungen so schnell getroffen werden, daß die Datenverrechnung nur noch vom Computer leistbar ist. Der Einsatz vom Computer führt deshalb zu einer Entindividualisierung und zum Ende der persönlichen Verantwortung. Gleichzeitig muß die Realität standardisiert werden, damit sie vom Computer verrechnet werden kann. Darin liegt die Gefahr des Verschwindens der Realität, indem sie »digitalisiert« und eben nur noch als solche zum Erfahrungsbereich des Menschen wird. Eine simulierte Welt, die durch Tastendruck beherrschbar ist.

Der Computer verunsichert das menschliche Selbstverständ- **29** nis. Seine Arbeitsweise nämlich ähnelt auf irritierende Weise unserer Denkarbeit, von der wir annahmen, sie sei einmalig auf dieser Welt und nicht nachahmbar. Es muß deshalb gar nicht behauptet werden, daß der Computer den Menschen ersetzen könnte, entscheidend ist, daß er eine Vorstellung davon gibt, wie das menschliche Denken ablaufen könnte; es ist im Computer simulierbar. Zwar ist es richtig, daß er nur die Eigenschaften und Fähigkeiten besitzt, die ihm sein Konstrukteur als Hardware und sein Programmierer als Software liefern – aber hat der Mensch andere Fähigkeiten als die, mit denen die Natur ihn ausgestattet hat? Der Mensch ist einem Computer vergleichbar, dessen Software auch Empfindungen speichert und verarbeitet. Die menschliche Willensfreiheit ist nicht mehr als die Entscheidungsmöglichkeit zwischen Alternativen gemäß einem komplizierten Programm. Vielleicht bleibt als einziger Unterschied zwischen Mensch und Computer die Neigung übrig. Aber auch die Gefühle könnten ein Teil der Software des Menschen sein, der Daten gemäß einem Algorithmus verrechnet. Wenn Patienten nicht unterscheiden können, ob das Gespräch, das sie führen, ihren Hausarzt oder einen Computer als Gesprächspartner hat, wenn Gedichte, die ein Computer »generiert« hat, nicht unterschieden werden können von Gedichten Trakls – was rechtfertigt dann noch, dem menschlichen Denken Vorrang vor der künstlichen Intelligenz einzuräumen? Aus der Ununterscheidbarkeit der Äußerungen von Maschine und Mensch folgt, daß ein wesensmäßiger Unterschied zwischen beiden nicht schlicht vorausgesetzt werden darf.

Neue Technologien erzeugen ethische Probleme in einem Ausmaß, einer Komplexität und Dringlichkeit, wie es sie noch nie gab.

Der Gentechnologie ist es inzwischen gelungen, menschliche Eizellen bei minus 196° C einzufrieren, dann aufzutauen und außerhalb des Mutterleibs, in einem Reagenzglas, zu befruchten, schließlich die befruchtete Eizelle in den Uterus einer Frau einzupflanzen und von ihr austragen zu lassen. Noch einfacher ist es, schon befruchtete Eizellen, also kleine Embryonen, einzufrieren und bei Bedarf aufzutauen. Nicht mehr lange, so sieht es heute aus, wird es dauern, bis Leihmütter überflüssig sind und Kinder von der Zeugung bis zur Geburtsreife in Brutkästen großgezogen werden können. Damit gerät die überkommene menschliche Grundfeste ins Wanken, die Familie, und zwar erheblich stärker als durch die ideologischen Angriffe, die gegen sie geführt wurden und werden. Bei solchen Kindern nämlich ist es biologisch, rechtlich, moralisch, politisch, medizinisch, ökonomisch und verwaltungstechnisch völlig unklar, wer Vater und Mutter ist. Selbst der Begriff »Kind« verliert seinen eindeutigen Sinn. Es gäbe dann so etwas wie »öffentliche Kinder«, für die keiner mehr personale Verantwortung trüge.

Die rasante Entwicklung der Medizin scheint uns ein leidfreies Leben zu ermöglichen und viele, die noch vor wenigen Jahren hätten sterben müssen, am Leben erhalten zu können. So stellt sich erneut die unwillkommene Frage der Euthanasie: Welches Neugeborene mit welchem Schaden, welcher Patient soll um welchen Preis und mit welchem Zukunftsrisiko operiert und an einen Apparat angeschlossen werden und für wie lange? Man scheut heute die Diskussion und läßt so die Ärzte allein, die tagtäglich in der Klinik solche Fragen beantworten müssen, allein schon deshalb, weil nicht genügend Apparate und Krankenhausbetten, Ärzte und Pfleger zur Verfügung stehen. Die unangenehme Frage, die sich eingestellt hat, lautet: Gibt es ein Recht auf Leben, solange die Mittel, es zu erhalten, nicht unbegrenzt sind und das Leben, das erhalten wird, der Bewußtlosigkeit nahekommt und mit Qual verbunden ist? Noch brisanter wird das Problem, das sich aus der Knappheit der Güter ergibt, wenn man auf der einen Seite die Kosten bedenkt, die in den reichen westlichen Ländern aufgewandt werden, um das vegetative Leben physisch schwer und unheilbar Geschädigter aufrechtzuerhalten, und auf der anderen Seite sieht, wie Menschen in der »Dritten Welt« verhungern. Allein eine solche Gegenüberstellung könnte schon zynisch sein. Sofern das Leben ein absolutes Recht ist, ist die Diskussion entschieden, und **31** unsere Gesellschaft ist aufgefordert, unter Hintanstellung aller anderen Aufgaben, alle ihre Möglichkeiten auszuschöpfen, Leben zu erhalten. Ein solch absolutistischer Standpunkt ist nur in einer Überflußgesellschaft durchführbar, kommt aber dann mit sich selbst in Widerspruch, wenn die Lebens-Mittel nur begrenzt zur Verfügung stehen. Dann nämlich führt die Erhaltung des Lebens des einen zur Verkürzung des Lebens eines anderen. Wird andererseits das Recht auf Leben relativiert, stellt sich das kaum lösbare Problem, Gesichtspunkte zu finden, gemäß denen das Leben des einen dem Leben eines anderen vorzuziehen ist. Man behilft sich heute juristisch und unterscheidet eine »aktive Sterbehilfe« von einer »passiven Sterbehilfe«, wobei die erste verboten, die zweite erlaubt ist. Damit ist das ethische Problem jedoch nicht gelöst. Jeder Klinikarzt muß heute im Einzelfall entscheiden, ob er eine Behandlung abbricht oder nicht, ohne daß ihm dazu verallgemeinerbare moralische Kriterien zur Verfügung stehen.

Ungelöste ethische Probleme ergeben sich auch aus dem, was als »prädiktive Medizin« bezeichnet wird. Dabei wird davon ausgegangen, daß viele physische und auch psychische Krankheiten ihren Ursprung im »Genom«, in den Erbanlagen, hätten; sie wären folglich vermeidbar, wenn die Anlagen ausgebessert würden, bevor ein Kind gezeugt wird.

Die Gentechnologie ist nicht mehr aufzuhalten. Im Weltverband »Human Genome Organization« haben sich Genomforscher der ganzen Welt zusammengeschlossen, um ihre Arbeit zu koordinieren. Die USA sollen gute 50 Millionen Dollar pro Jahr investieren, ähnliche Summen Japan, zehn Millionen Rubel die UdSSR, und die EG ist gerade dabei, mit 60 Millionen DM eine entsprechende Forschung aufzubauen. James Watson, der einen 28-Millionen-Dollar-Etat des staatlichen Human Genome Project verwaltet, erklärt nach der »Zeit« vom 21. 4. 1989: »Ich sehe außergewöhnliche Möglichkeiten für die Verbesserung des Menschen vor uns. (. . .) Es geht nicht um die genetische Information per se, sondern darum, das Leben

durch genetische Information zu verbessern.«

Durch die Gentechnologie sind wir in der Lage, die Welt total umzugestalten. Wir können nicht nur die schon vorhandene Natur (»natura naturata«) verändern, sondern wir sind zum Wirkprinzip der Wirklichkeit (»natura naturans«) geworden. Weil wir die Natur verändern, müssen wir Götter werden. Wir tun dies nicht aus Böswilligkeit, um der Welt Schaden zuzufügen, sondern um sie zu verbessern. Wir verbessern, was uns verbesserungswürdig erscheint. Dafür bekommen wir dann keine Orden, sondern den Patentschutz. Wir sind Götter mit Copyright geworden. Aber wer weiß, ob uns morgen noch verbesserungswürdig erscheinen wird, was wir heute verbessert haben? Werden wir die Verbesserung tatsächlich besser finden? Einen Weg zurück wird es jedenfalls nicht geben.

Die Gentechnologie versetzt den Wissenschaftler in die Lage, nicht nur die vorhandene Welt umzugestalten, sondern neue Lebewesen zu erzeugen. Dabei ist völlig unbekannt, welche Auswirkungen zum Beispiel die Züchtung einer neuen Getreidesorte langfristig auf den Gesamthaushalt der Natur hat. Die Folgen von Freilandversuchen kennt keiner. Mehr als 300 Firmen beschäftigen sich gegenwärtig damit. Freilandversuche mit genetisch veränderten Organismen werden hauptsächlich in Italien unternommen, das keine Vorschriften auf diesem Gebiet kennt, so Daphne Kamely von der US-Umweltschutzbehörde EPA. Am 2. 3. 1989 wurde auch in der Bundesrepublik ein erster Freilandversuch mit gentechnisch veränderten Petunien genehmigt. Weltweit sollen derzeit ungefähr 50 Freilandversuche stattfinden. Im Juni 1989 hat das Landwirtschaftsministerium von Amerika die Erlaubnis zum ersten Freilandversuch mit transgenen Tieren erteilt: In einem Teich in Alabama werden Karpfen schwimmen, denen das Wachstumsgen von Forellen eingepflanzt wurde (»Die Zeit«, 30. 6. '89). Der Biologe Philip Regal von der Universität von Minnesota in Minneapolis warnt, daß das gegenwärtige Kontrollsystem nicht ausreicht, um die Flut der genmanipulierten Organismen zu stoppen. Deshalb ist es heute nicht notwendig, sich Gesetze zur Verhinderung der Gentechnologie auszudenken, **33** vielmehr muß man sich Gedanken darüber machen, wie man mit ihr leben kann. Wir werden künftig damit leben müssen, über unsere individuellen biologischen Möglichkeiten und Grenzen sehr viel genauer Bescheid zu wissen als heute und unser Genom beeinflussen zu können. Was wird dies für Folgen haben? Einen Sprung in der Entwicklung der menschlichen Gattung: sowohl biologisch als auch im Selbstverständnis.

»Befremdlich«, so sagt der Harvardprofessor Walter Gilbert in einem Gespräch mit Thomas v. Randow (»Die Zeit«, 25. 3. '88), »wird es für viele Leute sein zu erfahren, daß die gesamte Existenz des Menschen auf einer Liste mit endlich vielen Daten festgeschrieben ist. Eine kleine Diskette genügt, um alles, was den Menschen ausmacht, alles Biologische jedenfalls, vollständig zu beschreiben.«

Die Probleme der Gentechnologie liegen sowohl in ihren Erfolgen als auch in ihren Mißerfolgen. Daß nämlich entweder gentechnisch modifizierte Mikroorganismen bekannte Gefahren kombinieren bzw. synergistisch steigern, das heißt qualitativ und quantitativ durch ihr Zusammenwirken vergrößern, oder aber daß kontrollierte Manipulationen zu den gewünschten Ergebnissen führen. In beiden Fällen ist das Risiko groß, denn es läßt sich kein Kosten-Nutzen-Kalkül anstellen, weil man beide vorher nicht kennt.

Ethische Probleme einer neuen Dimension ergeben sich auch aus den Kernwaffen. Ihr Einsatz ist weder zeitlich noch örtlich einzugrenzen, so daß, wie bei einer industriellen Bedrohung der Biosphäre, die Menschheit auf dem Spiel steht.

Die ethischen Probleme sind nicht zu trennen von sozialen und politischen. Die tödliche Immunschwäche Aids stellt einen Seuchentyp dar, den die Menschheit bisher noch nicht erlebt hat, weil das Virus erstaunlich wandlungsfähig ist und der Infizierte über Jahre hinweg ohne äußerlich erkennbare Symptome bleibt. Ende 1987 wurden der Weltgesundheitsorganisation weltweit 73 747 Aids-Kranke gemeldet. Die WHO schätzte damals, daß es darüber hinaus 150 000 nichtgemeldete akute Fälle gebe. Im August 1988 waren der WHO jedoch schon 111 854 Aids-Fälle bekanntgegeben worden. Die wirkliche Ziffer wurde daraufhin mit 250 000 bis 300 000 angegeben (einige Länder stellen nämlich keine Daten zur Verfügung, andere hinken mit ihren Angaben hinterher). Ende Oktober 1989 waren der Weltgesundheitsorganisation insgesamt 186 803 Aids-Fälle gemeldet worden. Allein die USA hatten bis Frühjahr 1988 62 740 Erkrankungen gemeldet. Mitte des Jahres 1988 waren dann in den USA bereits 71 171 Menschen an Aids erkrankt und rund 40 000 daran gestorben. Ende Oktober 1989 gab es 107 308 akute Aids-Fälle. Die amerikanischen Behörden rechnen bis 1992 mit 365 000 Aids-Kranken und über 250 000 Toten. Bis 1990 wird von der WHO weltweit mit einem Anstieg der Erkrankten auf eine Million gerechnet, bis 1992 auf drei Millionen. Wenn die Faustregel Gültigkeit hat, daß dreißig- bis hundertmal mehr Menschen vom Virus infiziert sind, als an Erkrankten gezählt werden, dann mußte man im günstigsten Fall jedoch schon Mitte 1988 von drei Millionen HIV-Positiven ausgehen. Eine erheblich größere Zahl an Menschen ist bereits mit dem HIV-Virus angesteckt, ohne daß die Krankheit schon zum Ausbruch gekommen wäre. Die WHO schätzte Anfang 1988 die Zahl der bereits Infizierten auf 5 bis 10 Millionen. 75 % der Infizierten, so sieht es im Moment aus, bekommen in fünf bis 15 Jahren nach der Ansteckung Aids, und alle, die Aids haben, sterben daran. In der Bundesrepublik waren Ende 1987 rund 15 000 Menschen mit dem Aids-Virus infiziert, 1700 hatten Aids, von denen die Hälfte gestorben ist. Ende 1988 wurde die Zahl der HIV-Infizierten auf 27 640 geschätzt, erkrankt waren insgesamt 2779 Menschen; davon wurden 40 % (1110 Fälle) in den vergangenen 12 Monaten gemeldet, 1146 waren an Aids gestorben. Professor Meinrad Koch, der Leiter des nationalen Aids-Zentrums in Berlin, meinte, daß damit der Erwartungswert unterschritten sei. Im April '89 dagegen sprach die Bundesgesundheitsministerin von über 43 000 HIV-Infizierten, rund 3100 Aids-Kranken und 1246 Aids-Toten. Im August gab sie dann bekannt, daß bis Ende Juli 3636 Aids-Kranke gezählt worden seien; allein in den **35** letzten 12 Monaten seien 1344 Erkrankungen gemeldet worden. Die Zahl der Infizierten schätze sie auf 50 000 bis 100 000. Das HIV-Virus ist äußerst schwer zu bekämpfen. Es handelt sich nämlich nicht um ein einziges Virus, sondern um eine Familie von vielleicht tausend Varianten. Darüber hinaus hat es die tückische Fähigkeit, sich eigenständig genetisch verändern zu können. Ungeklärt sind bislang auch noch die Übertragungswege. Sicher sind das Blut und das Sperma nicht die einzigen Wege. Prinzipiell alle Körpersekrete können in Frage kommen, so zum Beispiel die Schleimhäute besonders des Darmes.

Da die Forscher wenig Hoffung haben, in absehbarer Zeit einen Impfstoff zu finden, wird Aids demographische, ökonomische und kulturelle Auswirkungen haben, die die Seuchen des Mittelalters weit hinter sich lassen. Einige Forscher rechnen sogar damit, daß schon Ende dieses Jahrhunderts große Teile Afrikas, Mittel- und Südamerikas weitgehend entvölkert sein werden. Die WHO schätzt, daß sich die Kosten zur Betreuung von Aids-Kranken in den USA 1991 auf ungefähr 8,5 Milliarden Dollar belaufen werden; die Bekämpfung wird mit 55 Milliarden Dollar veranschlagt.

Diskutiert wird Aids heute von zwei Gesichtspunkten aus: unter einem technischen Aspekt der Seuchenbekämpfung und unter einem moralischen Aspekt. Hier stehen sich dann zwei Moralen gegenüber. Zum einen eine hauptsächlich von der katholischen Kirche propagierte restriktive Moral der Enthaltsamkeit und Treue und zum anderen eine hauptsächlich von der Aids-Hilfe propagierte liberale Moral der risikobewußten sexuellen Freizügigkeit. Die liberale Moral ist die der Lustmaximierung unter erschwerten Bedingungen, die restriktive Moral ist die Mediatisierung der Lust zur Fortpflanzung. Noch kann man sich solchen Luxus moralischer Betrachtungen leisten, aber was, wenn die Krankenkassen die Behandlung der Erkrankten nur noch bezahlen können, wenn die Krankenkassenbeiträge drastisch erhöht werden, oder wenn sie die Behandlung und Pflege gar nicht mehr bezahlen können? Für die allernötigste Pflege müssen Aids-Patienten 50 Tage im Krankenhaus liegen. Bei vorsichtigen Hochrechnungen wären dann im Jahre 2000 9 % aller Krankenhausbetten in Deutschland belegt, und 7 % des Personals wären mit der ausschließlichen Betreuung der Aids-Patienten befaßt. Was, wenn in der Bundesrepublik jährlich, wie einige Forscher befürchten, aber nicht nur 44 000, sondern 100 000 Menschen zusätzlich stürben?

Noch gab es einen weltweiten Aufschrei, als gemeldet wurde, daß ausgerechnet das liberale Schweden auf der Adels-Insel in den Schären einen alten Gutshof in ein Lager für Aids-Patienten umbaut. Der Vorgang aber zeigt die Dialektik der Freizügigkeit: Die Entfaltung der Liberalität trifft auf eine Grenze, an der sie sich selbst zerstört. Die totalisierte Freiheit gebiert aus sich den Zwang. Je freizügiger die Länder sind, desto schärfer werden sie mit Zwangsmaßnahmen reagieren müssen. Die Zeit wird kommen, da seuchentechnische Maßnahmen die heute vorrangige Moraldiskussion überrollen werden. Soll Vorsorge wirkungsvoll sein, müßte zunächst ein zuverlässiger Test entwickelt werden, dann müßte ein Zwangstest an allen Bundesbürgern vorgenommen, die Grenzen müßten gesperrt und nur HIV-negative Personen ins Land gelassen werden. Im Personalausweis müßte verzeichnet sein, ob einer HIV-positiv oder -negativ ist. Wirkungsvoller wäre eine Tätowierung an der Stirn. Noch sind solche Gedankenspiele blasphemisch. Irgendwann aber wird es die soziale Indikation bei der Sterbehilfe für Aids-Kranke geben.

Angesichts von Aids scheinen die sozialpolitischen Probleme des Geburtenüberhangs in der Dritten Welt und des Geburtenrückgangs bei uns vergleichsweise harmlos. Die Weltbevölkerung wird sich, wenn Aids es nicht verhindert, von 4 Milliarden im Jahre 1975 auf über 6 Milliarden im Jahre 2000 vergrößert haben, und 90 % dieses Wachstums entfallen auf die ärmsten Länder der Erde. Der Geburtenüberhang, verbunden mit Mißwirtschaft und Naturkatastrophen, erzeugt Hungerkatastrophen in der Dritten Welt. 750 Millionen Menschen vegetieren nach Angaben der Weltbank derzeit unterhalb der Armuts- **37** grenze. Sofern dagegen die Geburtenrate in der Bundesrepublik so bleibt wie heute, wird die Bevölkerung im Jahre 2000 um 2 Millionen geringer sein, bis 2030 um 8 Millionen. Zugleich wird die Anzahl der älteren Bürger steigen. Hochrechnungen besagen, daß im Jahre 2030 in der Bundesrepublik nur 7,2 Millionen Menschen unter 20 Jahre alt sein werden, 17,5 Millionen werden 60 Jahre und älter sein, 22,2 Millionen werden dagegen das arbeitsfähige Alter zwischen 20 und 60 Jahren haben. Während 1986 auf je 100 Bürger im arbeitsfähigen Alter zwischen 15 und 65 Jahren 22 Rentner entfielen, werden es im Jahre 2030 45 sein. Über drei Millionen Deutsche werden dann über 80 Jahre alt sein und den entsprechenden Aufwand an Krankheits- und Pflegekosten erfordern. Der Geburtenrückgang bringt hier Probleme für die Rentenversicherung, erhöht die Kosten des Gesundheitswesens durch Überalterung der Bevölkerung und verkleinert den Binnenmarkt, so daß wirtschaftliche Zuwachsraten bei den Ge- und Verbrauchsgütern nicht mehr zu erwarten sind, allenfalls durch den Export, den Gesamteuropäischen Markt ab 1992 und eine wirtschaftliche Öffnung der sozialistischen Länder.

Ein Konfliktpotential erheblichen Ausmaßes bildet eine Art Gegenbewegung, die neue »Völkerwanderung«: In die Industriestaaten Europas drängen politische Flüchtlinge und Wirtschaftsflüchtlinge vornehmlich aus der Dritten Welt. Weltweit schätzen der Hohe Flüchtlingskommissar in Genf und das »US-Committee for Refugees« in New York, daß in den achtziger Jahren rund 15 Millionen Menschen ständig auf der Flucht waren. Zählt man jedoch nicht nur die Menschen, die »aus der begründeten Furcht vor Verfolgung wegen ihrer Rasse, Religion, Nationalität, Zugehörigkeit zu einer bestimmten sozialen Gruppe oder wegen ihrer politischen Überzeugung« (Genfer Konvention von 1951) auf der Flucht sind, sondern auch die, welche vor Gewalt, der Zerstörung ihres angestammten Lebensraumes oder unerträglich gewordenen Lebensbedingungen, z. B. aufgrund von Überbevölkerung, fliehen, als Flüchtlinge, dann ergibt sich nach Angaben des Roten Kreuzes in

Genf und den Vereinten Nationen eine Zahl von einer halben Milliarde Menschen, die auf der Flucht sind.

Viele Angehörige ehemaliger Kolonialvölker machen sich auf ins Mutterland; 2,2 Millionen Schwarze, Inder, Pakistaner nach England, 1,5 Millionen Nordafrikaner nach Frankreich. In der Bundesrepublik liegt der Ausländeranteil mit 4,2 Millionen derzeit bei gut 7 %. Da die europäischen Länder, im Gegensatz zu den klassischen Einwanderungsländern wie Amerika und Australien, keine Übung im Integrieren von Ausländern haben, sind die künftigen Konflikte abzusehen, wie sie sich bereits heute andeuten. Rassenkrawalle in London, Liverpool, Bristol und Birmingham, Jean-Marie Le Pens 14,4-%-Erfolg bei den Präsidentschaftswahlen 1988 in Frankreich, die Republikaner kamen bei der Europa-Wahl im Juni 1989 auf 7,1 %, in Dänemark wurde die Fortschrittspartei des Mogens Glistrup bei den Parlamentswahlen hauptsächlich mit fremdenfeindlichen Parolen im Mai '88 fünftstärkste Kraft im Parlament, in Antwerpen kam der Vlaamse Blok mit der Forderung, Ausländer aus Nicht-EG-Ländern abzuschieben, auf 15 %. Mit der Einführung des europäischen Binnenmarktes wird 1992 die innereuropäische Fluktuation zunehmen und damit auch die Probleme: nicht nur irrationale Ängste, sondern auch sehr konkrete, völlig ungelöste Fragen, wie die des Einbezugs der Ausländer ins »soziale Netz«, vom Kindergeld über das Arbeitslosengeld bis zur Rentenversicherung.

Der gemeinsame Markt Europa ist eine Vorstufe dessen, was gar nicht aufzuhalten ist, mögen sich die Regierungen noch so sträuben: das Ende der europäischen, klassischen Nationalstaaten. Vor diesem Hintergrund muß auch die neu entfachte Diskussion um eine »Wiedervereinigung« gesehen werden. Es wird eine Entwicklung hin zu ethnisch-kulturellen Mischungen einsetzen, ähnlich wie in den USA, nur daß diese dort von Anfang an herrschten, während in Europa die Tradition relativ geschlossener ethnischer Einheit abgelöst werden wird. Im Moment sind die Vorläufer der Turbulenzen spürbar, die diesen Integrationsprozeß begleiten werden.

Nicht zu übersehen ist der Anstieg der Kriminalität. Im Jahre 1987 wurde in der Bundesrepublik alle sieben Sekunden eine Straftat verübt; pro Minute sechs Diebstähle, alle drei Minuten ein Wohnungseinbruch, stündlich zwölf Gewalttaten, täglich 210 Rauschgiftdelikte. Insgesamt wurden 4 444 108 Fälle registriert, das sind 1,8 % mehr als im Vorjahr. Im selben Zeitraum nahm die Aufklärungsquote um 1,6 % ab. Zwischen 1967 und 1987 wuchs die Anzahl der bekanntgewordenen Straftaten in der Bundesrepublik von 2,07 auf 4,44 Millionen. Die Aufklärungsquote sank von 52,2 auf 44,2 %. Fast zwei Drittel der Gesamtkriminalität stellen Diebstähle dar, wobei eine leichte Verschiebung vom leichten zum schweren Diebstahl bemerkbar ist, der 38,9 % ausmacht, gefolgt vom »einfachen Diebstahl« mit 23,9 %. Betrug und Unterschlagung machen 10,1 % aus, Sachbeschädigungen 8,7 %, Körperverletzung und Raub 6,7 %. Bemerkbar ist auch die Zunahme der organisierten Kriminalität. Der Stuttgarter Landespolizeipräsident Alfred Stümper schätzt deren jährlichen Umsatz auf 164 Milliarden Mark. Einen nicht unbeträchtlichen Anteil macht das Drogengeschäft aus und die sich daraus ergebende Beschaffungskriminalität der Abhängigen. 1988 allerdings sank erstmals seit 1973 die Zahl der registrierten Straftaten in der Bundesrepublik um 2 % auf 4 356 726 Fälle. Doch auch diese Zahl ist noch zweieinhalbmal höher als vor 25 Jahren. Zurück (um 9,1 %) gingen vor allem die Autodiebstähle und die Automatenaufbrüche (um 27,1 %), angestiegen sind dagegen die Wohnungseinbrüche (um 2,5 %, 169 000 Delikte) und die Rauschgiftkriminalität, nämlich um 13,5 % gegenüber dem Vorjahr, das sind 84 998 Fälle.

Besonders beängstigend ist die internationale Drogenmafia mit Sitz in Kolumbien, deren Umsatz auf 500 Milliarden Dollar pro Jahr geschätzt wird. Das »Medellín-Kartell« ist dermaßen mächtig, daß es der kolumbianischen Regierung den Krieg erklärte: »Wir erklären den totalen und absoluten Krieg gegen die Regierung, die industrielle und politische Oligarchie (...)

40 und alle, die uns verfolgen.« Seit 1982, so wird geschätzt,

gingen mindestens 18 000 Morde auf das Konto der Kokain-
banditen. In aller Öffentlichkeit erschossen sie im September
'89 den aussichtsreichen Präsidentschaftsanwärter Luis Carlos
Galán. Es gibt Anzeichen dafür, daß nach den USA nun Europa
als Markt erschlossen werden soll. Den bundesrepublikanischen Bedarf an Kokain und Heroin schätzen Rauschgiftfahn-
der auf derzeit jährlich 10 bis 12 Tonnen. Im Jahr 1988 wurden
nach offiziellen Zählungen 7526 Erstkonsumenten registriert;
das ist eine Steigerung gegenüber dem Vorjahr um beinahe
50 %. Im ersten Halbjahr 1989 starben 459 Menschen an
Rauschgift, eine Zunahme gegenüber dem Vorjahreszeitraum
um 178.
Zu beobachten ist eine bedrohliche, weltweite Zunahme der
Korruption. Eine zufällige Momentaufnahme aus der »Zeit«
vom 17. 2. 1989 konstatierte folgende Korruptionsskandale: In
der Lockheed-Affäre der USA stellte sich heraus, daß innerhalb
von fünf Jahren 200 Millionen Dollar an »Beraterhonoraren«,
»Provisionen« und direkter Bestechung ausgegeben wurden.
Die Chefs der »Neuen Heimat« sollen die Gewerkschaften
durch einträgliche Privatgeschäfte um 100 Millionen DM geschädigt haben. Der Parteispendenskandal der Firma Flick ist
noch in Erinnerung. In Österreich zeigt der Lucano-Versiche-
rungsbetrug immer mehr Politiker und Geschäftsleute in du-
biose Geldgeschäfte verwickelt. Beim Bau des »Allgemeinen
Krankenhauses« wurden 300 Millionen DM Schmier- und
Schmerzensgelder bezahlt. In der Schweiz hat eine Ministerin,
Elisabeth Kopp, ihren Mann, Aufsichtsrat einer Firma, die im
Verdacht steht, Geld aus Drogengeschäften reinzuwaschen,
vor dem ausstehenden Ermittlungsverfahren gewarnt. Zwei
Freunde des französischen Ministerpräsidenten Mitterrand
machen Insider-Aktiengeschäfte, bei denen Aktien zu 260
Franc gekauft und dann zu 500 verkauft wurden. Der Mailän-
der Bauunternehmer Bruno de Mico sagte aus, er habe, um
einen Auftrag zum Bau neuer Gefängnisse zu erhalten, 13,7
Millionen DM Schmiergelder bezahlen müssen; sie seien von
Ministerialdirektoren telefonisch angefordert worden. Der **41**

Waffenhändler Louvraris, enger Freund des griechischen Ex-Ministerpräsidenten Papandreou, soll mit einem Komplizen, der in Amerika im Gefängnis sitzt, eine Milliarde DM unterschlagen haben. In Japan sind 76 führende Politiker, darunter auch Japans ehemaliger Ministerpräsident Yasuhiro Nakasone, und 16 Abgeordnete beider Parteien in Insider-Geschäfte verwickelt, bei denen sie mit 165 Millionen Dollar von der Immobilienfirma »Recruit Cosmos« geschmiert wurden, zwei Sekretäre des Premiers haben beim Erwerb und anschließenden Weiterverkauf von Recruit-Aktien 472 000 Dollar Gewinn gemacht. Japans Ministerpräsident Noboru Takeshita ist zurückgetreten.

Bekanntlich kann der Mensch nicht in die Zukunft sehen, und auch Hochrechnungen sind nicht sicher; zu begrenzt ist das Wissen um die Parameter, welche die Zukunft beeinflussen. Der Interpretation der Daten, die uns heute bekannt sind, ist deshalb mit Skepsis zu begegnen. Alles könnte auch ganz anders kommen:

Vielleicht wird ja doch schneller als erwartet ein Mittel gegen das HIV-Virus gefunden. Die Zahlungsbilanz der Vereinigten Staaten sieht im Moment etwas besser aus als noch vor einem Jahr. Die Schuldenprobleme der Länder der Dritten Welt lassen sich lösen. Es ist nicht auszuschließen, daß bis zur Jahrtausendwende wenigstens 2 Millionen Menschen deutscher Nationalität in die Bundesrepublik übersiedeln werden; wenn man dazu noch die Asylbewerber und Gastarbeiter rechnet, dann sieht die Altersstruktur nicht mehr so düster aus. Selbst der Treibhauseffekt, darauf verwies kürzlich Hans Schuh, könnte weniger dramatisch ausfallen als heute vermutet. In den Modellrechnungen mancher Forscher würde der Meeresspiegel, erwärmte sich die Durchschnittstemperatur um 4° bis 8°C, sogar leicht absinken. Jedenfalls würde die Polarkappe selbst bei einem solchen Anstieg nicht schmelzen, schließlich herrschen dort im Jahresdurchschnitt minus 40°C. Überhaupt ist es fraglich, ob der globale Temperaturanstieg seit 1850 ein

Beleg für den Treibhauseffekt ist, denn immerhin ging dieser

Zeit eine Kälteperiode voraus; vor 6000 bis 8000 Jahren war es auf der Erde noch wärmer als heute. Wenig Fortschritt zeigt sich allerdings auf dem Gebiet der Entsorgung und der ethischen Probleme aufgrund der gentechnischen Möglichkeiten, die wir schon heute haben und die sich künftig ausweiten werden.

Die Rede von der Krise ist gleichwohl berechtigt. Denn zum erstenmal ist der Mensch in der Lage, durch sein eigenes Tun seinen Lebensraum so zu verändern, daß er für die menschliche Gattung und für die meisten Tiere und Pflanzen zum Todesraum wird. Einen ähnlichen Vorgang gab es auf der Erde erst einmal: als nämlich die Pflanzen durch Photosynthese einen Prozeß einleiteten, der die ursprüngliche Erdatmosphäre aus Wasserstoff, Stickstoff, Kohlendioxid, Methan usw. mit Sauerstoff vergiftete und so die sauerstoffhaltige Atmosphäre erzeugte, die für beinahe alle Lebewesen heute notwendig ist. Wir haben also den Punkt erreicht, an dem der Mensch die Naturkatastrophen selbst erzeugt. Zum erstenmal in der Menschheitsgeschichte sind die ökologischen Grundlagen des Menschen vom Menschen selbst bedroht, und damit ist die menschliche Gattung durch sich selbst gefährdet.

Die Probleme überschlagen sich. Zum Ende des 20. Jahrhunderts gibt es eine Problemhäufung solcher Größe und Verflechtung, wie sie die Menschheit bisher noch nicht erfahren hat. Wir erleben eine ungeheure Veränderungsgeschwindigkeit, die sich hauptsächlich im kulturell-technischen Bereich bemerkbar macht. Die Veränderungsrate führt zu einem schnellen Veralten und erhöht die Komplexität der Welt, so daß uns die Rasanz den Atem raubt. Wir leben wie im Zeitraffer.

Die Rede von der Krise ist nicht neu. Schon immer gab es Krisen. Niemals in der Weltgeschichte gab es Zeiten, in denen die Menschen nicht mit Schwierigkeiten zu kämpfen hatten. Aber die Menschen dieser Zeiten hatten nicht immer das Gefühl, in einer Krise zu stecken. Objektive Schwierigkeiten, so scheint es, sind kein ausreichender Grund, um eine schwierige Lage als kritisch zu empfinden. Unsere Krise besteht darin, daß **43** es so aussieht, als ob wir unsere Probleme nicht meistern könnten. Noch schlimmer: Wir müssen heute Entscheidungen fällen, obwohl wir weder die Problemlage ganz übersehen noch die Nebenwirkungen und Folgen unserer Entscheidungen überblicken können. Diese aber könnten die Erde als Ganzes betreffen. Dies ist nun wirklich neu. Zwar war der Mensch immer schon gefährdet, und seine Entscheidungen waren immer schon risikoreich, aber das Risiko betraf begrenzte Räume und Zeiten, betraf einzelne, betraf Gruppen und manchmal auch Völker. Das Risiko heute dagegen betrifft die menschliche Gattung insgesamt und wahrscheinlich sogar den ganzen Planeten. Die Unübersichtlichkeit des Ganzen und die Tragweite heute notwendiger Entscheidungen machen jede Handlung zum unkalkulierbaren Risiko. Der Kantsche »kategorische Imperativ«, demgemäß der subjektive Grundsatz des eigenen Handelns seine Rechtfertigung darin findet, daß er das Gesetz einer Handlungsgemeinschaft sein können muß, ist für die Praxis bedeutungslos geworden, weil nicht mehr absehbar ist, welche Folgen ein Handeln für die menschliche Gattung in sich birgt.

»In unserem Flugzeug«, so hörte ich jemanden sagen, »sind die Bordinstrumente ausgefallen, und keiner weiß, wo wir uns befinden, aber die Motoren arbeiten einwandfrei, und wir kommen gut voran.«

HOMO DESTRUCTIVUS

Die Lust am Untergang   »Der erste Engel posaunte (. . .) und der dritte Teil der Erde verbrannte, und der dritte Teil der Bäume verbrannte, und alles grüne Gras verbrannte. Und der zweite Engel posaunte (. . .) und der dritte Teil des Meeres ward Blut, und der dritte Teil der lebendigen Kreaturen im Meer

44

starb, und der dritte Teil der Schiffe ging zugrunde. Und der dritte Engel posaunte (...) und der dritte Teil der Wasser ward Wermut, und viele Menschen starben von den Wassern, denn sie waren bitter geworden. Und der vierte Engel posaunte; und es ward geschlagen (...) der dritte Teil der Sterne, daß ihr dritter Teil verfinstert ward – und den dritten Teil des Tages das Licht nicht schien und in der Nacht desgleichen.« – Das sind einige Leseproben aus der neutestamentlichen Apokalypse des Johannes. Das Alte Testament weiß von einer Feuersbrunst zu berichten, die immerhin eine Stadt in Schutt und Asche legte: »Da ließ der Herr Schwefel und Feuer regnen von dem Herrn vom Himmel herab auf Sodom und Gomorra.« (1. Mose 19, 24) Auch von einer großen Sintflut wird erzählt: »Und der Herr sprach: ›Denn von heute an in sieben Tagen will ich regnen lassen auf Erden vierzig Tage und vierzig Nächte und vertilgen von dem Erdboden alles Lebendige, das ich gemacht habe.« (1. Mose 7, 4) Auch Platon hat von einer Sintflut gehört, die die Menschheit vernichtet hat, und zwar von einem kundigen ägyptischen Priester. Dieser habe ihm »von den ältesten Geschichten« Ägyptens erzählt und so auch: »Viel und mannigfache Vernichtungen der Menschen haben stattgefunden und werden stattfinden, die bedeutendsten durch Feuer und Wasser.« (Platon, Timaios 22 c) Vor neuntausend Jahren (von Platon aus gerechnet) soll auch Atlantis untergegangen sein, so behauptet ebenfalls Platon (Kritias 108 e). Im *Politikos* (272 e f.) berichtet er sogar, daß sich die Welt einmal rückwärtsbewegt habe. Die Welt, »die sich umkehrte und, des Endes und des Anfangs entgegengesetzten Schwung empfangend, einen Stoß erlitt, richtete nun (...) dadurch wieder anderes Verderben an unter allerlei Arten des Lebendigen«.

Im althochdeutschen »Muspilli« heißt es: »Wenn sein (des Antichristen) Blut auf die Erde tropft, beginnen die Berge zu brennen, kein einziger Baum auf der Erde wird stehenbleiben, die Gewässer werden austrocknen, das Moor wird sich selbst verschlingen, der Himmel in der Flamme vergehen, der Mond herabstürzen: der Erdkreis wird brennen.« **45**

In der »Gylfaginning« wird von einem schrecklichen Winter erzählt, der vergleichbar ist mit den Voraussagen des »nuklearen Winters« nach einer Atomkatastrophe: Im »Fimbulwinter«, der dem Weltende vorangeht, erhebt sich aus allen Windrichtungen ein Schneegestöber mit strengem Frost und Stürmen. Drei Winter vergehen hintereinander ohne Sommer: »Es steigt das Meer im Sturme zum Himmel, die Länder verschlingt es, die Luft wird eisig; Schneemassen bringt der schneidende Wind, doch den Regen hemmt der Rat des Schicksals.« (Vgl. W. Golther: Handbuch der germanischen Mythologie, S. 533) Die Menschen bekriegen sich, Sitte und Moral verkommen: »Es befehden sich Brüder und fällen einander, die Bande des Bluts brechen Schwestersöhne, arg ist's in der Welt, viel Unzucht gibt es – Beilzeit, Schwertzeit, es bersten die Schilde, Windzeit, Wolfzeit, ehe die Welt versinkt – Nicht einer der Menschen wird den anderen schonen.« Wenn dann auch die Götter gefallen sind, erhebt sich Muspell, und Surt schleudert Feuer über die Erde und verbrennt die ganze Welt: »Die Sonne verlischt, das Land sinkt ins Meer; vom Himmel stürzen die heitern Sterne. Lohe umtost den Lebensnährer; hohe Hitze steigt himmelan.« – So steht es in »Der Seherin Gesicht«.

Der Gedanke des Weltuntergangs ist der stete Begleiter der Menschheitsgeschichte. Es scheint, daß alle bekannten Kulturen zyklische Katastrophen angenommen haben. Das frühe Indien, Persien, das alte Ägypten, Griechenland, das Judentum, das Christentum, der germanische Norden.

Verbirgt sich hinter diesen Geschichten, wie hinter der Ilias Homers, ein anderes Troja? Brauchen wir einen neuen Heinrich Schliemann? Ist die Lehre Zoroasters ein Zeugnis der ewigen Wiederkehr des Grauens und der Zerstörung? – Wir wissen es nicht, und deshalb schießt die Phantasie ins Kraut: Gab es einen vorgeschichtlichen Kernwaffenkrieg, die Explosion einer Supernova? Hat ein Komet die Erde gerammt? Sind die Erzählungen womöglich fernste Erinnerungen unserer Zellen an den Urknall?

46

Tod und Verderben, Verfall und Zerstörung, Untergang und Katastrophen jedenfalls sind feste Bestandteile des menschlichen Selbst- und Weltverständnisses. Und was der Mensch denkt, das führt er in der Regel auch aus. Kain, der Bauer, erschlägt Abel, den Viehzüchter, Achill, der Grieche, erschlägt Hektor, den Perser. Der Mensch ist ein Tier, das strategische Ausrottungskriege sowohl gegen die eigene Gattung als auch gegen andere Tiere und selbst gegen Pflanzen führt. Es scheint, daß diese Verhaltensweise ausgeprägt nur beim Menschen zu finden ist. Ansätze gibt es allerdings auch bei den Primaten. Zum Beispiel bei Schimpansen, wie Jane Goodall berichtet. Der Mensch tötet systematisch und planmäßig, er tötet mitunter sogar mit Genuß. Der Tod hat eine ästhetische Dimension, die in jedem Western vermarktet ist. Aber schon im grönländischen *Atlilied* (65) legt Gunnar, der »tapfere Recke«, das Schwert beiseite und ergreift die Harfe: »Die Harfe nahm Gunnar, er griff mit den Fußzweigen; die Weiber weinten, so wußte er zu spielen. Es klagten die Krieger, die den Klang hörten; die Balken barsten.« Diese Szene spielt sich während des Kampfes ab, in dem auch Gunnar schließlich erschlagen wird. Im *Nibelungenlied* ist diese Szene monumental ausgemalt. Siebentausend Tote, erschlagen von den Hunnen, haben Volker (er, nicht Gunnar/Gunther ist hier der Spielmann) und Hagen aus dem Saal getragen, in dem sie umzingelt sind. Müde vom Kampf ruhen sie sich auf den Leichen aus. Dann läßt Kriemhild den Saal anzünden. Das Dach bricht zusammen, brennende Balken stürzen auf die Toten und Lebenden. Die Hitze wird unerträglich, und die überlebenden Recken löschen ihren Durst mit dem Blut der Erschlagenen. In dieser Hölle hält einer Wacht: Volker, der Spielmann. Als er von den Hunnen angegriffen wird, warnt er sie: »Wenn ihr den Saiten mein die guten Töne raubet, eures Helmes Schein müßte trübe werden dabei von meiner Hand.«

Der Mensch ist ein Tier, das sich selbst töten kann. Daran hat sich seit alters nichts geändert. Nur, daß man seit der Aufklärung vernünftig mordet und human tötet. Joseph Ignace Guil- **47** lotin (1738–1814), ein französischer Arzt, der die Revolution überlebte, beantragte am 10. Oktober 1789 im Konvent, daß der Tod im Sinne der Gleichbehandlung ohne Standesprivilegien zu vollziehen wäre. »Die Zweckmäßigkeit«, so soll nach einem Zeitungsbericht (»Gazette des Tribunaux«, I, Paris 1791, Nr. 8, S. 118 f.) Dr. Guillotin ausgeführt haben, »besteht darin, daß der Tod sofort und sicher herbeigeführt wird. Durch die Schnelligkeit, mit der er eintritt, wird der Apparat (also die Guillotine) dem Streben unseres Zeitalters nach Menschlichkeit gerecht. Bürger aller Stände (...) werden auf jeweils gleiche Weise für ihre Untat büßen.« Der Tod endlich macht alle gleich. Der Tod ist die Einlösung von Freiheit, Gleichheit, Brüderlichkeit. Erfunden in England und von Antoine Louis in Frankreich eingeführt, ist die Guillotine die eigentliche Errungenschaft der Aufklärung im Geiste des Humanismus.

Am 25. April 1792 wird erstmals im Namen der Vernunft und Humanität öffentlich guillotiniert. Ungefähr vierzigtausend Menschen wurden während der Revolutionsjahre in Frankreich aufs Schafott gebracht, das, um überall einsatzbereit zu sein, fahrbar gemacht wurde. Der Tod ist rasch, sicher und schmerzlos. Der Verurteilte ist einsichtig und stimmt, vernünftig, wie er ist, seinem Tode zu. Der Aufklärer übt nicht nur Kritik, sondern auch Selbstkritik. Gemäß dem Sitzungsprotokoll des Konvents vom 10. November 1793 trägt Lemaire, der Sprecher der Sansculotten, folgendes vor: »Gesetzgeber, wir stellen euch einige ehemalige Priester vor, acht an der Zahl, die feierlich ihren Taschenspielerkunststückchen und ihrer Scharlatanerie abschwören wollen; sie sind neugeborene Kinder und wollen von euch neues Leben empfangen. Gestern haben sie im Saale unserer Volksgesellschaft, der noch vor vier Jahren nur theologische Absurditäten hörte, der aber heute nur noch von männlichen Freiheitsgesängen widerhallt, mit eigener Hand an der Fackel der Vernunft die Zeugnisse und Abzeichen ihrer blinden Gläubigkeit verbrannt, und durch einen Zufall, den wohl nur die Theologie erklären könnte, die ja alles erklären würde, wenn es sie noch gäbe, hat dieses Autodafé zu den Füßen desselben Bischofsstuhles stattgefunden, den sie früher einen heiligen Stuhl nannten und der sie mit diesen Vollmachten ausgerüstet hatte, von denen sie jetzt wissen, daß sie gottlos, korrumpiert und einem Attentat auf alle Rechte der Natur gleich sind. Gesetzgeber, ist das keine ehrenwerte Buße? (Lachen und Beifall)« (zitiert nach Lautemann/Schlenke).

Die Vernunft kritisiert sich selbst. »Der Traum der Vernunft erzeugt Ungeheuer« ist der Titel einer Radierung der »Caprichos«-Serie von Francisco José de Goya (1746–1828). Mit der Aufklärung werden Mord und Totschlag vernünftig, die Henker sind die Apostel der Aufklärung, die Guillotine ist heilig und löst das Versprechen der Vernunft und Philosophie ein: »Von überall her kommen scharenweise revolutionäre Apostel zu uns, echte Sansculotten; die heilige Guillotine befindet sich in der glänzendsten Aktivität, und der wohltuende Schrecken bewirkt, was Vernunft und Philosophie nicht in hundert Jahren erreicht hätten«, so urteilt der Bürger Gateau, Heeresintendantur, 27. Brumaire II. (zitiert nach Daniel Arasse). Die autonome Vernunft ist kritisch; das griechische »krinein«, von dem »Kritik« abgeleitet ist, heißt urteilen, trennen, richten: Kritik ist die Trennung, welche die Guillotine zwischen Haupt und Körper zieht. Der Schärfe des Arguments entspricht die Schärfe des Fallbeils. 1793 gelang es, 21 Girondisten in 26 Minuten hinzurichten. Zwischen dem 10. Juni und 28. Juli 1794 brachte es die Guillotine in Paris auf wöchentlich fast 200 Exekutionen.

Der Tod erlöst von dem Übel, nachdem die göttliche Gnade abgeschafft worden ist. Die Guillotine ist die Selbsterlösungsmaschine auf Rädern. Nachdem nämlich Gott beseitigt wurde, ist der Mensch für den Zustand der Welt verantwortlich, und wenn er versagt, dann gibt es keinen Christus mehr, der sich statt seiner ans Kreuz schlagen läßt, und deshalb muß er sich selbst opfern. Wie die Vernunft der Logik, so gehorcht das Fallbeil der Mechanik. Emotionslos trennt es den Kopf vom Rumpf. Auf diese Weise bringt sie das Heil auf Erden, das der betrügerische Klerus für das Jenseits versprach:

»Heilige Guillotine, Beschützerin der Patrioten, bitte für uns;
Heilige Guillotine, Schrecken der Aristokraten, beschütze uns.
Geliebte Maschine, erbarme Dich unser.
Verehrte Maschine, erbarme Dich unser.
Heilige Guillotine, befreie uns von allem Übel.«

Dies ist die Litanei der Aufklärung (zitiert nach Daniel Arasse).
Ihren Höhepunkt findet die Liturgie in der Monstranz. »Während das Volk ›Vive la république! Vive la nation!‹ ruft, holt
der Henker den in den Korb gefallenen Kopf wieder heraus und
hält ihn noch einmal in die Höhe, um ihn der Menge zu zeigen.
Durch diese Geste wird die Opferung erst konsekriert, sie bildet
den krönenden Abschluß des Rituals.« (Daniel Arasse) Robespierre hat immer wieder betont, daß sich durch den sakralen
Akt der Guillotinierung die göttlichen Eigenschaften auf das
Volk übertrügen.
Stalin versuchte mit weniger Erfolg, die selbstkritische Vernunft seiner revolutionären Mitkämpfer in den Selbstmord zu
treiben, besser gelang es schon Mao Tse-tung in der »Großen
Proletarischen Kulturrevolution«. Der Gedanke der Selbstkritik ist allerdings älter. Eingeführt wurde er von der christlichen
Religion als Bekennen, Reue und Buße. Im Ruf »Mea culpa!«
steckt schon die freiwillige Unterwerfung unter das Gericht.
War es im Christentum das Gericht Gottes, so ist es in der
Neuzeit das Gericht der Vernunft.
Die Aufklärung beginnt mit der Guillotine. Die französischen
Revolutionskriege forderten bis 1800 ungefähr 400 000 Tote,
Napoleons Feldzüge eine Million, auf dem Schafott und im
Bürgerkrieg kamen rund 600 000 Menschen um. Das war die
erste Ernte der Aufklärung. Im 20. Jahrhundert war sie ergiebiger. Nach der Jahrhundertwende gab es Mord und Totschlag
im großen Stil. Zwei Weltkriege, die Türken versuchten die
Armenier auszulöschen, Stalin ließ die Kulaken und Hitler die
Juden vernichten. Nicht zu vergessen die Nachkriegsgreuel,
die Gulags, die Atombomben auf Japan; von Korea, Vietnam,
Kambodscha, Afghanistan, Iran/Irak und den vielen kleinen

»Sieben-Tage-Kriegen« ganz zu schweigen; desgleichen von den revolutionären und gegenrevolutionären Morden auf dem ganzen Erdball. Seit 1945 hat man weltweit 175 Kriege gezählt; 95 % in der Dritten Welt. Mindestens 20 Millionen Menschen verloren dabei ihr Leben.

Schon Sokrates wußte, daß das Leben Einüben ins Sterben ist. Die Welt hat das Sterben inzwischen perfektioniert: Die Pershings, Cruise-Missiles und SS 20 sind recht erfolgversprechend. Die Gefechtsköpfe der SS-20-Raketen bringen es auf immerhin 150 Kilotonnen TNT (Trinitrotoluol) Sprengstoff. Die Interkontinentalraketen haben eine Wirkkraft von mehreren Megatonnen (1 Megatonne entspricht 1 Million Tonnen TNT). Zum Vergleich: Die Sprengkraft aller im Zweiten Weltkrieg über Deutschland abgeworfenen Bomben wird auf ungefähr zwei Megatonnen geschätzt. Nicht vergessen werden dürfen auch die Fortschritte bei den chemischen Waffen: vom Senfgas über die Nervengase Tabun, Soman und Sarin bis zum VX, von dem das Drittel eines tausendstel Gramms ausreicht, um einen Menschen zu töten.

Sowohl die Kurzstreckenraketen der USA, Frankreichs und Englands als auch die des Warschauer Pakts von weniger als 500 km Reichweite bedrohen fast ausschließlich die Bundesrepublik und die DDR. Sie sind das in den Natostrategiepapieren eingeplante nukleare Schlachtfeld (»Glacis«) beim regionalen Einsatz von Kernwaffen in einem begrenzten Atomkrieg. Galt für lange Zeit ein Atomkrieg für nicht begrenzbar, so scheinen die Natostrategen inzwischen zu meinen, daß dies doch möglich sei: nämlich auf Mitteleuropa, noch genauer, auf Deutschland Ost und West. Ein eventueller Angriff des Warschauer Pakts soll gemäß dieser Strategie mit landgestützten (also in der Bundesrepublik stationierten) nuklearbestückten Raketen abgewehrt werden. Da die Pershing-2-Flugkörper und die sowjetischen SS 20 gemäß dem Abkommen zwischen Reagan und Gorbatschow ebenso verschrottet werden wie die Mittelstreckenraketen mit Reichweiten zwischen 500 und 1000 bzw. 1000 und 5000 km (»doppelte Null-Lösung«), kann ein solcher

Schlag nur noch von landgestützten Kurzstreckenraketen mit einer Reichweite von nur 120 km geführt werden. Die aber bedrohen ausschließlich west- und ostdeutsches Gebiet. Richard Norman Perle, der in den siebziger Jahren die amerikanische Nuklearstrategie entscheidend mitbestimmte und heute beim »American Enterprise Institute« tätig ist, wurde in einem Interview (»Der Spiegel«, Nr. 25, 1989) gefragt: »Viele Deutsche wehren sich dagegen – und einige Amerikaner stimmen ihnen dabei zu –, daß die Nato das Territorium der beiden Deutschlands dazu ausersehen hat, im Fall des Falles den Schauplatz für den Einsatz nuklearer Kurzstreckenwaffen abzugeben. Margaret Thatcher sagt, das sei die Quittung dafür, daß die Deutschen den Zweiten Weltkrieg begonnen haben. Sehen Sie das auch so?« Er antwortete: »Ich glaube nicht, daß das eine Quittung ist, aber ich glaube auch nicht, daß wir daran etwas ändern können. Es gab einen berühmten amerikanischen Bankräuber namens Willie Sutton, der auf die Frage, warum er Banken ausraube, sagte: ›Weil dort das Geld ist.‹ Deutschland ist ein potentielles Schlachtfeld, weil die Teilung Europas durch das Land verläuft. Vielleicht ändert sich das einmal, aber solange es sich nicht ändert, ist es unvermeidbar, daß dort der militärische Schwerpunkt liegt.«

Voll Größe und mit militärischer Weitsicht verkündete Frankreichs Staatspräsident François Mitterrand, beim festlichen Begehen des 25. Jahrestages des deutsch-französischen Vertrags, daß sich Frankreich entschlossen habe, ab 1992 Raketen zu bauen, die im Ernstfall ihre nuklearen Bomben nicht auf Freiburg und Stuttgart abwerfen, sondern auf Hannover. Deutschland atmete erleichtert auf, als er würdevoll und feierlich beteuerte, daß ein atomarer Warnschuß Frankreichs mit den neuen Trägerraketen nicht unbedingt auf deutschem Boden niedergehen müsse. In der Tat: Er kann außer Hannover und Erfurt auch Genua treffen, einige Orientierungsschwierigkeiten der französischen nuklearen Artilleristen vorausgesetzt.

Der Tod und die Bombe   »Vita brevis«, das Leben ist kurz. Es ist aber nicht nur kurz, es ist auch einmalig, kann nicht wiederholt werden, Fehlversuche gibt es nicht, alles gilt. Auch das vorsichtigste Leben endet tödlich, auch das gute Leben findet seinen bösen Tod. Gesundheit schützt vorm Sterben nicht, Leben schützt vorm Sterben nicht. Nicht nur die menschliche Tragödie, auch die menschliche Komödie endet tödlich. Wenn das Leben ein Traum ist, dann ist es ein Alptraum, aus dem wir im Tod erwachen. Vom Leben entnervt, geben wir irgendwann einmal auf, lassen uns überfahren, ins Krankenhaus bringen, ziehen in den Krieg oder legen uns ins Bett und verenden. Am Schluß jedenfalls haben wir alle die Erde umsonst belastet. Wessen sind wir schuldig, daß wir mit dem Tod bezahlen?

Der Tod erschreckt uns. Mit ihm verlieren wir, worin wir unseren Halt finden: die Autonomie. Der Leichnam ist das verfügbare Ding, das zur Seite geschafft wird. Im Tod erfahren wir unsere absolute Nichtigkeit. Der verweste Körper zeigt die Gleichgültigkeit der Welt gegen das Individuum. »Memoria hospitis unius diei praetereuntis« – und wie man einen vergißt, der nur einen Tag Gast gewesen ist. (*Die Weisheit Salomos* V, 15) Der Mensch geht seinen, die Welt ihren Weg. Als Sokrates von seinen Richtern zum Tode verurteilt worden war, bemerkte er: »(. . .) es ist nun Zeit, daß wir gehen, ich, um zu sterben, und ihr, um zu leben. Wer aber von uns beiden zu dem besseren Geschäft hingehe, das weiß keiner außer Gott.« (*Apologie* 42 a) Für die griechischen Götter, so berichtet Cicero in den »Gesprächen in Tusculum«, scheint der Tod für den Menschen die glücklichere Lösung zu sein: Als die Zugtiere des Wagens, der eine argivische Priesterin zu einem feierlichen, festgesetzten Opfer bringen sollte, auf sich warten ließen, erboten sich ihre beiden Söhne, Kleobis und Biton, den Wagen zu ziehen, um rechtzeitig zum Heiligtum zu gelangen. Dort angekommen, bat die Priesterin die Götter, ihren Söhnen zum Lohn das Größte zu schenken, was die Gottheit einem Menschen schenken kann. Am nächsten Morgen wurden die beiden Jünglinge tot aufgefunden. So erging es auch Trophonios und **53**

Agamedes, nachdem sie dem Apollo einen Tempel gebaut hatten und sich dafür einen angemessenen Lohn vom Gott ausbaten. Nach drei Tagen, versprach Apollo, würde er zuteil; als der dritte Tag anbrach, wurden sie tot aufgefunden. Der Weg des Menschen ist der Gang zum Schafott. Das Leben ist das Verbrechen, auf das der Tod steht. Jeder kennt den Urteilsspruch, die Hinrichtungen finden täglich statt. Wir schließen die Augen, blinzeln, und dann planen wir den nächsten Urlaub und den nächsten Verteidigungskrieg.

Unser lebensweltlicher Alltag kennt den Tod nicht mehr. Den gibt es nur noch im Kino und im Fernsehen, im Spielfilm oder weit weg in Asien, Afrika oder Südamerika. Manchmal auch auf der Autobahn. Um so verwirrter und hilfloser reagiert der Kopf, wenn der Tod in den eigenen Alltag einbricht. Deshalb haben wir Spezialisten fürs Sterben und fürs Beerdigen, die Krankenhäuser und die Beerdigungsinstitute – wir wissen mit dem Tod nicht umzugehen, unser Kopf will an unseren Körper nicht erinnert werden. Deshalb geben wir Unsummen zur Vermeidung von Schmerz aus. Wer unsterblich ist, der hat keine Schmerzen, denn biologisch ist der Schmerz die Warnung vor dem möglichen Tod. Ohne Tod also gibt es kein Leid und ohne Leid keinen Ernst. So leben wir unser unernstes Leben zwischen Aspirin und den »top ten«.

Wir haben den Tod verdrängt, und übrig blieb die Leere. Aber der Mensch braucht den Tod. Was wäre das Leben ohne die Gewißheit des Sterbens? Wen interessiert ein Fußballspiel ohne Schlußpfiff? Der Mensch braucht die Bedrohung seiner Existenz. Das Leid, die Versagung, der Mißerfolg, die Not – darauf sind wir eingerichtet. Mit der existentiellen Gesichertheit können wir nichts anfangen. Unsere Biologie ist auf Existenzkampf und Zerstörung angelegt. Deshalb haben wir die Bombe erfunden, damit wir uns als bedroht empfinden können, damit wir leben können. Wer unsterblich ist, lebt nicht. Wir bauen die Bombe nicht, um Gefahr abzuwenden, wir bauen sie, um uns in Gefahr zu begeben. Die Gefahr ist tatsächlich unser Leben. Wir sind Sadomasochisten. Länder, in denen um die tägliche Existenz gerungen werden muß, brauchen keine Atomwaffen. Nur die Satten benötigen sie, sie bedürfen eines starken Kitzels, um zu bemerken, daß sie leben. Der verdrängte Tod kehrt als nukleare Bedrohung wieder. Der verdrängte Tod des einzelnen wird kompensiert in der Bedrohung aller.

Versteckt hinter Stacheldraht, streng bewacht und schlummernd wie Dornröschen, aber tödlich: Das ist die Bombe. Ihr Wesen ist Zerstörung: Selbst- und Weltzerstörung, Kritik und Selbstkritik, Mord und Selbstmord. Ihr Sein ist ihr Nichtsein. Ein gedrängteres Bild von sich hat der Mensch heute nicht. »Warum ist überhaupt etwas und nicht vielmehr nichts?« fragte Gottfried Wilhelm Leibniz (1646–1716). Die Kernwaffen zeigen: Das Sein ist das Nichts. Das Sein des Menschen und der Welt ist vergebens. Deshalb bedroht die Bombe weniger unser Leben als unser Selbstverständnis. Vanitas. Alles ist eitel, alles ist vergänglich. »Da lobte ich die Toten, die schon gestorben waren, mehr denn die Lebendigen, die noch das Leben hatten; und besser denn alle beide ist, der noch nicht ist.« *(Prediger 4, 2 u. 3)* Doch wer hat schon das Glück? Der Prediger Salomo fügt jedenfalls noch hinzu: »Das Ende eines Dinges ist besser denn sein Anfang.« *(Prediger 7, 8)* Dieser Auffassung war auch Silenos, der, nachdem er von Midas gefangengenommen war, diesen, um frei zu kommen, gelehrt habe, daß es für den Menschen das beste sei, nicht geboren zu werden, das zweitbeste aber, so rasch wie möglich zu sterben. So berichtet ebenfalls Cicero und fügt noch die Lehre des Euripides hinzu: »Wir müßten eigentlich im Hause bei unseren Zusammenkünften klagen, wenn ein Mensch ans Tageslicht kommt, wenn wir nämlich die vielen Leiden des menschlichen Lebens bedenken. Wer aber seinen schweren Mühen mit dem Tode ein Ende gemacht hat, den sollten die Freunde mit allem Lob und aller Freude zum Grabe geleiten.«

Die Kernwaffen erinnern uns an das, was wir glaubten überwunden zu haben: die Hinfälligkeit des Menschen, daß auch das erfolgreiche Leben verfehlt ist, daß die Welt weitergeht, als **55** sei nichts gewesen, selbst wenn die Erde explodiert, daß jeder spurlos verschwindet. Die Plattheit des Todes zeigt das Sterben als Sturz ins Leere. Auch der verstockteste Optimist erkennt: umsonst geboren. Keiner stirbt mehr, wie weiland Abraham, »alt und lebenssatt«. Wir sterben zu früh, zu jung. Wir sterben hungrig, unausgefüllt, begierig. Jeder hat am Ende alles versäumt. In seinem 83. Lebensjahr, ein halbes Jahr vor seinem Tod, schreibt Goethe die Szene »Mitternacht« von *Faust II*. Darin läßt er den einhundertjährigen Faust, der anschließend erblindet und kurz darauf stirbt, sagen:

> Ich bin nur durch die Welt gerannt.
> Ein jed Gelüst ergriff ich bei den Haaren,
> Was nicht genügte, ließ ich fahren,
> Was mir entwischte, ließ ich ziehn.
> Ich habe nur begehrt und nur vollbracht
> Und abermals gewünscht und so mit Macht
> Mein Leben durchgestürmt.
> (...)
> Dem Tüchtigen ist diese Welt nicht stumm.
> Was braucht er in die Ewigkeit zu schweifen!
> Was er erkennt, läßt sich ergreifen.
> Er wandle so den Erdentag entlang;
> Wenn Geister spuken, geh er seinen Gang,
> Im Weiterschreiten find er Qual und Glück,
> Er! unbefriedigt jeden Augenblick.

Daran erinnert uns die Bombe. Deshalb fürchten wir sie, deshalb reagieren wir panisch. Und doch brauchen wir sie, denn ohne Tod kein Leben. Die Bombe stürzt uns in Verwirrung. Ohne sie gibt es in den Industriestaaten kein Leben mehr und mit ihr auch nicht. Wir brauchen sie als Möglichkeit und fürchten ihre Erfüllung. Wir brauchen sie als Bedrohung. Nur der Tod macht das Leben sinnvoll, das Ewige ist die Langeweile, gleichzeitig aber zerstört der Tod den Sinn, denn er zeigt das **56** Leben als vergeblich.

Die Bombe löst aber auch das aufklärerische Versprechen ein, das die Guillotine noch nicht ganz halten konnte: Sie ist die Erfüllung der humanen Gerechtigkeit, denn sie straft ohne Ansehung der Person. Und so verwirklicht sie sogar die biblische Gerechtigkeit, denn sie straft Gerechte wie Ungerechte. So sind wir dank der Bombe heute endlich wirklich gleich: wie vor dem Fernsehapparat also auch vor der Bombe.

Die Bombe also ist weniger ein Politikum; sie ist ein Metaphysikum. Die Bedrohung ist ein Denkbedürfnis des Menschen, das er stillt. Diese Dimension der Nuklearrüstung hat die Friedensdiskussion übersehen. Die Kernwaffen haben nicht nur eine militärisch-politische Seite, auch nicht nur eine ethische, sondern eben auch eine metaphysische, die zurückreicht in die menschliche Grundverfassung, in die »situation humaine«. Vielleicht reicht diese Dimension sogar über das Menschliche hinaus. Vielleicht ist die nukleare Bedrohung das Ergebnis eines Vorgangs, den der Mensch gar nicht bestimmen kann. Vielleicht ist die Kerntechnologie der Schritt in einer Entwicklung, der der Mensch hilflos unterworfen ist. Vielleicht treibt der Mensch in einer Bewegung, die er nicht kennt. »Du glaubst zu schieben, und du wirst geschoben«, bemerkt Mephisto in Goethes *Faust*. Vielleicht bewegt sich der Mensch im Strudel evolutionärer Umbrüche, von denen er nichts ahnt.

Das evolutionäre Defizit   Die menschliche Gattung ist in eine Phase ihrer Entwicklung getreten, die ihr bisheriges Dasein sprengt. Sie hat sich selbst überlebt. Konnten alle heute existierenden Lebewesen dadurch überleben, daß sie sich durch den Zufall von Mutationssprüngen zum richtigen Zeitpunkt an geänderte Umweltbedingungen anpaßten, so war es der menschlichen Gattung seit 60 000 Jahren möglich, auf solche Anpassungsleistungen zu verzichten. Der Mensch konnte die genetische Entwicklung entbehren. Dies Kunststück gelang ihm dadurch, daß er aus der Umwelt seine Lebenswelt machte. Nicht der Mensch paßt sich der Umwelt an, sondern er paßt die **57**

Umwelt sich an, er verwandelt sie, gemäß seinen Bedürfnissen, in seine Lebenswelt. Dieser Vorgang beginnt schon nach der Zeit der Jäger und Sammler, in der Jüngeren Altsteinzeit, als der Mensch Ackerbau und Viehzucht betrieb. Im Vorderen Orient gab es im 8. bis 9. Jahrtausend vor Christus schon Pflanzenpflege. Die magischen Praktiken können als Versuch der Menschen verstanden werden, die Natur und die sie bestimmenden Götter zu beherrschen. Erst in den späten Religionen unterwirft sich der Mensch dem Göttlichen. Die griechische und vor allem die römische Antike haben den Körper in militärischer Absicht kontrolliert, diszipliniert und dressiert. Der Sport hat hier seine Wurzel. Im Zirkus und Ballett, im Tanz und im Eiskunstlauf wird der Körper dem Geist unterworfen. Hartmut und Gernot Böhme sind diesem Problem genauer nachgegangen. Nur der besiegte Körper gilt als schön. Nur den Körper lassen wir gelten, der seine Eigenständigkeit aufgegeben hat, der sich unsichtbar macht: Er wird desinfiziert, er wird deformiert. Das Denken findet seinen Stolz darin, sich von den Zwängen des Körpers befreit zu haben. Der Geist wird vom Körper getrennt, das Denken löst sich von seiner körperlichen Bedingtheit, wird un-bedingt, wird absolut (»losgelöst«), wird autonom (»selbst gesetzgebend«).

Unser Körper, einschließlich des Gehirns, ist seit langer Zeit unverändert. Unsere Genstruktur entspricht der des Cro-Magnon-Menschen. Dies liegt nicht daran, daß die Erbfolge fehlerfrei verlaufen wäre, sondern daran, daß der Homo sapiens sapiens Mutanten getötet hat, aussetzte, in Irrenhäuser steckte, kastrierte oder sie, wie heute, schon vor der Geburt zu verhindern weiß. Jedenfalls wurden und werden die Mutanten an ihrer Fortpflanzung gehindert.

Nun sind, evolutionstheoretisch gesehen, 60 000 Jahre nicht viel. Vielleicht wären auch ohne systematische Vernichtung und Verhinderung keine lebensfähigen Mutanten entstanden. Heute indessen sind Bedingungen eingetreten, die alles Lebendige zur Mutation zwingen, sofern es überleben will. Die
58 Umwelt nämlich ist dabei, sich so zu ändern, daß die Lebewesen

sich anpassen müssen, auch der Mensch. Indessen: Gibt es denn irgendwelche Gründe, die ernsthaft dafür sprechen, daß die Spezies Homo sapiens sapiens nicht aussterben soll – wie der Säbeltiger, das Mammut, die Saurier? Ist eine solche Forderung mehr als eine Sentimentalität? Biologisch gesehen, ist der Mensch das Überflüssige schlechthin. Wer sollte da für sein Überleben eintreten? Oder für »Humanität«, für »Bildung«? Wozu sollte der Mensch für Nachkommen Sorge tragen, wenn er doch eines Tages von der Erde verschwinden wird; wenn sogar die Erde eines Tages sein wird, als wäre sie nie gewesen? Sein bisheriger Evolutionsvorteil, die Welt sich anpassen zu können, schlägt um in einen Evolutionsnachteil. Die vom Menschen korrigierte Welt ist nämlich dabei, zur Gefahr für ihn zu werden. Wie konnte das geschehen? Je mehr der Mensch die Welt so verbesserte, wie er es sich ausdachte, desto weiter entfernte sich die Welt von seinem Körper. Da der Körper nun gleich blieb, wurde die Kluft zwischen ihm und der vom Kopf produzierten Lebenswelt immer größer. Die Gesichtspunkte zur Umgestaltung der Erde sind nämlich nicht solche des Bios, sondern des Gehirns. Da gibt es so harmlose Umstände wie der, daß die Erfindung des elektrischen Lichts den Biorhythmus unterbricht. Da sind das Auto und die öffentlichen Verkehrsmittel, die unseren Bewegungsdrang unausgelastet lassen. Da ist die Büroarbeit, die dem Rückgrat schadet – kurz: Hier handelt es sich um die biologischen Schäden, die wir »Zivilisationskrankheiten« nennen, die unsere Zivilisation, unsere kulturelle Evolution, unserem Körper antut.

Die Kluft zwischen unserer vom Kopf erzeugten Welt und unserer Körperlichkeit scheint in eine kritische Phase zu treten. Der Punkt scheint erreicht, an dem die kulturelle Entwicklung an die Grenze unserer biologischen stößt; unsere Körperlichkeit kann das von unserem Verstand Hervorgebrachte nicht mehr verkraften. Die Zunahme der Allergien mag als Beispiel dienen. Unser Körper ist dermaßen strapaziert, daß er auf den natürlichen Pollenflug unnormal reagiert; von den Allergien gegen Kunststoffe ganz zu schweigen. Die Erhaltung unseres

Lebensstandards hat Wirkungen, die zugleich diesen Standard senken. Was sich unser Kopf ausdenkt, um dem Leib ein angenehmes Leben zu machen, bedroht die menschliche Biologie. Wenn wir Auto fahren, produzieren wir Benzol, das Blutkrebs verursacht, Kohlenmonoxid, das Schwindel und Übelkeit hervorruft, Formaldehyd, das die Schleimhäute reizt und vermutlich krebserregend ist, Stickoxide, die Smog mit verursachen, und Blei, das Wachstumsschäden hervorruft. Wenn wir heizen, produzieren wir Arsen, das vermutlich Haut- und Lungenkrebs verursacht, Cadmium, das Nieren, Lunge und Knochensubstanz schädigt, Kohlenmonoxid, Kohlendioxid, die den Treibhauseffekt mit auslösen, Quecksilber, das Nerven- und Nierenschäden hervorruft, Kohlenwasserstoff, der krebserregend ist und ein wichtiger Bestandteil des Smogs, Stickoxid, Distickoxid, die ebenfalls den Treibhauseffekt mit verursachen, Schwefeldioxid, das Schleimhautreizungen auslöst.

An der Nordküste der Antarktis, meldete AP Anfang Februar 1989, ist ein Schiff gesunken, das eine Million Liter Dieselöl und andere Treibstoffe gelagert hatte, die ausliefen und einen riesigen Ölteppich bildeten, der nicht vor Ablauf von einhundert Jahren abgebaut werden kann. Kurz darauf lief die »Exxon Valdez« auf ein Riff, und 40 000 t Öl strömten aus. Den gesamten Erdball hat die Spezies Mensch zu ihrem Wohnraum gemacht und in geplanten Eingriffen und in ungeplanten Unfällen verändert. So wird sowohl der Erfolg als auch der Mißerfolg des Menschen zur eigenen Bedrohung.

Unser Denken und Produzieren scheinen gerade dabeizusein, unsere Leiblichkeit zu überrunden. Gemessen an unseren intellektuellen Fähigkeiten, ist unsere Biologie überholt. Unser Körper, darauf verwies schon Konrad Lorenz, reagiert blind auf das nächtliche Knacken im Gebüsch, bleibt aber ungerührt bei der Emission von 2000 Becquerel. In rührseligen Filmen schluchzen wir. Unsere Biologie ist auf Nächstenliebe eingestellt, heute aber brauchen wir Fernstenliebe. Die kulturellen Gefahren werden vom Körper nicht wahrgenommen, wir müssen sie uns denken.

Unser Hirn hat sich gegenüber dem restlichen Körper verselbständigt. Wir wissen nicht viel vom menschlichen Hirn, aber dies scheint gewiß: Es hat eine größere Kapazität als die, die wir nutzen. Es wird sogar behauptet, daß Tag für Tag 100 000 Nervenzellen in unserem Hirn abstürben; nach siebzig Jahren betrüge der Verlust dann 20 %. Selbst wenn dies nicht richtig ist, so hat das menschliche Hirn doch Überkapazität, bezogen auf die Erfordernisse des Überlebens. Wieso dies so ist, weiß heute keiner. Eine neuere Theorie besagt, daß das Hirn ursprünglich eine Doppelfunktion hatte. Zum einen nämlich war es notwendig, um bei der Jagd auf schnellere und stärkere Tiere innerhalb der Jägergruppe zu kooperieren. Da diese Jagd in der Savanne stattfand, waren die Frühmenschen großer Hitze ausgesetzt, die dem Hirn Schaden zufügte, indem Zellen zerstört wurden. Deshalb wurde das Hirn, gemessen an der zur Kooperation erforderlichen Denkkapazität, überproportioniert; gemessen am Verschleiß jedoch, hatte es die richtige Größe. Somit wäre die Größe des Gehirns kein qualitativer, sondern ein quantitativer Vorteil gewesen. Der Mensch blieb aber nicht immer als Jäger in der Savanne, so daß das »Reservegehirn« überflüssig wurde. Da es nun aber einmal da war, wurde es anders genutzt. Die Denkfähigkeit des Menschen nahm qualitativ zu, indem fast das ganze Gehirn eingesetzt wurde. Das Entscheidende ist nun, daß diese qualitative Zunahme des Denkvermögens völlig unabhängig von biologischen Notwendigkeiten erfolgte. So kam es zur Trennung von Kopf und Hand, zur Trennung von Verstand und Sinnlichkeit, von Denken und Körper, wie sie dann von René Descartes philosophisch systematisiert wurde.

Das Hirn konnte nun Dinge und Sachverhalte denken, die fürs unmittelbare Überleben unnötig waren. Das Gehirn wurde ein Luxusartikel, der sich jedoch zum eigentlichen Evolutionsvorteil des Menschen entwickelte. Denn der Mensch war nun in der Lage, sich Dinge und Sachverhalte auszudenken, er konnte sich Vorstellungen machen, sich im Kopfe etwas ausmalen, Vorhersagen treffen. Kurz: Das Versuch-Irrtum-Verfahren **61** der Tiere, das ein großes Risiko in sich birgt, weil eine Gattung stets ausprobieren muß, was ihr schadet und nützt, bevor diese Erfahrung dann ins Erbgut übernommen wird, wurde zum Denkrisiko, zum Gedankenexperiment und stellte keinerlei Gefahren mehr fürs Leben dar. So kam der Mensch zu den Erfindungen, und diese waren der Grund dafür, daß er sich die Welt anzupassen verstand und sich ihr nicht mehr unterwerfen mußte. Der Preis, der dafür zu entrichten war, ist die schon erwähnte Trennung von Denken und Körper. Sie hat mit der Relativitätstheorie und der Atomphysik eine neue Dimension gewonnen: Hier hat sich nämlich das Hirn in sich selbst gespalten, in ein mehr vorstellendes und in ein mehr rechnendes, wobei es in der Lage ist, etwas zu denken und zu berechnen, das es sich nicht vorstellen kann. Unsere mathematischen Fähigkeiten scheinen unseren vorstellenden erkenntnismäßig überlegen zu sein.

All das, was wir herstellen, ist ein Produkt unseres Gehirns. Da es sich aber vom Körper gelöst hat, muß eines Tages der Punkt erreicht sein, an dem die Produkte des Denkens mit unserem Körper nicht mehr vereinbar sind.

Das Hirn, das sich vom Körper gelöst hat, macht eine gesonderte Entwicklung durch, unabhängig von der Bedürftigkeit des Leibes. Die Trennung war gattungsgeschichtlich überaus erfolgreich. Sie ermöglicht der menschlichen Gattung nämlich, Dinge zu denken und zu erfinden, für die es zum Zeitpunkt ihrer Erfindung keinerlei Bedarf gibt, die sich aber als zukunftsträchtig erweisen können. Die freie, d. h. von der momentanen Bedürftigkeit befreite Denktätigkeit, die rein wissenschaftlich zweckfreie Forschung sicherte langfristig den biologischen Erfolg der menschlichen Gattung. D. h., daß die Trennung von Geist und Körper die Bedingung des Überlebens des Körpers ist. So jedenfalls war es. Heute stehen wir an einer Schwelle; jenseits dieser wird der bisherige Vorteil zum Nachteil. Wir erfahren heute den Beginn unseres evolutionären Waterloos. Genau deshalb, weil in den 60 000 Jahren unserer

kulturellen Evolution, die immer rascher und umfangreicher

voranschreitet, unsere biologische Evolution stagniert. So stehen wir heute vor einem unlösbaren Problem: Die Wucherungen der Rationalität, die sich vom Körper emanzipiert haben, sind die Bedingungen fürs Überleben heute. Sie sind aber gleichzeitig tödlich für die kommenden Generationen, weil die Produkte unserer Rationalität in Widerspruch zum Körper geraten. Die Lebensbedingungen der heutigen Individuen sind die Untergangsbedingungen der menschlichen Gattung.

Von der Notwendigkeit einer Evolutionsbeschleunigung Wem an der Erhaltung der heutigen Menschen und der menschlichen Gattung gelegen ist, der muß dafür sorgen, daß die Kluft zwischen Körper und Geist aufgehoben oder auf ein erträgliches Maß verringert wird. Von zwei Seiten aus kann ein Versuch unternommen werden. Man beginnt beim Denken oder beim Körper. So ließe sich die Forderung aufstellen, das Denken einzustellen. Diese kann wohl ernsthaft nicht erhoben werden. Deshalb ist man bescheidener und fordert, daß nicht alles, was sich die Forschung ausdenkt und herstellen könnte, auch verwirklicht wird. Das Denken soll sich also eine selbsterdachte Handlungsbeschränkung auferlegen. Politisch verlangt wird die mehr oder weniger freiwillige Selbstkontrolle der Wissenschaft und der Wirtschaft.
Dieser einsichtige Anspruch stößt aber auf Schwierigkeiten in der Durchführung. Zwar sind die unmittelbaren und kurzfristigen Schäden in der Regel leicht auszumachen und auf ihre Ursachen zurückzuführen, sehr schwierig aber ist es, solche Ursachen bei mittelbaren und langfristigen Schäden herauszufinden. Bis heute ist nicht eindeutig geklärt, was 1988 zum Robbensterben in der Nordsee geführt hat. Wie bei Mitteln, die auch nur im Verdacht stehen, Krebs zu erzeugen, müßte deshalb ein Herstellungsverbot all dessen ausgesprochen werden, das vielleicht Schäden verursachen könnte.
Würde dieses Verlangen in Praxis umgesetzt, wäre dies der Ruin der Wirtschaft. Deshalb rettet man sich, indem »Grenz-

belastungen« angegeben werden; sei es für Wasser, den Boden, die Luft oder Nahrungsmittel. – Ein Selbstbetrug. Zunächst werden die Grenzwerte völlig willkürlich festgelegt. So wurde die zulässige Strahlenbelastung von Rentierfleisch nach dem Reaktorunglück von Tschernobyl von der norwegischen Regierung von 600 auf 6000 Bq/kg heraufgesetzt, weil sonst kein Rentierfleisch mehr hätte verkauft werden können. Dann wird außer acht gelassen, daß die Schadstoffe der verschiedenen Nahrungsmittel zusammengezählt werden müssen. Grenzbelastungen sind grundsätzlich nicht beziehbar auf Einzelgegenstände (es sei denn, sie liegen in einem sofort tödlichen Bereich), sondern müssen immer vom Menschen ausgehen, der mit einer Vielzahl von mehr oder weniger verseuchten Dingen umgeht. Niemand aber weiß, mit wieviel verseuchtem oder verstrahltem Material jeder einzelne täglich in Berührung kommt. Die einzige Möglichkeit, Grenzwerte sinnvoll anzugeben, wäre auszuweisen, welche Menge von jedem einzelnen Schadstoff in einer bestimmten Zeit verkraftbar ist. Auf jedem Lebensmittel müßte dann stehen: »Der Bundesgesundheitsminister: Essen und Trinken gefährden Ihre Gesundheit. 100 Gramm dieser Ware enthalten 0,3 mg Zink, 4 mg Blei, 2 mg Formaldehyd und strahlen mit 500 Bq (Durchschnittswerte nach DIN).« Jeder müßte sich dann eine Tabelle erstellen, in die er gewissenhaft alle Schadstoffmengen einträgt, mit denen er in Berührung kommt, so lange, bis er die Marke erreicht, auf der steht: »Essen einstellen«!, »Trinken einstellen«!, »Atmen einstellen!«. Da wir noch weit davon entfernt sind, solche Auflistungen produzieren zu können, bleibt nur eine andere Forderung übrig: alles nämlich, was im Verdacht steht, Schäden hervorzurufen, zu verbieten. Dies aber wäre, wie gesagt, der sofortige Zusammenbruch der Wirtschaft.

Diesen muß in Kauf nehmen, wer es mit der menschlichen Gattung hält. Wer es hingegen mit den heutigen Individuen hält, der muß die menschliche Gattung für die Aufrechterhaltung der Gegenwart aufs Spiel setzen. In beiden Fällen zeigt

sich etwas Interessantes: Ein Bezugssystem des Denkens und

Handelns, das in der Neuzeit ins Private abgedrängt wurde, schiebt sich immer mehr in den Vordergrund: die Moral. Die Frage, wieweit der gegenwärtige Mensch den zukünftigen »riskieren« darf und wieweit es zulässig ist, daß sich der gegenwärtige Mensch für den zukünftigen »wagt« – diese Frage ist nur moralisch entscheidbar. Jede Revolution argumentiert, daß sich, um der Zukunft willen, die Gegenwart opfern müsse. Der Verzicht auf momentanes Glück soll der Preis für künftiges sein. Die Selbsteinschränkung von heute soll die Freiheit von morgen garantieren. Der moralische Anspruch, das Gute zu wollen, rechtfertigt die böse Gegenwart, rechtfertigt, daß die Gegenwart mediatisiert, zum Mittel für die Zukunft wird. Wer sich dem widersetzt, sei unmoralisch, weil er seine Privatheit über das Gesamtwohl stelle. Die Moral, die sich die Zukunft zum Ziel setzt, wird damit terroristisch gegen die Gegenwart. Die größten Greuel der menschlichen Geschichte geschahen im Namen der Moral, von den Kreuzzügen über die Judenvernichtung bis zu Pol Pots Herrschaft in Kambodscha. Die Moral verschafft ein gutes Gewissen, und wer ein gutes Gewissen hat, schreckt vor nichts zurück. Jede Flugzeugentführung zeugt davon. Der Tugendterror ist die Perspektive, die sich auftut, wenn man bedenkt, was geschieht, wenn die Zukunft höher gewertet wird als die Gegenwart.

Die Aussichten sind also einigermaßen betrüblich: Wer sich für die menschliche Gattung entscheidet, der riskiert den wirtschaftlichen Zusammenbruch und den moralischen Terror. Wer sich für die heute Lebenden einsetzt, der riskiert die menschliche Gattung.

Gibt es Alternativen? Gibt es die Möglichkeit, die Kluft zwischen Körper und Geist anders zu überwinden? Ja. Dann nämlich, wenn man nicht, wie heute üblich, beim Denken und Produzieren ansetzt, sondern beim Körper. Der Körper muß geändert werden. Dazu gibt es zwei Möglichkeiten. Die erste heißt Frankenstein (oder für den, der es klassisch möchte, Homunculus): der Mensch aus der Retorte. Der Mensch muß mutieren, um seine biologisch-organischen Evolutionsmängel **65** wettzumachen. Die Gentechnologie scheint gerade zum richtigen Zeitpunkt erfunden zu sein. Aber sie ist noch äußerst mangelhaft. Die Anstrengungen müßten, sofern sie erfolgreich sein sollen, gewaltig gesteigert werden und dürften keinerlei Einschränkungen unterliegen. Der Mensch müßte zum Experiment freigegeben werden. Die Gentechnologen sind zuversichtlich. Auf einem Symposion der Ciba Foundation hat Sir Julian Huxley schon 1962 die Optimierung des Menschen gefordert (zitiert nach der »Zeit«): »Die Bedrohung«, so bemerkte er richtig, »liegt in der offensichtlichen Unvollkommenheit des Menschen als psychosoziales Wesen; sowohl individuell wie kollektiv braucht er dringend Verbesserungen, und er ist ihrer durchaus fähig. (. . .) Wenn eine blinde (. . .) Selektion in einigen Milliarden Jahren aus einem Viroid den Menschen schaffen konnte, was könnten dann nicht die bewußten und gezielten Anstrengungen des Menschen in einigen Millionen Jahren schaffen?«

Sir Huxley dachte noch in weiten Räumen und Zeiten, sie wurden inzwischen etwas gestrafft, so daß moralische Bedenken aufgekommen sind. Aber selbst wenn man sich von solchen Einsprüchen nicht beirren läßt, so dürfte die Zeit inzwischen zu knapp geworden sein, als daß man hoffen könnte, das »gen-engineering« könne noch rechtzeitig die Kluft zwischen Körper und Geist oder wenigstens die zwischen Körper und menschlicher Umwelt überwinden. Zum einen weiß nämlich niemand, in welche Richtung die Gene, selbst wenn dies schon gezielt möglich wäre, geändert werden müßten, um den gewünschten Erfolg zu erzielen. Zum andern ist der Zeitdruck groß, so daß wenig Aussicht auf erfolgreiche Experimente in der zur Verfügung stehenden Zeit besteht. Vermutlich verändert sich die Lebenswelt rascher, als im Labor entsprechend taugliche Menschen gezüchtet werden können. Gemäß der Erfahrung, die man vor allem in Schweden gemacht hat, scheint es so zu sein, daß die quantitative Zufuhr von Schadstoffen in Seen die chemische Zusammensetzung des Wassers

nicht allmählich, sondern unmittelbar und unwiderruflich so

verändert, daß kein Leben mehr in ihm möglich ist. Heute aber kennt keiner den kritischen Punkt dieses »Umkippens«.

Es gibt noch eine zweite Möglichkeit der Anpassung des Körpers an die veränderten Umweltbedingungen: die Veränderung der menschlichen Gene durch Radioaktivität. Eine kleine Chance bietet hierzu der oben geschilderte Abbau der Ozonschicht, weil dadurch ultraviolette Strahlung ungefiltert auf die Erde gelangt und dann Keimzellen verändern kann. Zuverlässiger und schneller allerdings ist der Supergau eines Kernkraftwerks, unübertroffen in seiner Wirkung indessen ein Nuklearkrieg. Die unkontrollierte Emission der Gamma- und Röntgenstrahlung wird die Erbanlagen der Lebewesen, die nicht sofort sterben, stark verändern, so daß bei der Vermehrung mit einer gewaltigen Steigerung der Mutanten gerechnet werden kann. Dadurch würde der Zeitdruck, unter dem wir heute stehen, so ausgeglichen, daß die Anzahl der Mutanten gewissermaßen in einem Freilandversuch auf einen Schlag erhöht würde, was die Aussicht auf Erfolg gehörig steigerte. Schon in der ersten Generation nach der bestrahlten Population könnten strahlenresistente Mutanten entstehen.

Der große »Vorteil« eines Supergaus oder eines Nuklearkriegs ist also erstens, daß die bestrahlte Population wesentlich größer ist als bei Laborversuchen, so daß eine breite Palette unterschiedlichster Mutanten gewährleistet wäre. Zweitens, daß nach einer Nuklearkatastrophe, deren Ausmaß nur groß genug gewählt werden muß, keiner mehr eine Selektion der Strahlengeschädigten und ihrer Mutanten durchführen könnte und so, drittens, die mutierten Nachfahren der bestrahlten Population die Möglichkeit haben, sich ungehindert unter neuen Bedingungen zu bewähren. Nicht der Forscher, wie im Laborversuch, bestimmt die genetische Veränderung und wählt nach dem »engineering« entsprechende Exemplare aus, vielmehr trifft die verseuchte Natur ihre Auswahl. Auf dem oben erwähnten Symposion der Ciba Foundation malte denn der Genetiker J. B. S. Haldane auch aus: »Falls es zu einem Atomkrieg kommt, werden die Überlebenden auf ihre Strahlungsre- **67** sistenz selektiert sein.« Begeistert fährt er fort: »Danach sind sie (einschränkend muß man heute hinzufügen: wenigstens einige) als Astronauten brauchbar«, weil nämlich »Menschen, die ihre Beine durch Unfall oder Mutation verloren haben, als Astronauten besonders geeignet« sind, denn »die Beine des Menschen und ein großer Teil des Beckens sind in diesem Fall nicht nötig«. Einmal im Schwung, tun sich Welten auf: »So könnte es dahin kommen, daß die Menschen sich in zehntausend Jahren von uns nicht nur in Verbesserungen, sondern auch in Anlagen und Bestrebungen derart unterscheiden, daß es zwecklos ist, diese Gedanken noch weiter auszuspinnen.«

Im Feuersturm des nuklearen Selbstmordes geht der abendländische Mythos des Humanismus unter. Was ist erhabener als ein Atompilz über verbrannten Städten? In der Ruhe nach dem Ende der Menschen geht der Humanismus jenseits des Subjekts auf. Was für Babylon und Israel die Sintflut war, ist für die Spätmoderne der Mutationstod. War die Vernichtung der Menschen durch die Wasserflut die göttliche Umkehrung seiner Schöpfung, sorgt entsprechend der Mensch als Creator nicht nur für sein Leben, sondern auch für seinen Tod. Die modernen Noahs retten sich dann nicht mehr in die Arche, sondern in die Genbank.

Die Aussichten sind ungut. Die Menschheit scheint an einem Punkt zu stehen, an dem sie nur noch zwischen Teufel und Beelzebub wählen kann. Entweder steht uns der wirtschaftliche Zusammenbruch, gepaart mit moralischem Terror, ins Haus, und wir vermeiden den Untergang der menschlichen Gattung. Oder uns steht ihr Ende ins Haus, und wir vermeiden wirtschaftlichen Zusammenbruch und Tugendterror. Oder uns steht der Mutationstod ins Haus, und wir vermeiden die völlige Tilgung der menschlichen Gattung.

Was wird die Zukunft bringen? Wird sie sich irgendwo zwischen Nuklearverseuchung, Umweltzerstörung, Wirtschaftszusammenbruch und Moraldiktatur bewegen? Sind das die Eckpfeiler? Werden wir innerhalb dieser das normale Leben führen? Auch in Diktaturen gibt es den Alltag, auch in wirtschaftlichen Notzeiten und selbst in Katastrophen pflegen sich die Menschen häuslich einzurichten. Der Mensch ist das Tier der unbegrenzten Zumutbarkeit, er kommt immer zurecht. Auflösungserscheinungen sind keine, an denen der einzelne zerbricht. In der Umkehrung eines berühmten Hegel-Zitates ist zu sagen: »Das ist die List des Individuums zu nennen, daß es das Allgemeine wirken und Schaden nehmen läßt. Das Allgemeine ist zu gering gegen das Besondere, das Individuum opfert es auf und gibt es preis. Seine Lust ist, daß es sich im Untergang des Allgemeinen als Besonderes erhält.«

Aber vielleicht gibt es auch eine List der Evolution: Wir haben die Atomenergie nicht nur entfesselt, sondern sind auch unfähig, mit ihr umzugehen. Just zu dem Zeitpunkt, an dem die biologisch-organische Evolution des Menschen seine intellektuell-kulturelle nicht mehr trägt, hat der Mensch die Mittel gefunden, die, wider seinen Willen, seine biologische Evolution garantieren: Genmanipulation und Kernstrahlung. Nimmt man den Evolutionsgedanken ernst, dann ist die Nuklearkatastrophe nur zu vermeiden, wenn unsere Genmanipulation schneller von »Erfolg« gekrönt ist.

Unser Denken hat unseren Körper überholt und dabei das Mittel gefunden, unseren Körper wieder unserem Geist anzupassen oder aber umgekehrt unseren Geist unserem dann deformierten Körper anzupassen. Die List der Evolution ist, daß der Mensch seinen Mutationssprung selbst produziert und so als Gattung überlebt. Auch die kulturelle Evolution ist ein Baustein der biologischen.

ZEITGEIST

DIE MACHTÜBERNAHME
DER VERNUNFT

In der Bibel der französischen
Aufklärung, der »Encyclopédie«, zwischen 1751 und 1780 von
d'Alembert und Diderot herausgegeben, mit Beiträgen der
größten Denker der damaligen Zeit wie Rousseau, Voltaire,
Grimm, d'Holbach u. a., setzt sich Diderot unter dem Stichwort »Anatomie« für Leichenfledderei im Namen der Menschlichkeit ein: »Was ist Menschlichkeit anderes als die stete
innere Bereitschaft, unsere Fähigkeiten in den Dienst der
Menschheit zu stellen? Was ist aber dann an der Vivisektion
eines Übeltäters unmenschlich? Wo ihr diesen selbst als unmenschlich bezeichnen werdet, weil er seine Fähigkeiten gegen
seine Nächsten gewendet hat, statt ihnen zu dienen, wie werdet
ihr dann Erasistratos nennen, der, seinen Widerwillen zum
Wohle der Menschheit überwindend, in den Eingeweiden des
Verbrechers wichtige Erkenntnisse sucht? (...) Ich wünschte,
auch bei uns wäre es üblich, den Vertretern dieses Berufsstan-
des (nämlich den Ärzten und Anatomen) die Straftäter zur
Sektion zu überlassen, und sie verfügten über den dazu nötigen
Mut. Wie man auch über den Tod eines Übeltäters denken
mag, stürbe er im Anatomiesaal, so wäre dies der Gesellschaft
nicht weniger nützlich, als wenn er auf dem Schafott stürbe;
und diese Todesart wäre nicht schlimmer als jede andere. Wüß-
ten nicht Anatomie, Medizin und Chemie gleichermaßen zu
profitieren?« (Zitiert nach Daniel Arasse)
Mensch sein heißt, der Menschheit nützlich sein. Und wenn
nicht im Leben, dann wenigstens im Tod. Gemäß der humanistischen Logik der Aufklärung ist eine Hinrichtung auf dem
Seziertisch derjenigen auf dem Schafott vorzuziehen. Ungebrochen reicht diese aufklärerisch-humanistische Tradition bis
in die fünfziger Jahre der »Grande Nation«. Der vorletzte
Scharfrichter Frankreichs, André Obrecht, berichtet in seinen **73**

Tagebuchaufzeichnungen, daß bis in die Mitte der fünfziger Jahre den Exekutierten Hirn, Nieren, Leber, Herz und Arterien für medizinische Versuche oder Transplantationen entnommen wurden (vgl. Jean Ker, Le Carnet noir du bourreau). Diese Tradition setzte sich in den nationalsozialistischen Todeslagern fort. Und in China, so meldete dpa am 7. Januar 1989, wurde mit dem Sozialismus ebenfalls diese aufklärerische Logik importiert: »Chinesische Kliniken«, so war zu lesen, »verpflanzen Nieren von hingerichteten Kriminellen. Eine Beamtin des chinesischen Gesundheitsministeriums bestätigte in Peking, daß Nieren von Hingerichteten verpflanzt würden: ›Es gibt nicht genug Spender-Nieren, deshalb müssen wir diese Organe benutzen.‹ Ein Leiter im ›Provinz-Volkskrankenhaus‹ in der Stadt Xi'an (Provinz Shaanxi) bestätigte, daß ›sämtliche Kliniken in der Stadt, die Transplantationen ausführen, auch Nieren von Hingerichteten benutzen.‹ Die Organe würden unmittelbar nach der Exekution frisch verpflanzt.« Die etwas moderneren westlichen Exekutionen finden auf der Autobahn statt. Besonders die Nieren von Motorradfahrern sind begehrt, Spezialeinheiten von Hubschraubern, Krankenwagen und Ärzteteams stehen ständig bereit. Und wer darauf nicht warten will, der kann sich seine Leber käuflich erwerben. Der Zwischenhandel, so scheint es, verdient nicht schlecht bei diesem Geschäft.

Wenn sich Menschen zusammenschließen, dann ist es nötig, daß sie sich Regeln des Zusammenlebens geben; sie erstellen deshalb Ordnungen. Diese regeln die Erwirtschaftung von Gütern, ihre Verteilung sowie die von Reichtum und Macht. Gleichzeitig garantieren Ordnungen den Fortbestand und die Stabilität von Zusammenschlüssen. Dazu gehören die Sicherung des Friedens nach außen durch Krieger bzw. Militär und nach innen, etwa durch Polizei. Zur Erhaltung des Systems muß darüber hinaus für die Aufzucht der nächsten Generation und für ihre Ausbildung in den jeweiligen Kulturtechniken in besonderen Institutionen gesorgt werden. In jüngster Zeit muß der Fortbestand auch noch dadurch gewährleistet werden, daß für die Sicherung der natürlichen Rohstoffe und der Biosphäre Sorge getragen wird.

Ordnungen, die all das regeln, müssen gerechtfertigt werden. Dazu werden sie begründet: in der Tradition, in Mythen, in der Religion und – in Hochkulturen – im Recht. All diese Begründungen zeichnen sich dadurch aus, daß sie eine letzte Ebene bilden, die in den einzelnen Kulturen nicht in Frage gestellt wird. Wird dies doch getan, dann ist dies ein Anzeichen für eine sich grundlegend wandelnde Kultur, die an die Stelle der alten eine neue Rechtfertigungsinstanz setzt und dadurch ihr Selbst- und Weltverständnis so völlig ändert, daß eine neue Kultur entsteht.

Die jeweils letzte Rechtfertigungsinstanz einer Kultur bildet ein System oberster Normen, die innerhalb einer Kultur allgemein anerkannt werden. Konkret werden diese Normen in den Institutionen, die eine Kultur ausbildet. Dazu gehören sowohl öffentliche Institutionen (vom Parlament über den Kindergarten bis zur Müllabfuhr) als auch private (vom Kleintierzüchterverein bis zur Thekenfußballmannschaft).

Will man nun die oberste Instanz des Denkens und Handelns einer Zeit ausfindig machen, dann muß man sich die Konfliktsituationen ansehen. Das, worauf sich jemand im Konfliktfall beruft, um sich öffentlich zu rechtfertigen, bildet die allgemein akzeptierte Grundlage einer Gemeinschaft. Das heißt nicht, daß sich tatsächlich alle nach ihr richten, das Handeln einzelner mag sogar im Widerspruch zur Grundlage stehen. Nur deshalb aber, weil es eine allgemein akzeptierte Grundlage gibt, können Abweichungen festgestellt und geahndet werden. Ohne Gesetz kein Verbrecher.

Die oberste Rechtfertigungsinstanz einer Kultur wird realgeschichtlich offenkundig, wenn das Denken und Handeln gerechtfertigt werden. Öffentlich nämlich kann nur das gedacht und getan werden, was sich auch öffentlich verteidigen läßt. Dazu muß es den Grundvorstellungen einer Gemeinschaft entsprechen. Diese sind nicht identisch mit den Gesetzen, die in einer Gemeinschaft Geltung haben. Der Grundkonsens ist **75** vielmehr das, worauf auch die Gesetze noch zurückgeführt werden, um sie ihrerseits zu rechtfertigen. Deshalb muß sich eine Gesellschaft dann ändern, wenn sich ihre oberste Rechtfertigungsgrundlage ändert. Diese gibt den Rahmen vor, innerhalb dessen sich die gesellschaftliche Wirklichkeit frei entfaltet. Alles, was in ihr geschieht, auch noch die kleinste Kleinigkeit, muß im Konfliktfall vor der obersten Rechtfertigungsinstanz ausweisbar sein.

Die oberste Rechtfertigungsinstanz des Mittelalters war das Wort Gottes bzw. das von der katholischen Kirche interpretierte Christentum. Das heißt selbstverständlich nicht, daß im Mittelalter nur gläubige Christen gelebt hätten. Aber auch die Ungläubigen und die Heuchler mußten sich den christlichen Normen unterwerfen, wenn sie ihr Denken und Handeln öffentlich verteidigen wollten. Nur solches Denken und Handeln wurde gebilligt, das sich auf das Wort Gottes berufen konnte. Der Grundkonsens des Mittelalters ist christlich. Selbst die Konflikte zwischen Papst und König wurden innerhalb dieses Rahmens ausgetragen. Beispielhaft ist dies am Bruch des englischen Königs Heinrich VIII. (1491–1547) mit der römischen Kirche zu sehen. Heinrich VIII. war mit der Witwe seines Bruders, Katharina, verheiratet. Als er Anne Boleyn kennenlernt und diese sich weigert, seine Mätresse zu sein, will er sich von seiner Frau scheiden lassen, um Anne heiraten zu können. In Anerkennung der mittelalterlichen Rechtfertigungsinstanz unterwirft er sich dem Papst, der das traditionelle und universale Rechtssystem des christlichen Europas repräsentiert: Er fordert Clemens VII. auf, seine Ehe zu annullieren. Dieser weigert sich, indem er sich auf dieselbe Rechtfertigungsinstanz stützt. Auch Heinrich VIII. bleibt in diesem Rahmen, und so beauftragt er die Universitäten Oxford und Cambridge und sogar französische und italienische Universitäten, aus der Heiligen Schrift zu beweisen, daß seine Ehe mit Katharina christlich gar nicht legitimierbar sei, daß sie von Anfang an ungültig gewesen sei. So steht nun das vom Papst geltend gemachte

Kirchenrecht gegen das von Heinrich VIII. angeführte alttestamentarische Verbot der Verwandtenehe. Er verwirft also nicht die Legitimationsinstanz Christentum, er bestreitet nur die Autorität des Papstes, dieses gültig zu interpretieren. Er bleibt grundsätzlich im mittelalterlichen Denken befangen und überschreitet es nur insofern, als er die institutionelle Ausprägung dieses Denkens nicht mehr anerkennt. Allein deshalb kommt es nach der geheimen Trauung von 1533 zum öffentlichen Bruch mit dem päpstlichen Rechtssystem. Konsequenterweise wird er daraufhin exkommuniziert. Nicht, weil er die Legitimationsinstanz Christentum aufgegeben hätte, sondern weil er die Autorität des Papstes nicht mehr anerkennt. Und so gründet er eine neue christliche Kirche, nämlich die englische Staatskirche, deren Oberhaupt er 1534 selbst wird.

Der christliche Glaube hatte von Anfang an einen Nebenbuhler, nämlich die Vernunft. Schon im 2. Jahrhundert nach Christi Geburt versuchten die Kirchenväter (z. B. Justinus, 100–167), die christliche Lehre mit der griechischen Philosophie zu vereinen. In der Scholastik (9.–15. Jh.) wurde dann sehr grundsätzlich das Verhältnis von göttlicher und menschlicher Vernunft, von Glauben und Denken, von Offenbarung und Erkenntnis durchdacht. Ohne auf die unterschiedlichen Standpunkte und feinsinnigen Argumentationen eingehen zu können, kann festgehalten werden, daß die menschliche Vernunft als ein Vermögen angesehen wurde, das nicht von sich aus zur Wahrheit gelangen kann, sondern daß dazu die göttliche Vernunft notwendig sei. Diese müsse die menschliche Vernunft erleuchten. Das »lumen naturale«, das natürliche Licht des Menschen, bedarf des »lumen supranaturale«, des übernatürlichen Lichtes Gottes; aus sich selbst heraus kann es nicht scheinen, aus sich selbst heraus und allein auf sich gestellt ist es nicht der Wahrheit fähig.

Genau an dieser Stelle wird der Bruch zur Neuzeit deutlich. Sie hat ihre Anfänge in der italienischen Renaissance des 15. und 16. Jahrhunderts, geht ihren Weg durch den Humanismus, die deutsche Reformation, findet schließlich in der englischen und französischen Aufklärung zu sich selbst, erreicht ihren Höhepunkt im deutschen Idealismus, und heute befinden wir uns in ihrem Endstadium.

Aus der Sicht der Renaissance waren die »Modernen« die Gelehrten des 13. und 14. Jahrhunderts; die »Moderne« war die als kulturelle Barbarei empfundene Gotik. Dagegen setzte die Renaissance auf die Natur und auf die Antike. Dies war kein antiklerikaler Vorstoß, vielmehr wollte man innerhalb des christlichen Denkens die »Unnatur« der Gotik vermeiden, und dazu suchte man sich seinen neuen Grund eben in der vorgotischen Tradition und der Natur. Die Vernunft war noch keine Gegenspielerin des Glaubens; der christliche Philosoph Nikolaus von Cues schrieb um 1453 einen Dialog, der in der Forderung gipfelt, »im Himmel der Vernunft die Eintracht der Religionen« herzustellen. Dieser Versuch durchzieht auch noch die theologischen Bestrebungen Luthers und die politischen Karls V. Dies änderte sich erst mit der englischen Aufklärung. Jetzt erst wird die Vernunft zur neuzeitlichen Vernunft: Sie wird »autonom«. Als solche ist sie unabhängig von aller Tradition, von der der Antike ebenso wie von der des Christentums. Die neue, autonome Vernunft aber ist sich ihrer Sache noch nicht ganz sicher. Zwar verwirft sie alles, was sich mit Vernunftgründen nicht rechtfertigen läßt, aber die englischen Empiristen hatten noch das Bedürfnis, die Vernunft in einem Prinzip zu gründen, das nicht wieder vernünftig ist. Dies Prinzip ist die Natur. Es ist aber weder die Natur der Antike noch der Renaissance. Für beide war sie etwas, das unabhängig vom menschlichen Denken ist, wie es ist. Für die englischen und französischen Naturrechtslehren ist die Natur dagegen nicht mehr vorgegeben, vielmehr ist sie ein Konstrukt der Vernunft. Die Vernunft konstruiert ihre eigene Rechtfertigung in einem Prinzip, das nicht vernünftig ist. Es gilt als vernünftig, sich auf die Natur zu berufen. Erst im Rationalismus eines Descartes und im deutschen Idealismus von Kant bis Hegel verliert die Vernunft auch noch dieses Bedürfnis und gründet sich einzig auf sich selbst. Erst hier wird sie wahrhaft

78 autonom, und d. h. gleichzeitig, sie wird selbstbezüglich, refle-

xiv. Schon die deutsche Klassik Goethes, erst recht aber die deutsche Romantik haben dann diese reflexive Vernunft kritisiert; Goethe ging, dem Vorbild der Renaissance folgend, auf die Antike und die »natura naturans« zurück, die Romantik verklärte die Außennatur, die »natura naturata«.

Die europäische Neuzeit jedenfalls zeichnet sich dadurch aus, daß die Legitimationsinstanz des mittelalterlichen Denkens und Handelns, die christliche Lehre, ersetzt wird durch die menschliche Vernunft. Verständnislos schreibt der französische Bischof v. Meaux, Jacques-Bénigne Bossuet (1627–1704), an den deutschen Philosophen Leibniz: »Die wahrhafte Einfachheit der christlichen Doktrin besteht, was den Glauben betrifft, in dieser sicheren Tatsache: Dies hat man gestern geglaubt; also muß man es auch heute glauben.« Genau dies bestreitet die Aufklärung; was zu glauben ist, bestimmt die Vernunft. Bossuet ist darüber entsetzt. In seiner Grabrede auf Maria Theresia von Spanien gibt er dem Ausdruck: »Wie verachte ich jene Philosophen, die, Gottes Ratschluß mit dem Maßstab ihres eigenen Denkens messend, aus ihm nur den Schöpfer einer gewissen allgemeinen Ordnung machen, aus der das Übrige sich entwickeln soll, wie es kam.«

Die griechische Antike, das christliche Mittelalter und die aufklärerische Neuzeit verstehen sich alle universalistisch. Der Grieche war der Mensch schlechthin, der sich im Kosmos, in der Physis und den Göttern gegründet glaubte, von denen die Mythen berichteten. Alle anderen sind die Barbaren. Der Christ ist der Mensch schlechthin, nämlich als Ebenbild Gottes, von dem die Bibel berichtet. Alle anderen sind die Heiden. Der aufklärerisch Moderne versteht sich ebenfalls als Mensch schlechthin, nämlich als der Vernünftige, von dem seine Kultur und seine Technik zeugen. Sowohl der Grieche als auch der Christ dachten sich in einem Un-Bedingten verankert. Die Neuzeit hingegen findet ihre Würde genau darin, nicht von einem Un-Bedingten abhängig zu sein. Der Adel des Modernen ist, alles sich selbst zu verdanken. Um nun dennoch den universalistischen Anspruch wahren zu können, mußte an die **79**

Stelle des unbedingten Kosmos und des unbedingten Gottes die Vernunft zum Un-Bedingten erklärt werden. Die Antike dachte die Vernunft als ein Vermögen, das eingebunden ist in den Kosmos und die Physis. So gab es die »dianoia«, die »phronesis« und den »logos« – alles unselbständige Erkenntniskräfte der menschlichen Seele. Das Mittelalter bezog die menschliche Denkfähigkeit als »lumen naturale« auf die göttliche Vernunft, das »lumen supranaturale«. Das menschliche Denken ist ohne die göttliche Leitung hilflos. Nicht einmal mit Gottes Beistand ist es der Erkenntnis der Wahrheit fähig: Zu dieser bedarf es der Offenbarung, die dem Gläubigen (nicht dem Denkenden) zuteil werden kann. Erst und einzig die europäische Aufklärung emanzipiert die Vernunft aus aller Abhängigkeit und erklärt sie zum völlig unabhängigen Denkvermögen des Menschen schlechthin. Die autonome Vernunft wird zum Wesensmerkmal des Menschen erhoben.

Die aufklärerische Vernunft ist sowohl der wissenschaftliche als auch der lebensweltliche Horizont der Neuzeit, d. h. unseres Selbst- und Weltverständnisses bis heute. Diese aufklärerisch-autonome Vernunft ist die kritische. Sie kämpft gegen das Überkommene, sie hat den Anspruch, das »dunkle« Mittelalter in die Helle des selbständigen Denkens zu überführen, jeglichen Dogmatismus hinter sich zu lassen, jegliche Naivität. Deshalb mußte es sich die Tradition gefallen lassen, auf ihren Geltungs- und Gültigkeitsanspruch hin befragt zu werden. Die Kritik an der Offenbarung war zugleich Kritik an der Institution Kirche, die Autonomie der Vernunft war zugleich Kritik an der Herrschaft, die sich nur auf die Tradition berief. Von nun an mußte sich sowohl der Adel als auch der Klerus mit Vernunftgründen rechtfertigen. Folgerichtig entstanden die aufgeklärte Monarchie und die rationale Theologie.

Der Beruf des Aufklärers ist also in erster Linie die Entlarvung, Entlarvung von Irrtümern und Betrug. Insofern sind die Sensationsjournalisten von heute die heruntergekommenen Nachfahren der Aufklärung, die sich in unserer Zeit fast ausschließlich im Skandal erfüllt. Die Journalisten lassen uns hinter die

Kulissen blicken. Wir haben den Aufklärer im Krieg, wir haben den Aufklärer im Frieden. Die Enthüllung ist das Wesen unseres Selbstverständnisses. Nichts wird verschwiegen, jeder soll alles hören, sehen und sagen. Wir erleuchten uns selbst. Die Aufklärung macht den Verdacht zur Pflicht. Alles und jedes ist zunächst einmal verdächtig, verdächtig, nicht das zu sein, als was es erscheint. Die aufklärerische Präventiverziehung klärt deshalb auf, bevor es etwas aufzuklären gibt. Illusionen dürfen erst gar nicht aufkommen, sie müssen im Keime erstickt werden, und deshalb kann die Aufklärung gar nicht früh genug einsetzen. Bei der Weihnachtsfeier im Kindergarten verkleidet sich der Nikolaus vor den Augen der staunenden Kinder; der Zauberer versichert, bevor er zu zaubern beginnt, daß es gar keine Zauberer gebe, und zum Beweis demonstriert er nach der Vorführung den Kindern seine Tricks. Das Geheimnis wird zerstört. Diesen Tatbestand schildert ausführlich Neil Postman in seinem Buch *Das Verschwinden der Kindheit*. Nichts gibt es mehr, über das man sich wundern könnte, nichts mehr zu staunen. Die Aufklärung etabliert den universellen Verdacht. Günter Wallraff enthüllt die Hintergründe des journalistischen Unwesens der »Bild«-Zeitung und des Arbeitsmarktes mit Gastarbeitern. Die politische Linke reißt den Reaktionären die ideologische Maske vom Gesicht. Alice Schwarzer entlarvt schonungslos die Penetration als Unterwerfung der Frau unter die Herrschaft einer maroden, chauvinistischen Männergesellschaft. Die Entlarvung ist die Tugend der Aufklärung. In diesem ihrem »negativen Tun« (Hegel) erschöpft sich die Aufklärung. Wir sollten es nicht geringachten.

Die Entlarvung im politisch-gesellschaftlichen Bereich ist ein Ergebnis des aufklärerischen Grundverdachts. Der entspringt dem neuzeitlichen Zweifel, den wir René Descartes (1596–1650) verdanken. Das Mißtrauen ist das Zentrum der aufklärerischen Vernunft. Aus ihm heraus bewegt sich die Moderne voran, das aufklärerische Denken bewegt sich aus sich selbst. Die Logik der Moderne ist die Logik des Zweifels. Er ist das Prinzip, das sie vorantreibt. Die Bewegung der Moderne **81** ergibt sich also nicht aus irgendwelchen sozio-ökonomischen Notwendigkeiten; die geschichtlich-gesellschaftliche Basis spielt keine Rolle, sie ergibt sich einzig aus dem Zwang der aufklärerischen Vernunft zur Kritik. Sie ist der Motor der Moderne, die deshalb allein ihrer eigenen Logik gehorcht. Alle späteren Versuche, die aufklärerische Vernunft als abhängige darzustellen, sind falsch.

Das moderne Denken ist kein Anhängsel der »in letzter Instanz« sich durchsetzenden ökonomischen Zwänge, wie Engels meinte Marx interpretieren zu können. Es ist aber auch kein Anhängsel des Unbewußten, wie die falsche Freudsche Diagnose bis heute nachgeplappert wird. Weder das gesellschaftliche Sein noch das Unbewußte bestimmen das Bewußtsein, vielmehr durchläuft die aufklärerische Vernunft eine notwendige Eigenbewegung. Die Logik der aufklärerischen Vernunft ist ihre Selbstexplikation, ihre Selbstentfaltung aus Autonomie und Kritik. Diese sind ihr immanentes Prinzip. Der Zweifel treibt sich also selbst voran. Hegel hatte recht: Die Vernunft ist das Prinzip des Weltgeschehens. Allerdings hat er übersehen, daß nur die Neuzeit von der Vernunft bestimmt wird und daß es auch nicht »die« Vernunft ist, sondern die autonome. Die »absolute« Vernunft Hegels ist in Wahrheit die autonome der Aufklärung, die, losgelöst von der Realität, ihrer eigenen Gesetzlichkeit folgt und alles überrollt: die Natur, die Gesellschaft, den Menschen. Der Geist herrscht. Er ist der Souverän der Neuzeit.

Erst mit der Machtübernahme der Vernunft gibt es den Unvernünftigen. Bevor die Vernunft nicht zur autonomen Legitimationsinstanz geworden war, gab es keine Irren. Diese sind Erfindungen der Vernunft. Wen die autonome Vernunft zum Wahnsinnigen erklärt, der galt zu anderen Zeiten und in anderen Kulturen als Heiliger, als von guten oder bösen Göttern und Geistern Besessener. Der christliche Exorzist bringt niemanden zur Vernunft, sondern treibt den Teufel aus. Die Vernunft hingegen klärt auf, und wer nicht aufgeklärt werden

kann, wird ins Irrenhaus gesperrt.

Die Aufklärung beginnt mit dem Ermächtigungsgesetz der menschlichen Vernunft. Sie begreift sich als Vermögen, das grundsätzlich jedem Menschen zu allen Zeiten in allen Kulturen zukommt. Aus diesem Selbstverständnis heraus waren die Aufklärer in Verlegenheit darüber, wo denn die Vernunft vor der Aufklärung gewesen war. Erst Hegel führte aus dieser Verlegenheit, indem er die gesamte Natur- und Menschheitsgeschichte als einen Gang der einen Vernunft konstruierte.

Der Vernunft der Aufklärung wurden zunächst die Merkmale zugeschrieben, die die christliche Theologie des Mittelalters Gott zugedacht hatte: Die Vernunft sei gut, bewirke alles und mache die Gesamtheit des möglichen Wissens aus (allgütig, allmächtig, allwissend), sie sei unendlich und ewig gleichbleibend. Kurz darauf ging die so verstandene Vernunft über Leichen.

In der Französischen Revolution beschließt die »Kommune« auf die Anregung der Bürgers Chaumette, in der ehemaligen erzbischöflichen Kirche von Notre-Dame ein Freiheitsfest zu begehen. Im Sitzungsprotokoll des Konvents vom 20. Brumaire (10. November 1793) sind die Ereignisse festgehalten. »Eine Gruppe junger Musiker eröffnet den Einzug.« Schließlich »erscheint die Göttin der Vernunft; sie ist eine schöne Frau, die von vier Männern auf eichenlaubumkränztem Sessel getragen wird«. Sie »wird an der Schranke gegenüber dem Präsidenten niedergesetzt«. Der Antrag lautet, daß »die ehemalige Kirche von Paris der Vernunft und der Freiheit geweiht werde«. Nach großem Beifall entgegnet der Präsident: »Die Versammlung sieht mit größter Befriedigung den Triumph, den die Vernunft heute über Aberglauben und Fanatismus davonträgt.« Der Antrag wird angenommen, und auf einen weiteren Antrag hin nimmt die Göttin der Vernunft neben dem Präsidenten Platz (zitiert nach Lautemann/Schlenke). Das Fest der Vernunft fand also statt: Im Chor der Notre-Dame war ein symbolischer Berg (für die Bergpartei) errichtet worden, auf dem eine Schauspielerin die Freiheit darstellte. Bürgerprozessionen wurden veranstaltet, um dem »être suprême«, der

Vernunft, zu huldigen. 1793 wurde die neue Trinität ausgerufen: Marat, Lepeletier und Chalier. In den Kirchen hingen an der Stelle der christlichen Heiligen Bildnisse der Märtyrer der Revolution (zitiert nach Albert Soboul). Auf die Melodie der »Marseillaise« singt man: »O himmlische Guillotine, du göttliche Maschine, die du die Herrscher verkürzt, gibst uns unser Recht zurück, gibst uns unser Recht zurück. Schütze du das Vaterland, die du hast das Recht erkannt. Richte deinen ganzen Zorn, gegen wen du auserkorn. Diesen Pitt und seine Mannen, in den Sack mit den Tyrannen!« (Zitiert nach Daniel Arasse) Der moderne Mensch versteht sich nicht mehr aus einem anderen heraus, aus dem er kommt, in das er eingeschlossen ist und in das er zurückkehren wird, er begreift sich nur noch aus sich selbst heraus. Er muß die Last übernehmen, sein Selbst- und Weltverständnis selbst zu erzeugen. Es ist etwas grundsätzlich anderes, ob ich mich in den Kosmos eingebunden fühle, an Gott glaube, oder ob ich meine, für die Weltrevolution verantwortlich zu sein. Wer sich als Teil des Kosmos oder der göttlichen Gnadenordnung versteht, der ist nicht allein; er ist abhängig von etwas, das unendlich viel größer ist als er selbst. Diese Abhängigkeit wird nicht als Herrschaft erlebt, sondern als Geborgenheit. Wer sich dagegen für die Weltrevolution einsetzt oder sich im Kapitalismus heimisch machen möchte, der ist bitterlich allein, allein mit seinen Nöten und Hoffnungen. Noch schlimmer: Seine einzige Hoffnung ist er selbst. Aus seiner Einsamkeit heraus schreit er nach Solidarität, schreit er nach dem proletarischen Bruder, nach Menschlichkeit oder geht zu einem Open-air-Festival. Er müßte nicht rufen, wäre er nicht einsam. Die alte Frau, die aus dem Fenster einer Mietskaserne starrt, ist die lebensweltliche Wahrheit der Aufklärung.

Der aufklärerische Mensch nennt seine Einsamkeit Autonomie. Jeder ist sein eigener Gesetzgeber, trivialer: »Jeder ist seines Glückes Schmied.« Der Moderne weiß, daß er allein ist. Und so leidet er an seiner Autonomie, die er nicht missen

möchte. Er leidet an seiner Ungesichertheit, am Verlust des

Absoluten. Er träumt von den »seligen Inseln«, von »Arkadien«, dem »Goldenen Zeitalter«, ob in der Diskothek oder beim Abenteuerurlaub. Aber er weiß: Es gibt keinen Weg zurück, und so geht er im Safari-Look durch die Straßen, auf den nächsten Löwen lauernd. Und um sich vor den Gefahren jäh sich bildender Abgründe, Sümpfe und Schlammassen zu wappnen, fährt er im Jeep mit Allradantrieb und eingeklapptem Spaten auf der »Kö« in Düsseldorf. Versöhnung gibt es nur im Schein. Aber der Schein ist real. Auch im Schein ist Glück. Die Ökobewegung träumt von der Wiedererrichtung einer in sich geschlossenen, sich selbst erzeugenden Natur, in die der Mensch eingebunden ist. Doch der Weg zurück ins Paradies ist versperrt. Die Vernunft hat die Herrschaft übernommen, und so bleibt nur der Schmerz. Die Geborgenheit im Kosmos oder in Gott ist unwiederbringlich dahin, das Vertrauen in Endgültiges ist zerstört, der aufklärerische Bürger fällt auf seine Subjektivität zurück, er hat nur sich.

Die Einsamkeit wird zur »Individualität« hochstilisiert. Das Individuum ist das, was sich nur auf sich selbst verläßt. »Selbstdenken«, so schreibt Immanuel Kant in seiner Schrift *Was heißt: sich im Denken orientieren?* in der letzten Anmerkung, »Selbstdenken heißt den obersten Probierstein der Wahrheit in sich selbst (d. i. in seiner eigenen Vernunft) suchen; und die Maxime (= subjektiver Handlungsgrundsatz), jederzeit selbst zu denken, ist die Aufklärung.« Autonomie ist die Einsamkeit des Denkens. Autonomie ist die Diktatur der Vernunft.

Kritik und Autonomie sind die Kennzeichen der Selbstherrlichkeit des Menschen. Sie wird, so scheint es, aber dadurch gemildert, daß die Aufklärung noch weitere Grundsätze entwickelte, nämlich Toleranz und Humanität. Die aufklärerische Humanität ist indessen die Verbrämung des uneingeschränkten Machtanspruchs des Menschen. Er wurde als das »denkende Ich«, die »res cogitans«, von Descartes zum Fundament der Selbstüberhöhung und fand im »transzendentalen Ich« Kants und in Fichtes Ich, das sich selbst und anderes »setzt«, **85** seinen Höhepunkt. Die aufklärerische Humanität ist in Wahrheit die Selbsterhaltung des Subjekts, wie sie dann von Darwin als Kampf ums Überleben beschrieben wurde. In diesem Zusammenhang erweist sich Toleranz als die Rechtfertigungsfigur, mit der die eigenen Machtansprüche durchgesetzt werden. Der andere hat gefälligst meine Selbstverwirklichung zu tolerieren. So verkommt Toleranz schließlich zum Freibrief, sich selbst gegen andere zu behaupten. Dieser Tatbestand wird heute in die Formel »Pluralismus« gekleidet. Die Kultusminister der Bundesrepublik haben sich beim höchsten Erziehungsziel des Gymnasiums auf die Formel »Selbstverwirklichung in sozialer Verantwortung« geeinigt. Das Ergebnis der aufklärerischen Toleranz ist die Beliebigkeit im Geiste der Selbstverwirklichung.

Die aufklärerische Vernunft hat ganze Arbeit geleistet. In ihrer humanen Autonomie hat sie die Tradition wegkritisiert, und zurück bleiben Beliebigkeit und Durchsetzungswille.

DER ZUSAMMENBRUCH
DER VERNUNFT

Die reflexive Vernunft   Da die kritische Vernunft der Aufklärung den Menschen aus seiner Einbindung in die Tradition herausgedacht hat, muß der Moderne nicht nur die Welt, sondern auch sich selbst begründen. Die Aufklärung mutet dem Menschen zu, sich aus der eigenen Vernunft heraus zu verstehen. Damit ist ein entscheidender Schritt getan, der die Selbstbewegung der Aufklärung vorantreibt.

Wenn sich die Moderne einzig in der Vernunft gründen will, heißt das, daß die Vernunft selbst unbegründet bleibt. Da die Aufklärung jedoch gleichzeitig den Anspruch hat, nichts zu akzeptieren, was die Vernunft nicht geprüft hat, kommt es zu der schwierigen Situation, daß die Vernunft sich selbst prüfen muß. Damit verfängt sie sich in einem Zirkel; sie wird selbstbezüglich, »reflexiv«, wie die Philosophen sagen.

Dieses Einmünden der autonomen Vernunft in die reflexive ist eine Notwendigkeit, die der aufklärerischen Vernunft selbst innewohnt; völlig unabhängig von irgendwelchen historischmateriellen Bedingungen. Die Selbstbewegung der Aufklärung gelangt von sich aus an den Punkt, an dem sich die Vernunft selbst kritisieren und zu begründen versuchen muß. Die Aufklärung stellt die Vernunft vor ihr eigenes Gericht. Da dieser Schritt von größter Bedeutung ist, soll er belegt werden: Zwei Jahre vor der Französischen Revolution, nämlich 1787, schreibt Immanuel Kant in seiner berühmten *Kritik der reinen Vernunft*: »Man kann die Kritik der reinen Vernunft als den wahren Gerichtshof für alle Streitigkeiten derselben ansehen.« (B 779) Die Vernunft ist ihr eigener Richter, wendet sich rückbezüglich auf sich selbst. Betrübt stellt Kant dazu fest: »Es ist etwas Bekümmerndes und Niederschlagendes«, daß die reine Vernunft, »die doch den obersten Gerichtshof über alle Streitigkeiten vorstellt, mit sich selbst in Streit geraten soll.« (B 768) Es ist hier nicht der Ort, zu erörtern, ob es Kant gelungen ist, die Vernunft aus ihrem Zwiespalt zu führen oder nicht. Hier ist entscheidend, daß die Vernunft aus einem inneren Zwang heraus in diesen Zirkel gerät. Und dieser Zwang ist der der Kritik und Autonomie. Noch einmal Kant: »Die Vernunft muß sich in allen ihren Unternehmungen der Kritik unterwerfen, und kann der Freiheit derselben durch kein Verbot Abbruch tun (. . .). Da ist nun (. . .) nichts so heilig, das sich dieser prüfenden und musternden Durchsuchung, die kein Ansehen der Person kennt, entziehen dürfte.« (B 766) Die Vernunft sitzt auf dem Richterstuhl und muß kompromißlos alles kritisieren. Als Gewissen sitzt das Gericht im Kopf des Menschen selbst: »Das Bewußtsein eines inneren Gerichtshofes im Menschen (vor welchem sich seine Gedanken einander verklagen und entschuldigen) ist das Gewissen«, schreibt wiederum Kant. »Daß aber«, führt er weiter aus, »der durch sein **87**

Gewissen Angeklagte mit dem Richter als eine und dieselbe Person vorgestellt werde, ist eine ungereimte Vorstellungsart von einem Gerichtshofe.« Kant müht sich nun nach Kräften, diesen Selbstwiderspruch aufzulösen, indem er ihn als erkenntnistheoretische Grundsituation des Menschen schlechthin deutet: »Ich, der Kläger und doch auch Angeklagter, bin eben derselbe Mensch, aber, als Subjekt der moralischen (...) Gesetzgebung (...) ist er ein anderer als der (...) Sinnenmensch.« (Dieses und die vorigen Zitate aus: *Metaphysik der Sitten*, Tugendlehre, A 100 f.) Um dem Widerspruch, in den die reflexive Vernunft gerät, zu entkommen, wird der Widerspruch nicht als einer der Vernunft, sondern als einer des Menschen schlechthin behauptet, der sich dadurch auflösen ließe, daß der Mensch manchmal als vernünftiges Wesen gesehen werden müsse und dann eben wieder als sinnliches. Damit ist der Widerspruch allerdings nicht behoben, sondern nur auf eine andere, eine anthropologische Ebene verschoben.

Die Vernunft, die sich selbst begründen, rechtfertigen und kritisieren soll, gerät notwendig in einen Zirkel, in dem sie zerbricht. Die Selbstbewegung der Aufklärung zerstört damit das Vermögen, dem sie sich verdankt: die Vernunft.

Im Prozeß, in dem die Vernunft über sich selbst Klage führt, ist sie aber nicht nur Kläger und Angeklagter zugleich, sie ist auch noch Richter und Medium der Klageführung, der Verteidigung und des Richterspruchs. Ein solcher Prozeß muß platzen, ein Urteil läßt sich nicht fällen. In der Selbstbewegung der Aufklärung hat sich die Aufklärung mit der Zerstörung der Vernunft selbst den Boden unter den Füßen weggezogen. Die Selbstbewegung der Aufklärung ist die Geschichte der Selbstzerstörung der Vernunft. Die Vollendung der Vernunft ist damit zugleich ihr Untergang. Genau dann, wenn sie alle Macht an sich gerissen hat, löst sie sich auf. Denn ihre höchste Vollendung hat sie dann erreicht, wenn sie sich autonom und kritisch sich selbst zuwendet. An diesem Gipfel wird sie göttlich: Sie denkt sich selbst. So hat schon Aristoteles Gott charakterisiert, nämlich

als Denken des Denkens, und so beschrieben auch die Kirchenväter den christlichen Gott: als selbstgenügsame Selbstbezüglichkeit. Gott ist sich selbst genug. Die Selbstbezüglichkeit der Vernunft indessen ist sich nicht selbst genug, sie ist ein für die Vernunft tödlicher Zirkel. Deshalb bricht die Vernunft auf dem Gipfel ihrer Macht zusammen.

Die Selbstbewegung der autonomen und kritischen Vernunft begann 1637 mit René Descartes' *Discours de la méthode*, erreichte ihren Höhepunkt in Georg Wilhelm Friedrich Hegels *Phänomenologie des Geistes* von 1806, und heute erleben wir sie in ihren letzten Zuckungen. Die Kriege, die Revolutionen, das Denken und Trachten der Menschen während dieser 300 Jahre haben den Gang der Aufklärung allerdings nicht beeinflußt. Die Logik der Vernunft ging den notwendigen Gang ihres eigenen Schicksals. Das Schicksal der Moderne ist die Logik der Vernunft, die ihrer eigenen Schwerkraft folgt, bis sie in sich zusammenstürzt.

Aufstieg und Fall der Vernunft haben sie jedoch verändert. Die aufgehende Vernunft ist eine andere als die stürzende.

Formalisierung und Regionalisierung der Vernunft   Die Vernunft am Beginn der Aufklärung war substantiell weitgehend von christlichen Inhalten geprägt. Ausdrücklich wird dies bei Hegel, dessen philosophischer Anspruch nur darin bestand, die Wahrheit, die im Christentum vorgestellt sei, in begriffliches Denken zu überführen. Die Philosophie löst die christlichen Vorstellungsinhalte nicht auf, sondern hebt sie von der Stufe des Glaubens auf die höhere des Denkens. Trotz aller Kritik am Klerus halten die französischen Revolutionäre an christlichen Wertvorstellungen fest. Nur deshalb, weil sie den christlichen Grundsatz, daß vor Gott alle gleich sind, den protestantischen Lehrsatz »von der Freiheit eines Christenmenschen« und das christliche Gebot der Nächstenliebe ernst nahmen, konnten sie sich gegen den Klerus wenden, der all diese Tugenden nicht mehr verkörperte. »Freiheit, Gleichheit, Brüderlichkeit« sind nur die humanistisch-aufklärerischen Übersetzungen der christlichen Grundanschauungen. Robespierre war der Tugendhafte, er war unbestechlich moralisch. Dies zeigt, bei aller Übereinstimmung, auch den Unterschied zwischen christlicher und humanistischer Moral: die Unbestechlichkeit. Zwar ist auch Gott nicht bestechlich, aber er ist gnädig, und darin steckt ein vom Menschen nicht auslotbares Maß an Willkür, die als »Unbegreifbarkeit der göttlichen Ratschlüsse« vom Christen akzeptiert wird. Die humanistische Moral hingegen zeigt und begründet ihre moralischen Grundsätze öffentlich und setzt sie unnachsichtig durch. Ausnahmen darf es nicht geben. Selbst Immanuel Kant, der große Zertrümmerer der Metaphysik, übersetzte christliche Glaubensinhalte in eine aufklärerische Sprache und hält mit seinen obersten »Postulaten« (Forderungen) der praktischen Vernunft, nämlich Gott, Freiheit, Unsterblichkeit, an christlichen Vorstellungen fest. Aber die Begriffe der christlichen Gnade und Barmherzigkeit werden ersetzt durch den Begriff der Pflicht. Nur das sei moralisch wertvoll, befindet Kant, was gegen die persönliche Neigung getan wird. Zwar sei es begrüßenswert, wenn jemand aus Neigung gut handle, doch moralisch handle nur der, der dies gegen seine Neigung tue. Der moralische Rigorismus und die Unerbittlichkeit in der Verfolgung moralischer Vorstellungen unterscheiden die christliche von der humanistischen Ethik – die Inhalte sind weitgehend gleich.

Dies änderte sich, als in der Selbstbewegung der Aufklärung die Vernunft sich auf sich selbst bezog. Da nämlich hatte sie sich nur noch selbst zum Inhalt; das heißt aber, sie wurde inhaltsleer. Ihrer christlichen und humanistischen Inhalte beraubt, wurde sie zu einer formalen Fähigkeit menschlichen Denkens – dies ist These von Max Horkheimer und Theodor W. Adorno in ihrer berühmten Schrift *Dialektik der Aufklärung*. Immanuel Kant faßte den Unterschied zwischen substantiell gesättigter und entleerter Vernunft, zwischen inhaltlicher Vernunft und formalem Denkvermögen terminologisch als Unterschied von Vernunft und Verstand. In dieser Sprache

läßt sich sagen, daß die aufklärerische Vernunft an dem Punkt, an dem sie selbstbezüglich wird, übergeht in den Verstand. Gefragt wird nicht mehr, ob man Weltraumforschung betreiben soll, sondern nur noch, wie sie zu bewerkstelligen ist.

Die Vernunft, die ihre Inhalte verloren hat, wird damit zugleich heimatlos. Was keinen Inhalt hat, ist ohne Bindung. Dieser Tatbestand wurde als Befreiung der Vernunft gefeiert, als Loslösung aus Tradition und Zwängen. Doch ihre neue Freiheit machte die Vernunft käuflich für jeden. Weil die substantiell christlich-humanistische Vernunft sich selbst ihres Inhalts beraubte und zur inhaltsleeren Rationalität wurde, wurde sie überall einsetzbar. Wie das Auge kein Mitspracherecht bezüglich dessen hat, was es sehen muß, so hat auch die inhaltsleere Vernunft, der Verstand, die Rationalität, keine Möglichkeit zu entscheiden, wem sie zu dienen hat. Die Ratio ist überall einsetzbar: zum Bau von Bomben ebenso wie zum Bau von Wiegen. Die Vernunft als bloßes Vermögen kann von jedem für das benutzt werden, wofür er gerade will. Nicht mehr die Vernunft ist Herr, vielmehr bekommt die Vernunft viele Herren. Das aber bedeutet, daß die formal gewordene Vernunft nicht nur ihre Inhalte einbüßt, sondern auch ihre Einheit.

Es gibt sie nicht mehr, »die« Vernunft. Die eine Vernunft des Beginns und Höhepunkts der Aufklärung zersplitterte in unzählige viele »Vernünfte«. Die eine Vernunft wurde regionalisiert und partikularisiert. Die eine Vernunft zerstob in die Rationalität vieler Einzelbereiche. Alle praktizieren heute ihre eigene Vernunft: vom Fußballverein über die Handelskammer, die Parteien, die Frauenbewegung bis hin zu Staaten und multinationalen Konzernen. Die Vernunft kommt mit sich selbst in Konflikt. Das Ende der Vernunft ist die Inflation der Vernünfte, eine Pluralform, die von der Sprache gar nicht vorgesehen ist. Die Einzelvernünfte liefern sich einen urwüchsigen Machtkampf, und alle legitimieren sich, indem sie sich auf »die« Vernunft berufen. Für die Gewerkschaft ist es vernünftig, Arbeitsplätze auch in Kernkraftwerken und in der Rüstungsindustrie zu erhalten. Für die Friedens- und Ökobe- **91** wegung ist es vernünftig, genau diese Industriezweige stillzulegen. Dem einen scheint es vernünftig zu demonstrieren, dem anderen, in einer Partei politisch zu arbeiten. Dem einen gilt es vernünftig, große Geldsummen für den Bau einer Magnetbahn auszugeben, dem andern gilt es vernünftig, das Geld für die Hilfe der Dritten Welt zu verwenden. Dem einen gilt es vernünftig, Straßen zu bauen, dem anderen, die Natur zu erhalten. Schweizer Bürgern erscheint es sogar vernünftig, einen Berg um zwei Meter zu erhöhen, damit er die Viertausend-Meter-Marke erreicht. »Hie kommunikative Vernunft!«, »Hie Frau!«, »Hie Friede!«, »Hie Umweltschutz!«, »Hie Gesamtschule!« – diese Rufe im Schlachtgetümmel sind das Todesröcheln der aufklärerischen Vernunft.

Wer ist denn vernünftig: die Befürworter oder die Gegner der Atomrüstung? Welche Vernunft ist die richtige, diejenige, nach der die Überschüsse, die bei der subventionierten Erzeugung von Lebensmitteln entstehen, vernichtet werden, oder diejenige, nach der sie an Hungernde weitergeleitet werden sollen? Diese Fragen können nicht mehr von der Vernunft entschieden werden. Es ist nicht mehr möglich, sich auf eine übergreifende Vernunft zu beziehen, um den Streit der Einzelvernünfte zu schlichten. Jedes kleinste Subsystem unserer Gesellschaft hat seinen eigenen, vernünftigen Wahrheitsanspruch. So fallen wir am Ende der Aufklärung in den Hobbesschen Naturzustand des Kampfes aller gegen alle zurück, wobei die Pointe darin liegt, daß Hobbes diesen Kampf dadurch vermeiden wollte, daß er genau das Prinzip einführte, das ihn heute produziert, nämlich die Vernunft. Wenn dem aber so ist, dann setzt sich weder »die Wahrheit« noch »die Vernunft« durch.

Die Logik der Vernunft treibt also in ihrer Selbstbewegung bis zur Auflösung; selbst die Verselbständigung der Vernunfttrümmer und ihre Indienstnahme durch andere folgen noch dieser Logik. Die Brückenruinen, die mitten im Feld stehen und nicht gebaute Autobahnen überspannen, sind die Denk-

mäler der in sich zerstrittenen Vernunft.

Fraktionierung der Vernunft   Der Todeskampf der Vernunft ist noch nicht ausgestanden, aber die Reihen innerhalb der Teilvernünfte haben sich so weit gelichtet, daß man die Überlebenden zählen kann. Es zeigt sich, daß die Einzelvernünfte im Überlebenskampf strategische Bündnisse geschlossen und sich institutionalisiert haben. Diesen Vorgang nenne ich »Fraktionierung«, so daß sich die aufklärerische Vernunft in ihrem Endstadium neben Autonomie, Kritik und Reflexivität durch drei weitere Merkmale auszeichnet, nämlich durch Formalisierung, Regionalisierung und Fraktionierung.

Betrachtet man die derzeitigen Fraktionen, dann fallen zwei große Blöcke auf. Auf der einen Seite die Vernünfte, denen es gelungen ist, sich zu institutionalisieren. Ich nenne diesen Block den der »öffentlichen Vernunft«. Ihm steht ein zweiter Block von Vernünften gegenüber, die sich nicht institutionalisieren konnten: die »private Vernunft«. Zwischen diesen beiden Blöcken verläuft heute die Hauptschlachtlinie, was nicht heißt, daß innerhalb der beiden Blöcke Friede herrschte. Wer also noch heute die Front der Aufklärung zwischen »links« und »rechts« vermutet, der kämpft die Kämpfe von gestern; er ist der Don Quijote der Spätmoderne.

Die öffentliche Vernunft ist die professionalisierte Vernunft der Experten, sie ist spezielles Wissen für genau abgegrenzte Bereiche. Man erwirbt sie durch lange Studien in der Berufsausbildung oder an der Universität. Sie ist insgesamt strategisch-erfolgsorientiert. Dies prägt sich aber in jeder ihrer Teilvernünfte anders aus; jede gehorcht ihrer eigenen Logik. Da ist zunächst die Jurisprudenz, ihre Logik ist verfahrensorientiert. Dann die Politik, deren Logik machtorientiert ist, drittens die Ökonomie mit Gewinnorientierung, viertens das Militär, das siegorientiert ist, fünftens die wahrheitsorientierte Wissenschaft, sechstens die Verwaltung, die ablauforientiert denkt und verfährt, und schließlich die Technik, deren Logik nutzenorientiert ist.

Gegen diese Einteilung läßt sich geltend machen, daß jeder der genannten Bereiche auch andere Aufgaben erfülle. So ist das **93**

Militär auch auf Friedenssicherung ausgerichtet, die Ökonomie hat auch die Versorgung der Bürger zum Ziel, die Jurisprudenz erhebt auch den Anspruch auf Gerechtigkeit, die Politik sorgt sich auch um das Wohl der Staatsbürger, die Wissenschaft ist von Forschungsgeldern abhängig und deshalb auch interessenbestimmt, die Technik garantiert auch den Fortschritt, und die Verwaltung erleichtert auch den Umgang von Bürger und Staat. Jedem dieser Bereiche können mit guten Gründen außer diesen Funktionen noch andere zugeschrieben werden; das sind aber Nebenfunktionen. Will man die eigentliche Logik dieser Bereiche herausfinden, muß man auch hier auf die Konfliktfälle sehen, also die Fälle betrachten, wo die Funktionen, die ein Bereich erfüllt, in Konflikt geraten. Die Funktion, die sich dann durchsetzt, kann zu Recht als die bereichsspezifische Logik behauptet werden. So wird die Friedensfunktion des Militärs im Konfliktfall zur Logik des Siegens. Die Triebfeder des freien Unternehmers ist nicht die Versorgung der Bevölkerung, sondern der private Gewinn. Um die Versorgung wenigstens in Teilbereichen aufrechtzuerhalten, auch wenn sie keinen Gewinn abwerfen, wurden spezielle Unternehmensformen eingerichtet wie die öffentlich-rechtlichen Anstalten oder die gemeinnützigen Gesellschaften, schließlich spart man nicht mit Subventionen. Bei der Umstrukturierung der Bundespost und der Bundesbahn ist gerade zu beobachten, wie marktwirtschaftliche Gesichtspunkte, also solche der »Wirtschaftlichkeit«, d. h. des Gewinns, in eine Institution getragen werden, deren Grundkonzeption die Versorgung ist. Auf die Logik der Politik und des Rechts werde ich anschließend ausführlicher eingehen.

Bei den Logiken der »öffentlichen Vernunft« darf man nicht vergessen, daß es sich um Logiken von Institutionen handelt, die sich die Menschen unterwerfen, die in ihnen arbeiten. Wer in einer Institution arbeitet, der kann sich mit ihr identifizieren, d. h. ihre Logik zu der seinen machen, er kann mit ihr in Konflikt geraten, wenn seine private Vernunft der institutionalisierten widerspricht, weiter kann er versuchen, die Augen zu verschließen, sich durchzuwursteln oder die »innere Kündigung« auszusprechen. Was immer er auch tut, er kann die Logik der Institution nicht brechen, es sei denn, er vernichtet die Institution selbst. Noch etwas gilt es bei den von mir in Ansatz gebrachten »Logiken« zu beachten: Sie sind alle selbstbezüglich. D. h., daß sie die gesamte Welt gemäß ihrer eigenen Logik entwerfen. Sie begreifen also die gesamte Welt als gewinnorientiert, als siegorientiert, als verfahrensorientiert und so fort. Daraus folgt, daß eine Kooperation der institutionalisierten Logiken so gut wie unmöglich ist, sie verstehen sich nämlich gegenseitig nicht, reden ständig aneinander vorbei. Das erschwert die Bewältigung von bereichsüberschreitenden Problemen ungemein; fatal ist, daß Friedensprobleme und Probleme der Ökologie, also die Probleme, die uns heute besonders bedrängen, weder siegorientiert noch gewinnorientiert, noch verfahrensorientiert, noch wahrheitsorientiert, noch machtorientiert, noch ablauforientiert, noch nutzenorientiert lösbar sind. Die öffentliche Vernunft scheitert an Fragen, die die Logik der Einzelbereiche überschreiten.

Die private Vernunft ist die nicht-professionelle des lebensweltlichen Alltags; als solche ist sie nicht spezialisiert, sondern allumfassend, schließlich muß sie auf alle Situationen des Lebens reagieren können. Man erwirbt sie, indem man lebt. Da unser lebensweltlicher Alltag jedoch immer mehr, wie Habermas sich ausdrückt, von der spezialisierten Expertenkultur »kolonialisiert« wird, kommt diese private Vernunft in Schwierigkeiten. Der Alltag wird immer mehr von wissenschaftlichen Spezialisten bestimmt, und die private Vernunft bemerkt deutlich die Grenzen des eigenen Wissens gegenüber den Experten. Um unter der Bedingung der eigenen sachlichfachlichen Inkompetenz mitreden zu können, müßte das Defizit behoben werden. Dies allerdings ist vergeblich, weil das Expertenwissen zu umfangreich und zu schwierig geworden ist, als daß man es sich in kurzer Zeit aneignen könnte; es bedürfte eines aufwendigen Spezialstudiums. Wenn dies so ist, dann müßte die private Vernunft kapitulieren. Dies aber hieße, **95** sich den Experten zu unterwerfen, und dies widerspräche den Prinzipien der Aufklärung und der Demokratie. Denn beide bedeuten öffentliche Mitsprache eines jeden in öffentlichen Angelegenheiten. Kant hat deshalb in seiner programmatischen Schrift *Was ist Aufklärung?* sorgsam zwischen dem öffentlichen und dem privaten Gebrauch der Vernunft unterschieden; mit dem Spezifikum, daß er den öffentlichen Gebrauch der Vernunft, im Gegensatz zu seinem privaten, nicht einschränken wollte. Der öffentliche Gebrauch sei nämlich der, bei dem der einzelne gar nicht aus seiner Vereinzelung heraus spräche, sondern als Vertreter der allgemeinen Menschenvernunft. Diese Position nimmt heute die private Vernunft mit einer leichten Modifizierung in Anspruch: Sie will öffentliches Mitspracherecht, trotz ihrer fachlichen Inkompetenz. Dies Kunststück gelingt ihr dadurch, daß sie gar nicht fachlich argumentiert, sondern moralisch. Sie beansprucht, die allgemeine Menschenmoral zu verkünden.

Die private Vernunft also ist die moralische. Als solche kann sie nach Max Weber gesinnungs- oder verantwortungsorientiert sein. Auf den Punkt gebracht bedeutet gesinnungsethisches Verhalten, daß ein moralischer Grundsatz unabhängig von seinen Aus- und Nebenwirkungen vertreten wird. So folgt aus dem Grundsatz »Du sollst nicht töten!« gesinnungsethisch, daß es keine Ausnahme von der Regel geben darf, auch nicht, wenn man angegriffen oder um Sterbehilfe gebeten wird. Verantwortungsethisches Verhalten bedeutet, daß das konkrete Verhalten am moralischen Ziel ausgerichtet werden muß. Um des Humanismus willen kann es deshalb unter Umständen möglich sein, den Grundsatz »Du sollst nicht töten!« zu verletzen. Während für die Verantwortungsethik der moralische Erfolg das Entscheidende ist, spielt dieser für die Gesinnungsethik keine entscheidende Rolle. Die Kämpfe zwischen den »Fundamentalisten« und den »Realpolitikern« bei den »Grünen« können als gegenwärtige Ausprägungen der beiden ethischen Grundpositionen gedeutet werden.

Als moralische Beurteilung muß sich die private Vernunft um

die fachliche Seite gar nicht scheren, denn das moralische Urteil hat die Erkenntnis des zu beurteilenden Gegenstandes oder Sachverhaltes nicht zur Voraussetzung. Die moralische Einschätzung der Kernwaffen kann auch der vornehmen, der weder die physikalischen Vorgänge noch die technische Handhabung kennt. Und in der Tat: Es gibt keine logische Notwendigkeit, um von Erkenntnisurteilen auf moralische übergehen zu können. Ganz im Gegenteil: Wer dies versucht, der macht sich des »naturalistischen Fehlschlusses« schuldig. Aus der Feststellung »Kernwaffen zerstören im Falle ihres Einsatzes die Menschheit« folgt nämlich nicht »Deshalb müssen sie abgeschafft werden«. Aus einem Ist-Satz (einer Feststellung) läßt sich kein Soll-Satz (eine Aufforderung) logisch ableiten. Die Forderung »Kernwaffen sollen abgeschafft werden« ist nur moralisch zu rechtfertigen, nicht erkenntnistheoretisch.

Der Anspruch der privaten Vernunft, die allgemeine Menschenmoral zu vertreten, ist nicht haltbar. Dies zeigt sich schon daran, daß sie kein einheitlicher Block ist, sondern in sich äußerst zerstritten. Der Kampf um die richtige Moral ist schon lange entbrannt. Die private Vernunft ist ein Konglomerat der unterschiedlichsten Moralen. Sie lassen sich typisierend in vier Hauptgruppen unterteilen. Die erste Gruppe beurteilt nach dem Raster gerecht–ungerecht, das zweite Beurteilungsraster ist gut–böse, das dritte ist Lust–Unlust, die vierte Gruppe schließlich beurteilt nach Glück–Unglück. Diese Einteilung ist eine rein formale, denn was im Einzelfall gerecht oder ungerecht, gut oder böse ist, als Lust oder Unlust empfunden wird, wovon man sich Glück und wovon man sich Unglück verspricht, das ist völlig offen; genauer: Diese Beurteilung hängt an der zufälligen Lebensgeschichte und den Erfahrungen dessen, der urteilt – muß daran hängen, weil es die eine Vernunft nicht mehr gibt. Die moralische Vernunft ist deshalb subjektivistisch, sie ist biographisch kontingent.

Damit stehen die sieben strategisch-erfolgsorientierten Logiken der öffentlichen Vernunft den vier gesinnungs- und wertorientierten Logiken der privaten Vernunft gegenüber. Zwi- **97** schen diesen beiden großen Blöcken werden ehemals öffentliche Logiken zerrieben, ehemals private drängen in die Öffentlichkeit. Die christliche Religion wird vom Schicksal, völlig in den privaten Bereich abgedrängt zu werden, nur deshalb bewahrt, weil die Institution Kirche noch nicht zerstört ist. Als politisch-ökonomische Instanz kann die Kirche den öffentlichen Anspruch der Religion noch verteidigen. Dies gilt auch für die Kunst. Sie ist zum Zwitter zwischen einem Restanspruch auf Schönheit und Wahrheit und der Selbstauflösung in die Subjektivität der Künstler geworden. Die zeitgenössische Kunst wird vom Schicksal, völlig in den privaten Bereich abgedrängt zu werden, nur deshalb bewahrt, weil die Institution Kunsthandel ökonomisch floriert. Im Gegensatz zu Kunst und Religion ist Bildung an eine Institution gebunden, die sich ökonomisch nicht selbst behaupten kann, nämlich das Gymnasium. Dies ist der Grund, weshalb dessen Schicksal wohl besiegelt ist; es sei denn, daß Politiker in ihrem Kampf um Macht das Gymnasium als Mittel einsetzen.

Sozusagen in einer Gegenbewegung kämpfen subjektive Moralen um Öffentlichkeit. Seit den Tagen der »Studentenrevolte« erleben wir bis heute in der »grünen Bewegung« und bei den zahlreichen »Alternativen« den Versuch, privaten Moralen zu öffentlichem Einfluß zu verhelfen. Also gerade der Bereich, der in die Privatsphäre abgedrängt wurde, hat den Kampf gegen die entmoralisierte Öffentlichkeit aufgenommen. Die öffentliche Vernunft wird von einem informellen System nicht-öffentlicher, interpersonaler Verpflichtungen unterlaufen.

Lehrbeispiele des formellen Auseinanderfalls und der informellen Verquickung von privater und öffentlicher Vernunft sind die politischen Skandale der letzten Jahre, sei es beim Kauf von Wahlstimmen, die Neue Heimat- oder die Flick-Affäre. Die Agierenden wurden mit der Elle privater Moral gemessen. Seit geraumer Zeit jedoch haben wir das Vergnügen, das Ende der Politik zu verfolgen. Im Gegensatz zum Anspruch eines
Platon, gemäß dem das Gemeinwesen Gerechtigkeit herstellen

soll, ist Politik heute reduziert auf Strategien zur Machterhaltung einer Partei. Politik ist Machterhaltung und sonst nichts, ist Interessensmanagement so, daß die eigene Partei mehrheitsfähig wird oder bleibt. Der letzte, der damit Schiffbruch erlitten hat, daß er machtorientierte Politik moralisch betreiben wollte, war der glücklose Präsident der USA, Jimmy Carter. Gleich zu Beginn der Neuzeit hat Niccolò Machiavelli die Machtorientierung der Politik erkannt und ausgesprochen. Das weiß natürlich auch heute jeder, aber keiner wagt es mehr auszusprechen, und so erscheint als moralischer Skandal, was Uwe Barschel tat; dabei folgte er nur selbstgenügsam der politischen Vernunft. Die Empörung darüber war entweder ein Mißverständnis oder aber geheuchelt, und Franz Josef Strauß war es vorbehalten, dies auszusprechen. »Wenn alle«, so führte er aus, »denen man Vergleichbares (wie Uwe Barschel) vorwerfen kann, die Parlamente verlassen müßten, gäbe es vermutlich keine beschlußfähigen Mehrheiten mehr.« So wird es wohl sein. Dennoch ging ein Aufschrei durch die Medien. Keiner, so scheint es, will sich seine Illusionen rauben lassen, und den meisten fällt es schwer, ihr Selbstverständnis ihrem alltäglichen Handeln anzupassen. Wir brauchen die Lüge, sagt Nietzsche, um an der Wahrheit nicht zugrunde zu gehen. Uwe Barschel, der Verlierer im Kampf um die Macht in der Provinz, setzte Moral im Machtpoker ein und verlor. Bei seinem öffentlichen Ehrenwort ging es nicht um Ehre, nicht um Moral, sondern um Macht. Erst als diese verloren war, kämpfte er, jetzt als Privatmann, um seine Ehre. Hatte er zunächst die private Ehre im öffentlich-politischen Machtkampf eingesetzt, setzte er nun seine verbliebene öffentliche Macht daran, die private Ehre zu retten. Wieder spielte er hoch: Er setzte sein Leben für seine Ehre ein. Wer tut dies heute noch? Aber auch diesmal verlor er. Die Scheinaufklärung des Sensationsjournalismus entkleidete ihn dann auch noch des Letzten, das dem Menschen eignet. Im Namen der Aufklärung wurde sein toter Körper in Illustrierten zur Schau gestellt. Die Schamlosigkeit ging noch weiter. Der Graphiker Gottfried Helnwein fertigte ein Plakat für eine Aufführung des *Macbeth* am Heidelberger Theater, das den Leichnam Uwe Barschels in der Badewanne zu Reklamezwecken mißbraucht.

Die Logik der Politik ist die Logik der Macht. Gestritten wird in der Politik zwar öffentlich um Inhalte und Methoden, die aber sind beliebig austauschbar, und sie werden ausgetauscht, je nachdem, von welcher inhaltlichen Position man sich mehr Wählerstimmen verspricht. Hält man sich vor Augen, was die christlichen Parteien in Europa so alles an Unchristlichkeit hervorgebracht haben, wundert man sich, daß sie noch nicht exkommuniziert wurden. Ob sich die CDU nach der Mitte hin öffnen soll oder nach rechts, das sind keine moralischen, sondern Machtfragen. Desgleichen, wie weit sich die SPD der Forderung Oskar Lafontaines nach Verkürzung der Arbeitszeit ohne Lohnausgleich anschließt oder nicht.

Daß die Logik der Politik die der Machterhaltung ist, schließt nicht aus, daß sich einzelne Politiker als moralisch begreifen. Ist dies der Fall, dann haben sie sich ins falsche Spiel verirrt, oder aber sie mißverstehen sich selbst. Die öffentliche Vernunft kann zwar durchaus mit privater verwoben sein, entscheidend aber ist, daß im Konfliktfall immer die bereichsspezifische Vernunft siegt. Daß Willy Brandt dies außer acht ließ, hat seine politische Führungsrolle beendet.

Anläßlich des 50. Jahrestages der »Reichskristallnacht« hielt im November 1988 der amtierende Bundestagspräsident Philipp Jenninger im Bundestag vor den Abgeordneten und geladenen Gästen eine Rede zum Gedenken der Opfer des Holocaust. Um die Greuel zu erklären, bemühte er sich, das nationalsozialistische Regime aus der Sicht der damals Lebenden darzustellen. Im Verlauf seiner Rede verließen einige Parlamentarier den Saal. Die ausländische Presse sprach vom Wiederaufkeimen des Nationalsozialismus in Deutschland. Jenninger trat zurück und etwas später der Stellvertreter des Zentralrates der Juden in Deutschland, Michael Fürst, der die Rede gegen die offizielle Linie des Rates verteidigt hatte.

100 Aus der Sicht der politischen Logik sind beide Rücktritte folge-

richtig. Denn völlig unabhängig davon, ob das, was Philipp Jenninger gesagt hat, haltbar ist oder nicht, er hat die politische Position der Bundesrepublik geschwächt, indem er sie auf internationalem Parkett in die Verteidigung trieb gegen den Vorwurf des Nazismus. Entsprechend hat Michael Fürst mit seiner öffentlichen Stellungnahme die politische Position des Zentralrates geschwächt. Politiker, denen solche Fehler unterlaufen, verstoßen gegen die Logik der Macht und sind untragbar. Gemäß dieser Logik müßte auch Helmut Kohl oder Hans-Dietrich Genscher zurücktreten, denn auch sie haben die politische Position Deutschlands entscheidend geschwächt, als sie entweder aus Berechnung oder Unbedarftheit Geheimdienstberichte nicht ernst nahmen, nach denen deutsche Firmen an der Herstellung von Giftgas im Ausland beteiligt waren. Noch größer wurde der außenpolitische Schaden dadurch, daß sich der Bundeskanzler vor den Kameras entrüstet über die angeblichen amerikanischen Unterstellungen gab. Aber weder er noch Genscher traten zurück. Stimmt also die These von der Machtorientierung der Politik doch nicht? – Sie stimmt, was dann leicht zu erkennen ist, wenn man die außenpolitische Schwächung aufrechnet gegen den Machtverlust, den CDU und FDP innenpolitisch erlitten, träten ihre Hauptmatadore zurück.

Das Beispiel Politik macht deutlich, daß die Einzelrationalitäten in mannigfachen Wechselbezügen stehen. Die Wirtschaft kann über Forschungsgelder Teile der Wissenschaft beeinflussen, die Politik macht dies mit Forschungsaufträgen. Die Politik ihrerseits wird in den Ausschüssen von der Wirtschaft und durch die Lobby von anderen Interessengruppen beeinflußt. Selbst die Jurisprudenz wird heute in die Politik gezogen, wenn politische Fragen zur Entscheidung an die Verfassungsrichter weitergeleitet werden, die ihrerseits nach Parteiproporz gewählt sind.

Die zahlreichen Überschneidungen innerhalb der Vernunftfraktionen und zwischen der öffentlichen und privaten Vernunft sorgen für Konflikte, deren Grund meist das Mißverständnis ist, daß eine Teilrationalität in einen Bereich hineingetragen wird, der an einer anderen Logik orientiert ist. Etwa Gewinnorientierung in die wahrheitsorientierte Wissenschaft, wenn Politiker die »Effektivität« der Universitäten steigern wollen oder wenn die bildungsorientierten Gymnasien zweckorientiert beurteilt werden. Bei den Gymnasien und den Wissenschaften zeigt sich, daß hier nicht nur schlichte Mißverständnisse vorliegen, sondern daß machtorientiert darum gekämpft wird, welcher Ausrichtung Wissenschaft und Gymnasium unterworfen werden sollen.

Unsere Situation heute ist also die, daß sich Subsysteme unterschiedlichster Rationalität konkurrierend gegenüberstehen und es keine Möglichkeit mehr gibt, die vielen Vernünfte unter einer Vernunft zu vereinen. Dies kennzeichnet die Krise der Gegenwart. Unser Problem ist also nicht, unvernünftig zu sein, die Aufklärung vertrieben zu haben, unser Problem ist, daß wir kompromißlos vernünftig sind. Die Vernunft wurde nicht entmachtet, sondern bis an ihr Ende verfolgt. Wir sind hoffnungslos vernünftig. Die Vernunft hat sich selbst zu Ende gedacht. Das Ergebnis der Selbstbewegung der Aufklärung ist deshalb nicht, wie Hegel meinte, das erfüllte Absolute, sondern die absolute Leere. Die Vernunft hat sich erschöpft, weil sie sich selbst treu war, weil sie konsequent war, nicht anders sein konnte. Deshalb stürzt sie zusammen wie ein ausgeglühter Stern. Das Ende ist Verwirrung. Das fraglos Gewisse des Anfangs wird das befragte Ungewisse des Endes. Es wird ungewiß genau deshalb, weil es befragt wird, und es mußte befragt werden, weil die Vernunft nur anerkennt, was sie geprüft und für gut empfunden hat. Dies ist der tatsächliche Verlauf der Vernunft. Die innere Strenge der Aufklärung zwingt sie zur Selbstauflösung.

Der Sturm auf die Bollwerke der Vernunft: die Institutionen Der Alltag ist das, was sich ohne große Schwankungen tagtäglich zuträgt. Bestimmte Denk- und Handlungsabläufe spielen sich ein, die helfen, den Alltag problemlos bewältigen zu können, den tagtäglichen Anforderungen so begegnen zu können, daß man nicht jedesmal neu zu überlegen braucht. Solche Routine ist nicht nur privat nötig, sondern auch öffentlich. So ist uns die Eisenbahn so selbstverständlich wie die Zeitung, das Parlament wie die Friedhöfe. Das Parlament ist eine staatliche Institution, Friedhöfe haben eine kommunale Verwaltung. D. h., daß die Routine unseres Alltags hauptsächlich durch Institutionen gesichert ist. Diese Institutionen werden problemlos genutzt, doch die Nutzung hat ihren Preis: Wer eine Institution nutzt, muß sich ihren Regeln unterwerfen. Die Eisenbahn fährt nicht immer, sie fährt auch nicht überall hin, man muß eine Fahrkarte kaufen, darf sich nicht aus dem Fenster lehnen und so fort. Wer sich innerhalb einer Institution an ihre Regeln hält, wird von niemandem aufgefordert werden, sein Verhalten zu rechtfertigen. Wer in die Kirche geht und betet, ist innerhalb der Institution Kirche nicht rechtfertigungspflichtig. Verläßt er jedoch die Kirche, betet er zum Beispiel abends am Stammtisch, dann kann er sicher sein, daß seine Freunde und Bekannten ihn auffordern werden, dies zu erklären, wie er es umgekehrt rechtfertigen müßte, wenn er während der Predigt genüßlich eine Flasche Bier tränke. – Institutionen erfüllen zwei wichtige Aufgaben: Sie routinieren das Alltagshandeln, und sie entlasten von der Pflicht, dieses Alltagshandeln zu rechtfertigen. Der Preis dafür ist, daß man sich den Regeln der jeweiligen Institution fügen muß.

Alle menschlichen Zusammenschlüsse bilden die unterschiedlichsten Institutionen aus, um eben das Alltagsdenken und -handeln zu entlasten. Dies hat der Anthropologe Arnold Gehlen (1904–1976) herausgefunden. Die Institutionen müssen nun ihrerseits gerechtfertigt werden. Im Mittelalter leistete dies die christliche Religion, in der Neuzeit die Vernunft. Alle Institutionen der Neuzeit, auch die, die aus dem Mittelalter übernommen wurden (wie zum Beispiel die Ehe), mußten von der Vernunft gerechtfertigt werden. Wenn dies nicht gelang, wurden sie abgeschafft. So erging es zum Beispiel dem erblichen Königtum in der Französischen Revolution. Somit läßt sich sagen, daß alle öffentlichen Institutionen, die wir heute haben, einmal vernünftig gerechtfertigt worden sind. Die Vernunft ist inzwischen jedoch zusammengebrochen. Dies mußte Folgen für diese Institutionen haben. Plötzlich nämlich konnten sie nicht mehr gerechtfertigt werden, da es keine Instanz mehr gab, auf die man sich zu ihrer Verteidigung hätte berufen können.

Mit dem Zusammenbruch der Vernunft brachen also auch die öffentlichen Institutionen zusammen, sofern und weil sie ihren Rechtsanspruch auf Vernunft gründen. Da die öffentlichen Institutionen aber den Alltag routinieren, bedeutete ihr Zusammenbruch, daß der Alltag nicht mehr routiniert ablaufen konnte. Damit geschah in diesem Bereich das Schlimmste, was passieren konnte: Er war nämlich kein Alltag mehr. Da er bis heute von den öffentlichen Institutionen nicht mehr entlastet wird, gerät grundsätzlich jedes Denken und Handeln, auch noch das alltäglichste, unter Rechtfertigungsdruck. Damit aber nicht genug. Die Bedrängnis wird noch gesteigert, denn es gibt keine Instanz mehr, kraft der Rechtfertigung möglich wäre, denn die Vernunft ist ja zerstört. Die Zwangslage ist damit unauflöslich geworden: Die aufklärerische Vernunft zwingt jedes Denken und Handeln zur vernünftigen Rechtfertigung seiner selbst und zerstört gleichzeitig die Instanzen einer möglichen Rechtfertigung, nämlich die Institutionen und sich selbst. Ergebnis der Aufklärung ist deshalb ein Dauerrechtfertigungszwang noch für das alltäglichste Denken und Handeln, ohne daß es eine Instanz und ein Vermögen gäbe, vor denen und kraft derer Legitimation möglich wäre. Das sieht konkret so aus, daß zum Beispiel das Parlament nicht mehr vernünftig zu rechtfertigen ist. Deshalb wird es von den einen dadurch verteidigt, daß es sich »bewährt« habe, was die anderen bezweifeln und seine Ersetzung durch Formen einer direkten Demokratie fordern. Es gibt keine Möglichkeit mehr, die eine oder andere Ansicht als die vernünftige und insofern richtige zu beurteilen. So gibt es denn auf der einen Seite unendliche

Debatten, die zu keinem Ergebnis führen können, und auf der

anderen Seite die Macht dessen, der sich – völlig unabhängig von der Vernunft – durchsetzt.

Die Gegenwart muß sich daran gewöhnen, ohne die Vernunft und statt dessen mit vielen Vernünften zu leben. Aber wir hängen ihr noch nach, unserer Vernunft, wir haben sie noch nicht überwunden, wir halten ihr die Treue, auch und gerade in ihrer Agonie. Die transzendente Heimatlosigkeit treibt uns um. Gott ist tot, und die Vernunft stirbt. Beide ruhen nicht. Christus ist auferstanden, und die Vernunft ist noch nicht unter der Erde. So werden aus Gott und der Vernunft Gespenster, die geistern müssen, weil sie nicht begraben sind. Die Gespenster gehen um, am hellichten Tag, es sind die Gespenster der Transzendenz. Es sind die Gespenster unserer Sehnsüchte, daß es einen Gott, ein Jenseits gäbe. Aber wir wissen, daß es keine Gespenster gibt, und deshalb sind wir doppelt umgetrieben: von einem Gespenst, an das wir nicht glauben.

Nur einigen Zynikern ist es bislang gelungen, aus der europäischen Vernunfthaut zu schlüpfen. Die Vernunft ist nichts, dem nachzutrauern wäre. Die Selbstbewegung der Aufklärung gilt es weder zu bedauern noch zu begrüßen. Die Logik der Vernunft hat mit Moral nichts zu tun. Sie muß einfach bemerkt werden, wenn man die Gegenwart begreifen will. Allerdings spricht nichts dafür, daß sie begriffen werden soll. Wer es versucht, ist selber schuld, er tut es auf eigenes Risiko und eigene Verantwortung.

Die torkelnde Freiheit: Beliebigkeit Dreihundert Jahre lang hat das Licht der Aufklärung die Welt erleuchtet, und es ist so hell geworden, daß wir geblendet sind. Wir finden uns in der Helle nicht mehr zurecht. Das Licht der Aufklärung hat die Welt erleuchtet, aber den Himmel verfinstert, die Sterne können uns nicht mehr leiten. Dies Licht entdeckte: nichts. Wo nichts mehr ist, da ist Aufklärung.

Wie ein Stern, der, ausgeglüht, unter seinem eigenen Gewicht zusammenbricht und alle Lichtphotonen, die in seine Nähe kommen, aufsaugt, so stürzt die Aufklärung zum Schwarzen Loch in sich zusammen und verschlingt Vernunft. Die Vernunft verdunkelt unwiederbringlich.

Weil uns das Jenseits verlorenging, sind wir im Diesseits ganz auf uns allein gestellt. Nicht »dein Wille geschehe«, sondern unser Wille geschieht. Wir brauchen keine göttliche Offenbarung und keine Tradition mehr. Wir haben die Welt entzaubert, und hinter dem Vorhang fanden wir nur uns selbst. Wir haben die Ansichten der Vergangenheit überprüft, und sie haben nicht standgehalten. Wir haben sie ihrer Haltlosigkeit überführt, wir haben den Schein, die Irrtümer und die Lügen der Vergangenheit entlarvt. Uns ist nichts heilig, weil es nichts Heiliges gibt. Uns ist nichts verbindlich, weil es nichts Verbindliches gibt. Alles ist beliebig.

Das aufgeklärte Diesseits bleibt ungegründet und verliert oberste Grundsätze des Denkens und Handelns. Denken und Handeln werden orientierungslos. Der Selbstzerstörung der Vernunft entspricht im Alltag die Freisetzung des Menschen aus verbindlichen obersten Normen. Sind solche Normen aber weggedacht, dann sind Denken und Handeln der Willkür des einzelnen ausgeliefert. Die Orientierungslosigkeit bedeutet die
106 Preisgabe des Denkens und Handelns an die Beliebigkeit.

Die Vorsokratiker befreiten Europa von der Naivität der Mythen und setzten an die Stelle der Götter »Kosmogonien«, Lehren über die Entstehung der Welt, und »Kosmologien«, Lehren über den Aufbau und das Werden des Weltalls. Alle Gegenstände der Erfahrung, so behauptet beispielsweise Anaximander, haben einen gemeinsamen Ursprung. Dieser ist das »Apeiron«, das Unbeschränkte, Unendliche, nicht mehr ein Gott. Mit dem Fall der Götter versanken aber nicht nur die theoretischen Annahmen über die Welt, sondern auch die praktischen Normen für das Handeln. Den Sophisten ist ihre Entlarvung als menschliche Setzungen zu verdanken. Der Mensch, so erklärte Protagoras, ist das Maß aller Dinge, absolute Gewißheit kann es für ihn deshalb nicht geben. Aus dieser Situation der Auflösung aller Denk- und Handlungsprinzipien rettete die griechische Klassik: Platon entwarf eine Ontologie, ein System des gesamten Seins, in das er auch Grundsätze des menschlichen Handelns einarbeitete. Aristoteles entwickelte ein metaphysisches System der Welterklärung, in das ebenfalls eine Ethik, als Anleitung zum richtigen Handeln, eingebaut war. Vor allem die Skepsis im Hellenismus forderte dann die Urteilsenthaltsamkeit in allen metaphysischen Fragen und unterlief dadurch die großen klassischen Philosophien. Übrig blieben nur noch Sentenzen zur Lebensweisheit.

Diese erkenntnistheoretische und metaphysische Leere füllte das Christentum mit seinen Glaubensdogmen, so daß eine ähnliche geistige Situation entstand wie zur Zeit der Vorsokratiker. Diesen vergleichbar, entlarvten die Denker der Aufklärung den christlichen Gott als Hirngespinst. Entsprechend der vorsokratischen Zeit mußten nun neue Kosmologien und neue Ethiken geschaffen werden. Newtons Physik machte die Annahme eines Gottes für die Erklärung der Welt überflüssig. Kant formulierte den »kategorischen Imperativ«: Jeder soll immer so handeln, daß die Grundsätze des eigenen Tuns einer menschlichen Gemeinschaft als Gesetz dienen könnten. Fand Newtons Physik seine Beglaubigung darin, daß mit ihr Naturereignisse vorausberechnet werden konnten, so hatten es die Ethiken schwerer. Die Handlungsnormen des Mythos und des Christentums galten zu ihrer Zeit als verbindlich, weil sie in einem nicht-menschlichen, jenseitigen Un-Bedingten wurzelten. Da die Aufklärung jedoch ein metaphysisch Un-Bedingtes nicht gelten ließ, behauptete sie die menschliche Vernunft als un-bedingt, als autonom. Die Entbindung der Vernunft von einer menschenunabhängigen Instanz beraubte sie indessen ihrer Verbindlichkeit. Schließlich hatte sie sich ja selbst als menschliche interpretiert und sich damit dem Verdacht der Subjektivität ausgesetzt.

Kant versuchte vergeblich, die Unbedingtheit der Vernunft dadurch zu retten, daß er die erkenntnistheoretischen und ethischen Urteile als »allgemeingültige« darstellte; übrig blieb von der ihrer Transzendenz entkleideten Vernunft einzig das Menschliche, und d. h. der private Nutzen, das private Interesse, die Beliebigkeit. So stehen wir heute an einem Punkt, der vergleichbar ist mit der geistigen Situation nach der Destruktion der klassischen griechischen Philosophie im Hellenismus. An die Stelle der großen ontologischen und metaphysischen Systeme sind die kleinen Lebensweisheiten und Anweisungen für den Alltag von Gurus, Geistheilern, Sekten, Psychiatern und Sachbuchautoren getreten, und die Philosophen entwickeln seit einigen Jahren eine neue Stoa fürs Jahrhundertende. Unsere Lage ist tatsächlich äußerst mißlich: Die Rückkehr zu einem alten Dogmatismus in neuer Form ist nicht erstrebenswert, gleichzeitig aber haben wir offensichtlich große Mühe, den Zustand der geistigen Auflösung ertragen zu können. Diese beiden Extreme scheinen jedoch die einzige Alternative zu sein; zwischen ihnen lavieren wir uns durch. Die Verbindlichkeit der Grundsätze des Denkens und Handelns, die von der unhaltbaren Annahme eines jenseitig Unbedingten gewährleistet war, ist nach der Einsicht in solchen Dogmatismus der Unverbindlichkeit unseres Denkens und Handelns gewichen, die im Taumel der Beliebigkeit endet. Wir leiden an der Unverbindlichkeit durch den Verlust an Transzendenz, ohne ein neues Unbedingtes wollen zu können.

Søller ist eine wenig aufregende Stadt im Nordwesten Mallorcas. Doch jede Viertelstunde ändert sich das. Denn wer erwartet, die Glocken der örtlichen Kirche zu hören, vernimmt statt dessen einen elektronischen Gong. Dies allein aber ist noch keine Attraktion. Die stellt sich erst ein, wenn man verblüfft zur Kenntnis nimmt, daß der elektronische Gong den Schlag des Londoner Big Ben wiedergibt. Und so tönt der nebligdüstere Schlag über die flimmernde Hitze von Søller.

Das oberbayrische Landhaus im Neubaugebiet von Hamburg, die altdeutsche Sitzgruppe und der original englische Hochlehner im Prospekt eines Möbelhauses, die Karibik und China im Angebot eines Touristikunternehmens, eingelegte Hahnenkämme und russischer Kaviar im Sortiment von »Feinkost Käfer« und in der Eßwarenabteilung von »Kaufhof« – dies alles verkündet dasselbe: Dem Wollen und dem Geschmack sind keine Grenzen gesetzt, schon gar keine von der Tradition oder der Vernunft. Die Verfügung ist universal geworden – und beliebig, sie hat ihre Grenze nur am Geld. So zeigt sich das Geld nicht nur als universelles Tauschmittel, das gegen alles und jedes getauscht werden kann. Das Geld ist zu einer quasimoralischen Instanz geworden, die der Beliebigkeit Einhalt gebietet. Die grundsätzlich unbeschränkte Beliebigkeit wird von der zur Verfügung stehenden Geldmenge in Grenzen gehalten.

Die Neue Staatsgalerie in Stuttgart, von James Stirling erbaut, gilt als Monument der »Postmoderne«. In der Tat ist hier der Versuch gemacht, die Beliebigkeit zum Bauprinzip zu erheben. Die unterschiedlichsten Materialien sind kombiniert, vom Marmor über Stahl bis zum Kunststoff, die unterschiedlichsten Farben, die unterschiedlichsten Stile, Epochen und Kulturen. Es ist Stirling gelungen, aus dem Mischmasch eine Einheit zu formen, die sich selbst reflektiert: Die Gesamtanlage ist wie die Ruine eines Kolosseums gestaltet, auf dessen Zinnen schon das Gras sprießt, das es bald überwuchert haben wird. So ist der Bau kein Monument der Post-, der Nachmoderne, vielmehr ist hier ein Monument der Spätmoderne, einer zerfallenden Kul- **109** tur in Szene gesetzt, die nur noch aus der Vergangenheit lebt und nur noch die Kraft hat, eklektisch zusammenzufügen, was frühere Zeiten entwickelt haben. Die Beliebigkeit ist eine der Moderne, der Spätmoderne, nicht der Postmoderne. Die Beliebigkeit des Denkens und Handelns ist die Auflösungserscheinung der autonomen Vernunft der Aufklärung.

Beliebigkeit ist das Stichwort, das unsere heutige Situation am genauesten beschreibt. Von einer anderen Warte aus jedoch erscheint Beliebigkeit als Freiheit. Und in der Tat: Die Gegenwart ist freigesetzt aus allen Bindungen, aus denen der Tradition ebenso wie aus denen der Vernunft. Wir leben in einer total befreiten Zeit. Beliebigkeit ist das Toben der Freiheit. Die unverblümteste, sachlich genaueste und sprachlich eindeutigste Formulierung der rasenden Freiheit ist ein »Remake«, das ich auf einer Ansichtskarte aus Ibiza las. Da stand, quer über die entsprechende Bebilderung gedruckt, »Ficken, Fressen, Saufen«. Nun mag für manchen Touristen der Wunsch Vater des Gedankens sein, aber genau auf den Gedanken kommt es an, denn hier zeigt sich die verbleibende Norm des Denkens und Handelns. Die zur Beliebigkeit entgrenzte Freiheit fällt zurück auf die Bedürfnisse der Verdauungskanäle und der Geschlechtsorgane. Die neue Freiheit sind Grunzen, Schmatzen und Schlürfen. Und so erfüllt sich die Vorhersage Hegels, die ihm Spott und Unverständnis eintrug, doch noch: »Die Weltgeschichte«, so steht es in seinen *Vorlesungen über die Philosophie der Geschichte,* »die Weltgeschichte ist der Fortschritt im Bewußtsein der Freiheit – ein Fortschritt, den wir in seiner Notwendigkeit zu erkennen haben.« Der Gang der Aufklärung zur Selbstzerstörung ist der Gang zur Beliebigkeit der entgrenzten Freiheit, »den wir in seiner Notwendigkeit zu erkennen haben«. Wir werden uns an das Rülpsen gewöhnen müssen, wir werden es als Befreiung zu hören lernen. Das Maß der Freiheit ist grenzenlos.

Heute endlich haben wir das Problem gelöst, das die Europäer seit Jahrtausenden umgetrieben hat: die Spannung zwischen

Körper und Geist. Wie Alexander haben wir den Gordischen

Knoten einfach durchschlagen, haben den Geist amputiert und den Menschen auf seinen Körper beschränkt. Ein gigantisches ökonomisches System steht für den Körper und seine Bedürfnisse bereit. Die subjektive Vernunft der Lust wird von der objektiven Vernunft der Ökonomie bedient. Jede Wucherung der subjektiven Vernunft ist eine Marktlücke – ob es sich um Intimsprays, luftgetrocknete Salami oder um die Ausstattung von Punks handelt. Die Ökonomie hat noch jede Protestbewegung vermarktet.

Die zur Beliebigkeit entgrenzte Freiheit erzeugt ihre eigenen Verbrechen. Das Massaker, der Terror sind die spätmodernen Verbrechen schlechthin, deren Nebenprodukte die Geiselnahme, die Flugzeugentführung, das Kidnapping und der Amoklauf sind. Das wahllose Niedermetzeln beliebiger Menschen, das zufällige Herausgreifen eines einzelnen, um etwas zu erpressen – in diesen Handlungen verwandelt sich Beliebigkeit in Zwang und Nötigung.

Der Beliebigkeit entspricht »soziale Mobilität«. Wir können, da es keine vorgegebenen Verbindlichkeiten mehr gibt, überall »aussteigen« und überall »einsteigen«. Die traditionellen Bindungen wie Familie, Land, Religion, Geburt, Schicht, Beruf – sie alle können verlassen werden, und wir sind stolz darauf, daß das so ist, denn dies ist ein Fortschritt gegenüber traditional gebundenen Kulturen. Die Bindungslosigkeit überläßt alles dem einzelnen und seinem Belieben. Eingetaucht in die totalisierte Toleranz, kann man gegen nichts mehr kämpfen. Und so stoßen die Aggressionen in die Leere des universalen Verständnisses, das nichts begreift.

Nun sind die Vorteile für den einzelnen und die Gesellschaft nicht zu übersehen, die sich daraus ergeben, daß die Schichtenzugehörigkeit der Eltern die Kinder nicht bindet, daß man zu seinen Verwandten, mit denen man nicht auskommt, den Kontakt abbrechen kann. Wenn aber die sozialen Bindungen aufgelöst sind und alle überkommenen Normen des Denkens und Handelns, dann ist eine solche Totalbefreiung zugleich eine gewaltige Verunsicherung. Denn auf der einen Seite findet der **111**

Mensch keine Orientierung mehr, die er einhalten oder be-kämpfen kann, und auf der anderen Seite sieht er sich genötigt, sich aus dem Stand zu orientieren. Erschwert wird seine Lage dadurch, daß er nun die ganze Verantwortung für sein Denken und Handeln nicht mehr der Tradition, den Eltern, dem Sy-stem anlasten kann, sondern daß er als Autonomer sich die Verantwortung ganz alleine eingehandelt hat. Er kann auf keine göttliche Gnade hoffen und auch nicht mehr auf Ent-schuldigungen, es sei denn um den Preis, die Autonomie zu leugnen. Dies geht aber nur so, daß er sich für mehr oder weniger unzurechnungsfähig erklärt. Dies stört inzwischen aber nicht einmal mehr Personen der Öffentlichkeit. Selbst Bundeskanzler lassen sich schon mal mit einem »Blackout« entschuldigen.

Da dieser Zustand der Totalbefreiung uns überfordert, hat die Moderne Schlupfwinkel gesucht, um dem Verantwortungs-druck zu entkommen: Man versteht sich, seinen Autonomie-anspruch preisgebend, als abhängig von gesellschaftlichen Fak-toren, für die man nichts könne. Dank der Beliebigkeit hat der einzelne die freie Auswahl: Er kann sich einmal auf seine Autonomie, das andere Mal auf seine Determiniertheit beru-fen.

Pluralismus Die heute herrschende Orientierungslosigkeit ist eine Krise im Selbst- und Weltverständnis der Spätmo-derne. Das Denken hat die Traditionsströme im lebensweltli-chen Alltag gestoppt. Tradition wird nicht als ein Pfund gese-hen, mit dem man wuchern könnte, sondern als Belastung empfunden. Statt aus ihr zu schöpfen, ist sie deshalb heute, nachdem sie kritisiert worden ist, vergessen. Von der Vergan-genheit, bemerkte Allan Bloom, wissen wir heute nur noch, daß sie schlechter war als die Gegenwart. Wer aber wollte das Heute verstehen, der den Weg nicht kennt, die Kämpfe und Verluste, die die Gegenwart hinter sich hat? Die Vergangen-heit zu vergessen ist Zynismus gegenüber den Opfern, die der

112

Weg bis heute gefordert hat, betont Jürgen Habermas, und bedeutet die Auslieferung der Gegenwart an die Trendsetter. In die Traditionslücke springen die Tagesautoritäten aus Presse, Politik, Rundfunk, Fernsehen. Eine krude Mischung aus Expertenwissen, politischer Überzeugung, Alltagserfahrung, Halbbildung und Sensationsgier überschwemmt den Alltag und stabilisiert die desorientierte Gegenwart bis zur nächsten Meinung. Lebensformen werden Modeströmungen unterworfen. Die Kontinuität wird gewahrt durch die Regelmäßigkeit der Berichterstattung. Der nächste Skandal kommt bestimmt.

Der Spätmoderne weiß nicht mehr, was er denken soll, weil er alles denken kann. Dieser Not wird begegnet, indem man sie zur Tugend macht. Die Beliebigkeit des Denkens und Handelns rechtfertigt jegliches Denken und Handeln. Die offizielle Sprachregelung hat für diesen Tatbestand der Beliebigkeit ein anderes Wort eingeführt. Es wird von »Pluralismus« gesprochen, und er wird gefeiert als Errungenschaft gegenüber Dogmatismus und Bevormundung. Pluralismus heißt, daß ich nach freiem Ermessen von der Vernunft Gebrauch machen kann, die mir zur Verfügung steht, und daß jeder Gebrauch gleichermaßen gerechtfertigt ist. Keine Vernunft hat als solche Vorrang vor der anderen. Pluralismus besagt sogar, daß man von der Vernunft des einen Bereichs jederzeit in die Vernunft eines anderen überwechseln kann. Heute bevorzuge ich eine pädagogische Argumentation, morgen eine psychologische, übermorgen eine ökonomische und dann eine juristische. Heute kann man gleichzeitig Zahnarzt sein und »Perry Rhodan« lesen, Vorstandsmitglied einer Partei sein und Juwelenräuber, gleichzeitig in der Öffentlichkeit für die Gesamtschule eintreten und das eigene Kind aufs Gymnasium schikken. Der Bruch geht durchs Subjekt hindurch, ohne daß es der einzelne gewahr wird. Der Beliebigkeit der Spätaufklärung sind keine Grenzen gesetzt. Beliebigkeit ist ihr Denk- und Handlungsprinzip, das sie Pluralismus nennt. Sie tritt überaus liebenswürdig auf, bescheiden und tolerant: weg vom Dogma- **113** tismus, von Überheblichkeit, ein buntes Nebeneinander der unterschiedlichsten Denk- und Lebensarten, keine Privilegien, nichts Elitäres: Für pluralistisch domestizierte Meerschweinchen ist Rübe wie Salat.

Die Richtlinien der gymnasialen Oberstufe räumen zwar ein, daß Sport- und Mathematikunterricht »andersartig« sind, beharren jedoch auf ihrer »Gleichwertigkeit« (so die kultusministerielle Sprachregelung). Die Urteilskraft wird den Schülern von Amts wegen ausgetrieben. Wie das mit dem Anspruch auf »Kritikfähigkeit« und »Mündigkeit« zusammengedacht werden kann, konnte die Kultusministerkonferenz bis dato noch nicht klären. Einige Länder haben vermutlich deshalb die »Kritikfähigkeit« aus ihren Lernzielkatalogen gestrichen. So hat die Kultusministerkonferenz endlich eines der Probleme gelöst, das die europäischen Geister seit gut zwei Jahrtausenden im Streit zwischen einer formalen und einer materialen Ethik umtrieb: Der Wert eines Dinges ist unabhängig von seiner Substanz. In dieser Papiergeldphilosophie bemißt sich der Wert eines Scheines eben nicht nach der Qualität des Papiers, sondern nach der Anzahl der aufgedruckten Ziffern, die Nullen sind von größter Bedeutung. Inzwischen verzeichnet auch der bargeldlose Werteverkehr große Zuwachsraten. Der Stempel im Parteibuch ersetzt die Substanz. Die neuen Kolumbusse zerdeppern nach wie vor die Eier, die sie aufstellen wollen.

Unterscheidung, so wissen wir inzwischen, ist »Diskriminierung«, und diese sei moralisch verwerflich. Ja, sie sei erkenntnistheoretisch gar nicht möglich. Im pluralistischen Einerlei traut man sich keine Wertungen mehr zu. Sokrates, Goethe, Walt Disney, Simmel: andersartig, aber gleichwertig. Fragen der Metaphysik und Fragen der Sexualität: andersartig, aber gleichwertig. Fragen der Vollwertkost und Fragen nach der Gerechtigkeit: andersartig, aber gleichwertig. Solche »Toleranz« ist genau deshalb keine, weil sie sich mit dem anderen nicht mehr auseinandersetzt. Der andere wird gar nicht wahrgenommen, denn er wird nicht für voll genommen: »Jeder Jeck is anders« lautet die Formel der Schwundstufe humaner Toleranz. Das andere wird unbesehen hingenommen, solange es nicht auffällt. Die pluralistischen Monster verstehen alles – nur keinen Spaß. Wenn der gerade mal aufgehört hat, dann muß schon das Gericht entscheiden, ob im Vorgarten eines Hauses ein Gartenzwerg stehen darf oder nicht. Auch bei Fettecken muß es klären, ob sie Kunst sind oder nicht. Solcher Pluralismus mit eingebauter Notbremse ist zum Modell der Demokratie schlechthin geworden. Wer ihn in Frage stellt, stellt die pluralistischen Eichhörnchen in Frage und kann dann leicht als Feind der Demokratie und der Freiheit denunziert werden.

Der Verlust von Einheitlichkeit im Grundsatz, Widerspruchsfreiheit, von Stetigkeit wird auf der einen Seite als Befreiung erlebt, auf der anderen als Beschädigung und Mangel. Das schrankenlose »Tu-was-du-willst« erschwert die Findung seiner selbst, führt zu dem, was man »Identitätsverlust« nennt. Denn es setzt ein verblüffender Umschlag ein: Wenn jeder machen kann, was er will, tun alle dasselbe, und wenn alle dasselbe tun, kann sich der eine nicht mehr vom anderen unterscheiden. Im Pluralismus geht das Individuum zugrunde, je lauter es angepriesen wird. Deshalb haben die Boutiquen Konjunktur, um wenigstens an dem, woran nichts mehr zu retten ist, noch zu verdienen. Auch der bizarrste Haarschnitt, das grellste Pink gefärbter Haare kann daran nichts ändern. Die Aufschreie der verlorenen, armseligen Individualität verhallen ungehört. Keiner weiß mehr, wer er ist, denn er ist wie jeder. Vor dem Fernsehapparat sind alle gleich. Wer morgens in einer Fußgängerzone aufwachte, fände sich sofort zurecht, er wüßte aber nicht, wo er wäre. Dies ist die Lage heute: Wir kennen uns aus und wissen nicht, wo wir sind. Die Fußgängerzone ist die Metapher der Spätmoderne. Die Internationale der Architektur hat auf der gesamten Welt die gleichen Vorstädte errichtet, die die Stadtkerne umzingelt haben und langsam erwürgen. Die Möbelindustrie hat das internationale Design entdeckt. Die Schlagerbranche bestückt die Rundfunkstationen weltweit mit denselben »Hits«. Die Mode ist zwischen Tokio und Paris **115** gleichgeschaltet, »Hamburger« und »Coca-Cola« haben die Welt erobert, auf den Speisenkarten drängen sich die »internationalen Gerichte«, selbst die Sprachen werden vereinheitlicht. Stromlinienförmig wurde aus dem »ß« ein »ss«, die Computersprache stammelt in ihren Kürzeln, die (bald) jeder versteht, die Quarzarmbanduhren veranstalten pünktlich ihr Piepskonzert von New York bis Sydney, die Tages- und Monatsanzeigen sind unauffällig in Englisch gehalten.

Die pluralistische Freiheit überrennt alle Festungen. Weder Biedermann noch Fortschrittlicher sind gefeit. An der Stelle des röhrenden Hirsches hängt der defäkierende Zappa an der Wand, der Anspruchsvollere nimmt das Poster, auf dem Einstein die Zunge herausstreckt, der Naivere ein Soft-Girl von Hamilton oder einen schönen grünen Wald, vielleicht auch das blaue Meer mit ewigem Wellenschlag und aufgehender Sonne. Am Strand wird der Tanga »topless« getragen, und Susanne Lothar, die »Lulu«-Darstellerin in Peter Zadeks Hamburger Inszenierung von 1988, findet nichts dabei, ihren entblößten Unterleib auf einem Plakat für Werbezwecke zur Schau zu stellen. Tatsächlich ist nichts dabei. Was waren das für Zeiten, als es noch Libertins gab. Doch der Fortschritt machte weder vor Badehose noch Slip halt. Die Psychoanalytikerin Eva S. Poluda-Korte hat diesen Fortschritt genauer untersucht. Wenn Frauen masturbieren, so wurde sie im »Spiegel« zitiert, laufe »in ihren Köpfen ein pornographischer Film ab, wie in denen der Männer«. Im Zuge der Emanzipation forderte sie deshalb die Frauen zum »Mut zur Unanständigkeit« auf. Ab heute finden unsere Diskurse nicht mehr über Politik, Metaphysik, Kosmologie und Ethik statt, sondern, wie die Autorin Cora Stephan im selben Bericht befindet, über Pornographie. Gefordert wird die »weibliche Pornographie« als Waffe im Kampf der Geschlechter. Die körperliche Scham nämlich, die emotionale Scheu und die intellektuellen Vorbehalte gegen die Zurschaustellung dessen, was früher einmal »Intimität« hieß, sind nichts weiter als Mechanismen der Selbstunterdrückung der menschlichen Natur im allgemeinen und der Frau im besonderen. »Ich schreibe über nichts lieber als über das Vögeln, Ficken, Bumsen, ich mache nichts lieber als das«, erklärt Karin Rück im selben Bericht, eine weitere Verfechterin der Emanzipation kraft Pornographie. Es genüge jedoch nicht, »sich nur daran zu begeilen«, vielmehr müsse die Position des Mannes »ins Wanken kommen«, vergißt sie nicht hinzuzufügen. Auf einem Berliner Frauenforum wurde 1988 konsequenterweise gefordert: »Staatsknete für Frauenporno.«

Im öffentlich-pluralen Umgang tut man sich keinen Zwang mehr an, man verlängert das Private bruchlos ins Öffentliche, schließlich ist man nicht »verklemmt«, so daß man sich auch auf der Straße wie zu Hause fühlt und sich entsprechend benimmt. Rücksichtslosigkeit ist das Ergebnis solcher Entgrenzung, im Selbstverständnis allerdings als Befreiung von überholten, einengenden Höflichkeits- und Umgangsformen erlebt. Flegeleien von Mitmenschen, damit muß man heute rechnen, sind auch so gemeint. In der Fäkalisierung der Sprache und in der Brutalität im Umgang miteinander sinkt die Hemmschwelle für Gewaltanwendung schon bei Kindern.

Der Bürger ist fortschrittlich geworden. Er ist aufgeschlossen für alles Neue und zeigt Verständnis für moderne Kunst. Die neue Spießigkeit schneidet die alten Zöpfe ab und heftet sie sich, statt der Orden, an die Brust. Man ist tolerant aus Dummheit, man ist liberal, weil man nichts begriffen hat, man erzieht antiautoritär, weil einem sonst nichts einfällt. Die Hilflosigkeit erzeugt die Pädagogik des institutionellen Opportunismus, die Anpassung der Schule und Lehrer an die vermuteten momentanen Bedürfnisse der Schüler.

Wenn sich die Gegenwart auch durch grundsätzliche Beliebigkeit auszeichnet, so ist der Alltag gleichwohl eingegrenzt. Er läßt sich beschreiben als eine eigentümliche Mischung aus völliger Freisetzung des Menschen aus allen Denk- und Realtraditionen und einer gleichzeitigen realgeschichtlichen Einschnürung. Der theoretischen Entfesselung sind enge Grenzen der Machbarkeit gesetzt. Auch das ist nicht neu. Die Menschen konnten noch nie alles, was sie gerne wollten, auch verwirkli- **117** chen. Die Ohnmachtserfahrung sowohl gegenüber der Natur als auch gegenüber gesellschaftlicher Herrschaft, physischer Gewalt und gegenüber der eigenen Psyche und dem eigenen Körper ist so alt wie die Menschheit selbst. Heute aber wird die Kluft zwischen der von der Aufklärung verkündeten theoretischen Freiheit und der praktischen Knebelung des Menschen stärker empfunden als früher. Eben weil die Selbstbewegung der Aufklärung Freiheit in Beliebigkeit verwandelt hat und weil gleichzeitig die Komplexität des lebensweltlichen Alltags durch seine Ausfächerung in die unterschiedlichsten, unzusammenhängenden Teilbereiche eigener Rationalität so zugenommen hat, daß mehr und undurchschaubarere Zwänge denn je erzeugt wurden.

In der alltäglichen Praxis der spätmodernen Beliebigkeit ist der Bürger, so zeigte Daniel Bell, hin- und hergerissen zwischen Konsum und Enthaltsamkeit; die Arbeit verlangt Triebaufschub und Verzicht, die Freizeit Trieberfüllung und Verbrauch. Die Unbeschwertheit der Reklame muß während der Arbeit vergessen werden. Der Rhythmus, der den spätmodernen Alltag bestimmt, ist der von Enthaltsamkeit und Ausleben, zwischen Arbeit und Freizeit, zwischen Enthemmung und Selbstbeschränkung. Aus der aufklärerischen Freiheit wird spätmoderne Freizeit. Da wird Glückseligkeit auf Lust reduziert, die Lust gerinnt zum Spaß und endet schließlich im Zeitvertreib. Wer nicht glücklich ist, wandert freiwillig ab ins Irrenhaus. Gottschalk und von der Lippe, der Club Méditerranée und die Vergnügungsparks, Entertainer und Animateure sind gut im Geschäft. Sie machen Ernst mit der Heiterkeit, dem Lachen, der Freizeit und dem Feierabend. Mit Quiz und den »Mainzelmännchen« leben wir dahin, als hätten wir sonst nichts zu tun. All die Anstrengungen von Platon bis Kant, das höchste Gut und das höchste Glück des Menschen zu bestimmen, haben heute endlich Früchte getragen: die 337. Folge von »Was bin ich?«. Was war alles an Grundlagenforschung, an technischen Erfindungen, an Schweiß, Grübeln, Enttäuschungen, Verzweiflungen und wissenschaftlichen Triumphen nötig, um mit der »Schwarzwaldklinik« den Deutschen das Glück ins Haus liefern zu können?

Unser Kulturbetrieb muß, unserem Glücksanspruch gemäß, entsprechend riesig sein, und er ist riesig, zu riesig, denn wir haben zu wenig Kultur für die Fernseh- und Rundfunkanstalten, für die Freizeitstätten, Kunstvereine, Volkshochschulen, Theater, Opernhäuser, Konzertsäle, Museen, Kunstgalerien, Kulturzeitschriften, Universitäten und Gesamthochschulen. Wir haben zu wenig Kultur für unsere Kultur. Deshalb muß das Mittelmaß gefördert werden und läuft dann unter Stichworten wie »Experiment« und »Kulturfabrik«. Die Output-Überkapazität der Medien und »Kulturinstitute« bewirkt die Inflation des Input. Lieferanten werden gebraucht; sie müssen nur einer Bedingung genügen: beim Publikum anzukommen. Die Einschaltquote, die Auflagenhöhe und der Marktpreis entscheiden über den Rang unseres »Kulturgutes«. Wir leben eine Orgie des Schnellimbisses, vom politischen Statement über die Pommes-frites-Bude, die Comics bis hin zu den »Kulturtagen«. Sex ist der Fast food der Liebe. Die Theatersäle sind die subventionierten McDonald's, wo leicht verdauliche Weltbilder, mit Ketchup und Mayonnaise verrührt, verzehrt werden, als seien sie Delikatessen.

Wir leben in einer ausgebrannten Kultur. Wir leben in einer müden Kultur, die Experten der Glückseligkeit braucht, die uns bei Laune halten. Als die »Titanic« sank, spielte das Orchester.

DIE KOMPENSATION
DER VERLORENEN VERNUNFT

Die eine Vernunft der Aufklärung zersplitterte in viele Einzelvernünfte, die rein formal waren. Damit sind die obersten Grundsätze des Denkens und Handelns in der Moderne zerstört. Beliebigkeit ist das Ergebnis. In der Beliebigkeit aber gibt es kein Leben – wenigstens kein Zusammenleben. Denn ein Zusammenleben ohne selbstverständliche oberste Normen und Institutionen zwingt dazu, jedes noch so alltägliche Denken und Handeln vor anderen zu rechtfertigen – das wurde oben bereits beschrieben. Gemeinschaft braucht ein Minimum an Gemeinschaftlichkeit, an Verbindlichkeit. Mit anderen Worten: Der Verlust der einen Vernunft muß ausgeglichen werden, man braucht Ersatz. Da wir, obgleich die Vernunft zerbrochen ist, mit und in ihren Trümmern weiterleben, da wir also die Vernunftkultur noch nicht hinter uns haben, deshalb müssen wir die verlorene Einheit kompensieren. Der Verlust oberster Normen wird dadurch erträglich, daß morgens die Zeitung pünktlich kommt, daß der Tag seinen geregelten Gang geht und der Urlaub sonnig ist – darauf verwies in einem ähnlichen Zusammenhang Odo Marquard. Im Alltag ersetzen wir die verlorengegangenen obersten Normen durch Fernsehen, Zeitungen und Reklame. Dadurch erfahren wir eine Beschleunigung normativer Trends im Selbst- und Weltverständnis, in unserem Lebensstil, dem sich der einzelne kompensatorisch ausliefert. Immer schneller verändern sich die Standards des lebensweltlichen Alltags. Der vorläufige Höhepunkt ist der Standard Pluralismus.

Die Auflösung eines Wertehimmels läßt uns zurückgreifen auf das Irdische, das wenigstens seine zwanzig, dreißig Jahre hinter sich hat. Was der Trödelmarkt bietet, hat sich als beständiger erwiesen als unser Denken, unser Fühlen, unser Wollen. Der Porzellannachttopf aus der Biedermeierzeit erwies sich als standhafter und wertbeständiger als das europäische Selbst- und Weltverständnis. Und so rücken wir der Vergangenheit auf den Leib. Wir bearbeiten Fachwerkhäuser, bis die Latexfarben und Imprägnierungen die Fälschungen zum Original zugerichtet haben. Selbst Michelangelo blieb nicht verschont. Unerbittlich wird er bis zur Unkenntlichkeit restauriert. Der Würde des Alters entrissen, erstrahlt er nun in ewiger, bonbonfarbener Jugend.

In der Alltagskompensation spielen vor allem bei den Jüngeren die Pop-Musik eine ganz entscheidende Rolle (auf sie werde ich später eingehen) und, quer durch alle Generationen und Nationen, der Sport. Er ist einer der wenigen Bereiche der Spätmoderne, wo Ordnung noch vorfindbar ist. Jede Sportart nämlich hat ein genau begrenztes Spielfeld, einen eindeutigen Anfang, ein eindeutiges Ende, eindeutige Verhaltensregeln und eindeutige Ergebnisse. Von der Unübersichtlichkeit der Gegenwart ist im Sport nichts zu bemerken. Dort gelten noch die Regeln, die jeder kennt. Wer sie verletzt, scheidet aus oder wird exkommuniziert. Die Sportarten unterliegen nicht dem Verschleiß. Im Sport muß man nicht umdenken, er ist ein gleichbleibendes, überschaubares System. Und so leicht, wie die Regeln der Sportarten erlernbar sind, so leicht ist auch beurteilbar, ob die Akteure sie einhalten; im Fernsehen werden strittige Szenen ohnehin in Zeitlupe wiederholt. Anders als im spätmodernen Leben sind Regelverstöße im Sport leicht auszumachen, ist die Leistung des Spielers offensichtlich, können Fehler einer Person zugeordnet werden. Der Sportler ist verantwortlicher Grund seines Erfolgs oder Mißerfolgs. Selbst die »schlechten Bodenverhältnisse« oder der Trainer schützen ihn nicht. Hier ist der Zusammenhang, der das Selbstverständnis der Moderne ausmacht, noch offensichtlich: Aus Mühe, Fleiß, Einsatz und Leistung folgt die Belohnung; aus Anstrengung fließt Besitz. Deshalb darf man im Sport noch zugeben, die Nummer eins werden zu wollen. Hier darf, ja muß man elitär denken: »Mastersturnier«, »Weltmeister«. Unter wachsendem Jubel verkündete Muhammad Ali stets aufs neue: »I am the greatest!« **121**

Entsprechend seinem Erfolg im Tennis wird Boris Becker von der Deutschen Bank oder anderen Industriezweigen zur Reklame verwendet. Im Sport darf man sogar noch öffentlich »Deutschland, Deutschland!« singen.

Jedes Spiel, jeder Wettkampf produziert von neuem den Sinn, den der Zuschauer voraussetzt, wenn er sich vor den Bildschirm setzt. Der Zuschauer findet Sinn vor, und dies ist selten in der Spätmoderne. Der Zuschauer hat den Überblick, und auch dies ist selten in der Spätmoderne. Der Sportler präsentiert die Einheit von Anstrengung und Erfolg, und dies ist ebenfalls selten in der Spätmoderne. Der Sportler zeigt, daß körperliche Kraft, Gewandtheit und Disziplin zum Erfolg führen, und dies ist einzig in der Spätmoderne. Im Sport gibt es nur Jugend. Mit anderen Worten: Sport ist das Gegenbild der Spätmoderne, er ist Ersatz für die außersportlichen Niederlagen des Sportlers selbst und für die des zahlenden Publikums. Deshalb bietet er sich als Identifikationsobjekt an. Je größer die Orientierungslosigkeit ist und je dumpfer sie gefühlt wird, desto leichter fällt die Identifikation. Das erklärt die Gewalttätigkeiten bei Fußballspielen. Im Spiel ist die Identität des Vereinsanhängers bedroht, die er bei einer Niederlage seines Vereins nur dadurch wiederherstellen kann, daß er sie, anstelle seiner Mannschaft, kämpfend erzwingt. Der »Fan« hat seine Würde verloren, aber das gilt im gleichen Maß für den, der, wenn er gefragt wird, was er tue, erklärt, bei welcher Firma er arbeitet.

Neben diesen Alltagskompensationen spielen vor allem die fünf folgenden eine entscheidende Rolle. Erstens die Verrechtlichung des Alltags, zweitens die Natur, drittens das Engagement, viertens die neue Moralität und fünftens der Kommunikationszwang.

Verrechtlichung des Alltags Der Dauerrechtfertigungsdruck, der in der Endphase der Aufklärung jeden zwingt, auch sein alltäglichstes Denken und Handeln zu rechtfertigen, herrscht grundsätzlich. Tatsächlich sind wir nicht ständig gezwungen, unser Denken und Handeln zu verteidigen. Aber wir müssen es erheblich öfter als früher, die Konflikte im lebensweltlichen Alltag werden immer häufiger. Eine menschliche Gemeinschaft kann ohne Grundkonsens nicht auskommen. Da in der Moderne die tradierte Legitimationsinstanz, die Vernunft, sich in Einzelvernünfte aufgelöst hat, mußte Ersatz geschaffen werden. Zur Auswahl standen nur die Einzelvernünfte. Eine Einzelvernunft also mußte in der Lage sein, als formale, regionale und fraktionierte die Nachfolge der einen Vernunft anzutreten. Das führte zu dem, was man als die Verrechtlichung des Alltags bezeichnen kann. Da eben keiner sein Denken und Handeln noch mit der Berufung auf die eine Vernunft rechtfertigen kann, sondern sich jeder auf seine Privatvernunft beruft, die er, um sich durchzusetzen, gleichwohl als allgemeine Vernunft behauptet, deshalb muß aus all den Einzelvernünften eine ausgesucht werden, die den Anspruch, allgemein zu sein, erfüllen kann. Dies Kunststück gelang der juristischen Vernunft. Während nämlich alle anderen Teilvernünfte inhaltlich gebunden sind, ist die juristische Vernunft formal und verfahrensorientiert. Deshalb kann sie bei den Konflikten der Einzelvernünfte zur Entscheidungsinstanz werden.

Die lebensweltlichen Konflikte, von Mietstreitigkeiten über Ehescheidungen bis zur Errichtung von Kernkraftwerken, werden von der juristischen Vernunft entschieden. Das heißt aber auch, daß unsere lebensweltlichen Entscheidungen von der juristischen Vernunft bedroht sind. Wir wissen, daß wir ständig zur Rechenschaft gezogen werden könnten. Das hat zur Folge, daß wir in sehr viel stärkerem Maß als früher bei unseren Handlungen überlegen, ob sie mit der juristischen Vernunft übereinstimmen. In der Schule etwa werden immer weniger pädagogische denn juristische Entscheidungen getroffen, weil jeder Lehrer weiß, daß er sein Handeln im Konfliktfall nicht pädagogisch, sondern juristisch rechtfertigen muß. Die Mitbestimmung, die den Eltern in guter Absicht Einfluß auf die Schule gegeben hat, führte nicht zu einer pädagogischen **123**

Verbesserung des Unterrichts, sondern zu einer Erschwernis der pädagogischen Arbeit durch Verrechtlichung. Wer die Konferenzordnung anzuwenden weiß, muß nicht mehr inhaltlich diskutieren.

Die juristische Vernunft, die einmal Hilfe zur Vermeidung von Streitfällen sein sollte, ist somit zur Verursacherin von Konflikten und, was noch schlimmer ist, zur Bedrohung geworden. Die Flut neuer Gesetze, Verordnungen, Dienstanweisungen, Verfahrensvorschriften, ob im Straßenverkehr, im Außenhandel, beim Fiskus und anderen Behörden, ist dermaßen groß, daß nur noch Spezialisten sie alle kennen können. Resultat ist nicht nur ein permanentes schlechtes Gewissen, sondern, schlimmer noch, eine Störung des Rechtsempfindens. Viele Ärzte haben offensichtlich keine Hemmungen mehr, fingierte Honoraransprüche an die Krankenkassen zu stellen. Walter Krämer zitiert in seinem Buch *Die Krankheit des Gesundheitswesens* die »Ärzte-Zeitung«: »KV-intern geht man davon aus, daß etwa 15 bis 20 Prozent der Kassenärzte in irgendeiner Form – sei es objektiv oder subjektiv – zuviel oder falsch abrechnen.« Das wären ungefähr 13 000. Bekannt geworden sind inzwischen laut »Spiegel« bundesweit mehr als 5000 Fälle von Betrug.

Der illegale Verleih von vornehmlich ausländischen Arbeitskräften, die Ladendiebstähle, der Versicherungsbetrug, die Schwarzarbeit, die Steuerhinterziehung, die Korruptionsanfälligkeit von Angestellten im öffentlichen Dienst und selbst von Beamten – all dies sind Erscheinungen eines sich wandelnden Rechtsempfindens. Die Zurückdrängung der Moral in die Privatheit, umgekehrt, die Entmoralisierung der Öffentlichkeit, führt dazu, daß die Gesetzesvorschriften rein positiver Art, »gesetzt«, sind, ohne sittlich-moralische Substanz und deshalb den Bürgern fremd bleiben. Dies erklärt, weshalb die Hemmungen schwinden, Gesetze zu übertreten, sofern Sanktionen vermieden werden können: Sie sind nicht im Selbstverständnis der Menschen verankert. Das Auseinanderfallen von Öffentlichkeit und Privatsphäre führt dazu, daß hinter dem offiziellen öffentlichen Rechtssystem ein informelles, staatstragendes zwischenmenschliches Verpflichtungssystem herrscht, das sich jeglicher öffentlichen Kontrolle entzieht. Bestechung und Vetternwirtschaft sind die verschwiegenen, Proporz und Quotenlösungen die propagierten Ergebnisse dieser Entwicklung. Im Staat geht es nicht mehr, wie Platon und Aristoteles meinten, um Gerechtigkeit, sondern um die juristisch einklagbare Regelung des Einflusses von Interessengruppen. Das Recht ist zum Gesetz geworden, und das Gesetz, das ist John Wayne, der des Nachts in Killville seine Runde dreht.

Gerade der Versuch, durch Gesetzesvorschriften die Gesellschaftsordnung gerechter zu gestalten, führt dazu, daß, wer die Gesetze und Ordnungen einhält, nicht nur weniger Geld verdient und mehr Zeit aufwenden muß, sondern auch als der Dümmere gilt. Das Moralempfinden ist pervertiert. Zum einen, weil nur noch der, der kleinere Unregelmäßigkeiten bis hin zu großen Bestechungen und Betrügereien in Kauf nimmt, finanziell reüssiert. Zum andern, weil Volksvertreter und Personen der Öffentlichkeit die Moral korrumpieren: der Minister, der seinen Abschied nicht einreicht, der Vertreter einer gemeinnützigen Gesellschaft, der privat abkassiert, alle, die sich ihrer Vergangenheit im Dritten Reich nicht erinnern können, die das schäbige Schauspiel bieten, nicht für das, was sie getan und unterlassen haben, geradezustehen, Gewerkschaftsmanager, die ihre Bordellbesuche als Spesen abrechnen. Die widerlichen Machenschaften, bei denen schon Hausmeister nach dem Parteibuch ausgesucht werden. Ein Dramaturg, der sich widerrechtlich einen Doktor- und Professorentitel zulegt, einen bereits veröffentlichten Aufsatz unter seinem Namen publizieren möchte und dem dann eine breite Woge des Verständnisses entgegenschwappt. Wann hat sich zum letzten Mal ein Unternehmer das Leben genommen, nachdem er Konkurs gemacht hat? Die Kälbermast wird nach wie vor mit verbotenen Hormonen und Hustensaft betrieben, obwohl im Sommer '88 über 8000 Kälber aus eben diesem Grund notgeschlachtet wurden. Heute muß man sagen: Die Kriminalität ist die Fort- **125** setzung des Geschäfts mit anderen Mitteln. Und: Die Korruption ist die Fortsetzung der Politik mit anderen Mitteln. Bei den Verfahrensregeln des Alltags, darauf hat Ralf Dahrendorf aufmerksam gemacht, stellt sich eine heitere Gelassenheit ein, die auf den ersten Blick sehr sympathisch ist. Man nimmt die Vorschriften einfach nicht mehr so ernst, weil man sie ohnehin nicht beachtet, weil man sie für unsinnig hält (und häufig sind sie das auch) oder weil man weiß, daß schon bald ein neuer Erlaß kommen wird.

Man muß sich einmal vor Augen halten, was es heißt, daß man den Post- oder Flugverkehr dadurch lahmlegen kann, daß man »Dienst nach Vorschrift« macht. Das heißt doch, daß die Regelungen zur erfolgreichen Durchführung einer Arbeit genau dies verhindern, weil nämlich diese Regelungen ständig mit anderen kollidieren; mit solchen des Datenschutzes, mit Sicherheitsvorschriften und so fort, also mit sehr sinnvollen anderen Regelungen. Wie sinnvoll die Einzelvorschriften auch sein mögen – es gelingt nicht mehr, die Einzellogiken in ein widerspruchsfreies Ganzes zu zwingen. Es gibt immer mehr Bereiche in unserem lebensweltlichen Alltag, die nur noch bewältigt werden können, wenn man den Verstoß gegen Vorschriften in Kauf nimmt. Dadurch wird die juristische Vernunft zu einer Dauerbedrohung unseres alltäglichen Tuns, und das führt auf der einen Seite zur Rechtsunsicherheit und, als Kompensation, zur Aushöhlung des Rechtsbewußtseins.

Auch die juristische Vernunft durchläuft eine Selbstbewegung gemäß ihrer eigenen Logik. Das Recht wird immer mehr nur durch die juristische Vernunft allein bewegt. Das zeigt sich an seiner Internationalisierung; es wird abgetrennt vom gewachsenen Rechts- und Unrechtsbewußtsein, es wird abstrakt und in diesem Sinne unsittlich. Der Unterschied von Recht, Gerechtigkeit und Rechtsempfinden führte in der Vergangenheit zu einer ständigen gegenseitigen Beeinflussung, wobei die Rechtsprechung dem Rechtsempfinden vorsichtig angeglichen wurde. Das internationale Recht kann solche Angleichungen kaum noch vollziehen, es verselbständigt sich gegenüber dem

Empfinden und der Tradition der Betroffenen. Im Streit um das Reinheitsgebot des deutschen Bieres vor dem europäischen Gerichtshof wurde die Kluft zwischen internationalem Recht und regionalem Empfinden deutlich, wobei es im gegebenen Zusammenhang unerheblich ist, wie weit das Empfinden den ökonomischen Interessen der deutschen Bierbrauer diente. Das Urteil lautete bekanntlich, daß auch Getränke, die nicht dem deutschen Reinheitsgebot entsprechen, in Deutschland als Bier verkauft werden dürfen. Interessant ist nun die Begründung. Dort heißt es, daß das Recht eines Mitgliedsstaates der EG nicht dazu dienen dürfe, Verbrauchergewohnheiten zu zementieren. Das internationale Recht wird bewußt gegen gewachsene Traditionen gesetzt, um diese zu brechen, und zwar im juristischen Namen der Gleichbehandlung der Anbieter. Die Freizügigkeit des Handels bricht Traditionen. Der Europäische Gerichtshof in Luxemburg wird die Aushöhlung des Rechtsbewußtseins weiter vorantreiben. »Das europäische Recht«, so steht in einem Gutachten für den Deutschen Bundestag, »geht nicht nur dem nationalen Recht, sondern auch dem nationalen Verfassungsrecht vor«. Es »wird verbindlich durch den Europäischen Gerichtshof interpretiert«.

Das Recht bewegt sich zunehmend nur noch aus sich selbst, gerät in dieselbe Reflexivität wie die autonome Vernunft. Genau dies aber ist sein Tod. Es wird sich genau deshalb zerstören, weil es sich in seiner Autonomie nur noch auf sich selbst beziehen kann.

Je internationaler, abstrakter, formaler das Recht wird, desto weniger werden sich die Menschen an es halten. Das reflexive Recht nutzt sich schnell ab. Schon heute beschränkt sich das Recht im Alltag im wesentlichen darauf, zu wissen, was einem zusteht und welche Mittel man hat, es durchzusetzen. Noch gelingt es der juristischen Vernunft, in der Öffentlichkeit oberste Entscheidungsinstanz zu sein. Heute können wir allerdings die aufschlußreiche Beobachtung machen, wie sich auch die juristische Logik auflöst; um so spannender ist der Vorgang, als eine neue Instanz, die an ihre Stelle treten könnte, nicht in **127**

Sicht ist. Vornehmlich die politische und moralische Vernunft drängen sich um das Erbe. Dabei ist der Kampf der moralischen Vernunft der interessantere. Denn hier wird die strategisch-erfolgsorientierte Rationalität der öffentlichen Vernunft, die von der juristischen Vernunft noch beglaubigt wurde, von der privat-moralischen berannt. Ihr Erfolg hätte eine fundamentale Umstrukturierung unserer Gesellschaft zur Folge.

Die Wende zur Natur   »Vollwerternährung mit Fleisch aus natürlicher Aufzucht – so sieht die Ernährung der Zukunft aus!« wirbt ein Fleischergeschäft der »Interessengemeinschaft zukunftsorientierter Fleischer« und vergißt nicht, auch auf den vorzüglichen Kartoffelsalat hinzuweisen: »Das Kartoffelsalat-Angebot aus der letzten Aktion übertraf alle Erwartungen. Da bei Rainer Rösken die Kartoffeln von Hand geschält und besonders sorgfältig verarbeitet werden, mußten viele weitere Hilfskräfte zum Kartoffelschälen besorgt werden.« »Handgeschält« und »natürlich« sind die verbalen Lockvögel dieses Fleischermeisters. Die moralische Vernunft, so sieht es im Moment aus, versucht sich eine neue Beglaubigung zu verschaffen, die, nach Gott, autonomer Vernunft und Recht, die oberste Instanz des Denkens und Handelns werden soll: die Natur. Von ihr verspricht sich die moralische Vernunft Heilung vor allem der Wunden, welche die Technik ihr selbst und dem Menschen schlug und noch schlagen könnte.

Ein Naturbegriff, der dies leisten kann, ist noch nicht entwickelt. Dazu müßten vordringlich zwei Probleme gelöst werden. Zum einen nämlich wäre die Natur als etwas zu konstruieren, das jenseits des Menschen liegt, sich also, wie der christliche Gott, die autonome Vernunft und das formale Recht, den subjektiven Interessen einzelner entzieht. Gleichzeitig dürfte diese Natur kein absolutes Jenseits sein, so, wie Gott in Christus diesseitig wurde, die autonome Vernunft von vornherein als menschliches Vermögen mit transsubjektiver Geltung gedacht war und das Recht als allgemeines Menschenrecht zwar jenseits des lebensweltlichen Alltags liegt, in der Rechtsprechung jedoch sehr konkret ist.

In dieser Perspektive zeigt sich die Natur als aussichtsreicher Bewerber auf den Thron Gottes. Hinzu kommt, daß die Natur in der europäischen Tradition schon einige Male für dieses Amt kandidierte. Dabei wurde jedoch sehr Unterschiedliches als Natur verstanden, und meist wurde sie als Gegenbegriff verwendet. So lehrten die Sophisten eine »Physis«, die sie als notwendig und göttlich behaupteten und abgrenzten gegen den »Nomos«, das vom Menschen ausgedachte Gesetz, die Satzung. Die Natur galt ihnen als Korrektiv des menschlichen Denkens und Handelns. Der Zwiespalt vom göttlichen Recht der Physis und dem Menschenrecht des Nomos ist auch der Grundkonflikt der »Attischen Tragödie«, so, wenn Antigone gegen den ausdrücklichen Willen des Kreon ihren Bruder Polyneikes bestattet und sich dabei auf das göttliche Recht beruft, das die königliche Satzung breche. Bei Aristoteles wird dann eine mehr klassifikatorische Unterscheidung vorgenommen, die keine Wertung einschließt: Auf der einen Seite steht das, was der Mensch durch seine »Kunst« (Techne) hergestellt hat, auf der anderen Seite, was seinen Ursprung in sich selbst hat, nämlich die Physis. Die Denker der griechisch-römischen Philosophenschule der Stoa waren die ersten, die einen umfassenden Naturbegriff entwickelten, in den der Mensch eingeschlossen war. Bei Cicero setzt ein gewisser Umschlag in der Bewertung der Natur ein. Für ihn ist sie dasjenige, was den Menschen einschränkt, und so setzte er die »natura« ab gegen die »voluntas«, dachte also die Natur als Gegensatz der menschlichen Willensfreiheit, eine Scheidung, die später Immanuel Kant aufgegriffen hat, für den der Mensch als Naturwesen determiniert und als Vernunftwesen frei ist. Auch das Mittelalter gebrauchte Natur als einen Gegenbegriff: auf der einen Seite die von Gott nach »Zahl, Gewicht und Maß« gestufte Schöpfungsordnung (»creatio« der »ars divina«), auf der anderen Seite die übernatürliche Gnadenordnung mit den christlichen Kardinaltugenden Glaube, Liebe und Hoffnung. **129**

In der Neuzeit geschieht nun etwas Bemerkenswertes: Die aufkommenden Naturwissenschaften lösen den Naturbegriff auf. Natur ist kein wissenschaftlich verwendbarer Begriff. Statt dessen gehen sie mit einem Objekt um, das der quantifizierenden Forschung zugänglich ist und sich in Gesetzen beschreiben läßt. Aus der Natur wird Mechanik, Wärmelehre, Elektrizität, Magnetismus, Optik. Diese Ausschließung eines Naturbegriffs aus der empirischen Wissenschaft überließ ihn der Spekulation, die mit Rousseau beginnt, der die Natur, den Sophisten vergleichbar, als Korrektiv der menschlichen Gesellschaft einsetzt: Angeblich habe es einen glücklichen Naturzustand in der Menschheitsentwicklung gegeben, eine Art »Goldenes Zeitalter«, von dem die Menschen abgefallen seien. Das menschliche Glück liege deshalb darin, den Urzustand wiederherzustellen. Hatten die Sophisten bei ihrer Berufung auf die Physis die gesamte Tradition des Mythos hinter sich, so fehlt diese dem aufklärerischen Denken Rousseaus. Statt auf den Mythos kann er sich nur auf die (autonome) Vernunft berufen; deshalb ist die Natur, auf die er zurückgreift, eine von der Vernunft konstruierte und entbehrt somit der Glaubwürdigkeit der griechischen Physis. Folglich sind andere Konstruktionen der Natur aus der Vernunft möglich. Thomas Hobbes legte eine vor, die der von Rousseau widersprach: Die Natur des Menschen sei der Kampf aller gegen alle, der nur zu vermeiden wäre, wenn die Menschen aus ihrem Naturzustand heraus- und in den Vernunftstand einträten, und dieser sei eine rechtliche Regelung der Herrschaftsverhältnisse (»Gesellschaftsvertrag«).

Im Anschluß an die Renaissance und an Spinoza entwickelte Johann Wolfgang von Goethe einen spekulativen, allumfassenden Naturbegriff. Die Renaissance versuchte die Bauweise der Gotik, deren Kathedralen die natürliche Schwerkraft in hochgezogenen Kirchenschiffen und Türmen, in der optischen Gliederung der mächtigen Stützsäulen mit Kerbungen (»Dienstbündel«), in der Auflockerung der Strebepfeiler mit

Fialen und der Gewölbe durch Kreuzrippen Schild- und Gurtbögen vergessen machen wollten, durch eine Natürlichkeit zu ersetzen, die sie den griechischen Tempeln entlehnte, die nicht gegen, sondern mit der Schwerkraft gebaut seien. Der »Pantheismus« des Spinoza nimmt Gott in die Natur hinein, erklärte die Natur selbst zum erscheinenden Gott (»deus sive natura«). Dabei unterscheidet er die Wirkkraft der Natur, die »natura naturans«, vom Resultat dieses Wirkens, die »natura naturata«. Goethe verband den Naturgedanken Spinozas mit dem Willen der Renaissance, die Neuzeit aus dem Geist der Antike zu erneuern. Die »Klassische Walpurgisnacht« des zweiten Teils von *Faust* endet mit der Versöhnung der Grundelemente Erde, Feuer, Luft und Wasser in der Natur, der »Helena-Akt« zeigt die Verschmelzung der Antike und Neuzeit in der Schönheit, und der Schlußakt stellt die Synthese des Geistigen im Eros dar, in dem »natura naturans« und »natura naturata« zusammenfallen. In der *Italienischen Reise* schreibt er (am 6. 9. 1786 und 28. 1. 1787): »Diese hohen Kunstwerke sind zugleich als die höchsten Naturwerke von Menschen nach wahren und natürlichen Gesetzen hervorgebracht worden.« Und: »Ich habe eine Vermutung, daß sie (die Griechen) nach eben den Gesetzen verfuhren, nach welchen die Natur verfährt und denen ich auf der Spur bin.« Die deutsche Romantik strich dann die Antike, und übrig blieb die Natur, nicht aber als Wirkprinzip, sondern als äußere Naturerscheinung, die nun als Gegenbild der Versöhnung gegen die verderbte Wirklichkeit gemalt wurde. Der Wandervogel zu Beginn dieses Jahrhunderts meinte schließlich, das Heil in der Natur erwandern zu können, und heute wird die Natur in Bioläden käuflich als Vollwertkost angeboten. Statt der Hostie wird beim alternativen Abendmahl der Soja-Bratling gereicht.

Die Natur wird heute gefaßt wie weiland Gott: Die Natur sei Ursprung ihrer selbst und damit Urgrund auch des Menschen, entwickle sich aus sich selbst, umfasse alles und sei das Gute schlechthin. So wird sie als heilendes Prinzip gegen die Zersplitterung der Gegenwart gesetzt. Dank ihrer Selbstverursachung und ihrer Fähigkeit, sich selbst zu reproduzieren, heilt **131** sie auch die menschlichen Gebrechen, wenn man sie nur gewähren läßt. Die Natur, die als Kosmos sich selbst aus dem Chaos, der Nacht und Finsternis produzierte, als Welt zur Schöpfung Gottes wurde, bei Spinoza zum erscheinenden Gott avancierte, ist in der ungläubigen Aufklärung zum diesseitigen Gottesersatz geworden.

Was ist denn »natürlich«? Die Grünkerngrütze oder der Coq au vin à la bourguignonne? Wann ist der Mensch »natürlich«? Wenn er, seinen biologischen Bedürfnissen nachgebend, befreiend rülpst oder wenn er seinen Alltagsschmerz im Lesen oder Verfassen eines Gedichts sublimiert? Muß der Mensch nicht, um Mensch zu sein, seine Natur verlassen? Ist denn nicht jedes Handeln des Menschen der Versuch, die Natur zu überwinden? Das menschliche Sein ist kein Naturgeschehen.

Gegen die Natur zu handeln gilt heute als das Böse schlechthin. Wird Natur hierbei verstanden als die menschliche Ausstattung mit Leib, Bedürfnissen und Fähigkeiten, dann ist ihre unvermittelte Entfaltung die Barbarei schlechthin. Wird Natur verstanden als Anfangszustand der menschlichen Gattung, dann ist der Willkür in der Behauptung solcher Anfangszustände Tür und Tor geöffnet. Wird Natur verstanden als die Gesamtheit des nicht-menschlichen Seins, das er nicht hergestellt hat und dessen Teil er ist, dann ergibt sich ein Problem, das man den »naturalistischen Fehlschluß« genannt hat und das bis heute der Karriere der Natur als letzte Rechtfertigungsinstanz des Denkens und Handelns im Wege stand.

Der christliche Gott hat als Creator nicht nur die Welt und den Menschen geschaffen, sondern diesem auch Gebote gegeben, gesagt, was er tun und lassen soll. Die autonome Vernunft schloß von vornherein eine theoretische und eine praktische in sich; eine theoretische, die erklärte, wie die Welt ist, und eine praktische, die vorschrieb, wie der Mensch handeln soll. Was bei Gott und der autonomen Vernunft noch in einer Instanz verbunden war, brach anschließend auseinander: Die Naturwissenschaft war für das »Ist« zuständig, das Recht für das **132** »Soll«. Daraus erwuchs eine Begründungsnot der Jurisprudenz, die sie dadurch zu überwinden trachtete, daß sie sich bemühte, das geltende Recht als Naturrecht auszuweisen. Samuel Freiherr von Pufendorf (1632–1694) hat wohl als erster klar zwischen einer »entia physika«, einer physischen Seinsweise der Dinge, und einer »entia moralia«, einer moralischen Seinsweise, unterschieden. Während die erste von Gott geschaffen ist, wurde die zweite vom Menschen gesetzt. Zwischen beiden Seinsweisen besteht kein logischer Zusammenhang. Wie aber lassen sich dann Normen und Forderungen (Soll-Sätze) aus Tatsachen (Ist-Sätzen) begründen? Die Antwort lautet bis heute: gar nicht. Es ist logisch nicht möglich, von Ist- auf Soll-Sätze zu schließen und umgekehrt. Wie Tatsachen nicht aus Normen, so sind auch Normen nicht aus Tatsachen ableitbar. Immanuel Kant schreibt in der *Kritik der reinen Vernunft* (B 575): »Das Sollen drückt eine Art von Notwendigkeit und Verknüpfung mit Gründen aus, die in der ganzen Natur sonst nicht vorkommt.« Aus der Tatsache also, daß das Rülpsen in dem Sinne »natürlich« ist, daß es ein Gasprodukt der Verdauung ist, folgt weder, daß man rülpsen soll, noch, daß es zu unterdrücken wäre. Tatsachen sind niemals Rechtfertigungsgrund fürs Denken und Handeln. An diesem Umstand scheiterten bislang alle Versuche, die Natur als oberste Instanz unseres Denkens und Handelns zu etablieren. Aus der Natur lassen sich keine Anweisungen für das menschliche Handeln folgern. Wer dies versucht, begeht einen logischen Fehler und verwickelt sich obendrein in einen empirischen Widerspruch: Soll nämlich das getan werden, was die Natur ist, wäre das Soll überflüssig, denn Ist und Soll sind in diesem Denken nicht getrennt. Was sein soll, müßte also immer schon sein, und es ist unsinnig, das zu fordern, was schon ist.

Genau in diesem Widerspruch verfing sich Hans Jonas in seiner Schrift *Das Prinzip Verantwortung*. Sein Buch war überaus erfolgreich, dem Autor wurde der Friedenspreis des deutschen Buchhandels zugesprochen. Er plädiert für eine Ethik der Verantwortung, die sich auf künftige Generationen und die Natur erstrecken müsse. Diese nämlich habe einen Zweck, also, nach **133**

Jonas, einen Wert, der vom Menschen respektiert werden müsse. Dieses Argument ist von großer Wichtigkeit. Daß nämlich die Außennatur vom Menschen beherrscht werden darf, hat zur Voraussetzung, daß sie nicht als göttliche gedacht wird, etwa im Sinne des Pantheismus, und daß sie auch nicht animistisch verstanden wird, als beseelte, von Nymphen bewohnte, wie dies der griechische Mythos erzählt (und in Ovids *Metamorphosen* nachgelesen werden kann). Sie darf noch nicht einmal als eine gedacht werden, die einen Eigenzweck habe, vielmehr muß sie zweckfrei verstanden werden, denn nur dann kann sie den Zwecken unterworfen werden, die der Mensch ihr auflädt.

Nachdem Aristoteles der Natur ein Telos, ein Ziel, unterstellt hatte, nämlich die in ihr angelegte Möglichkeit zu verwirklichen, und dies teleologische Denken in der Neuzeit von einem mechanistisch-kausalen abgelöst wurde, war der Natur auch ihr Zweck genommen. Immanuel Kant legte dann dar, daß es zwar in der Tat nicht möglich sei, den Zweck der Natur zu bestimmen, daß man aber so tun müsse, als ob sie einen habe, obwohl man ihn nicht kennen könne. Er argumentiert hier, in der theoretischen Philosophie, analog zu seinen Ausführungen in der praktischen Philosophie, die eine Grundlage für das menschliche Handeln liefern wollte. Obwohl nämlich die Existenz Gottes, die menschliche Freiheit und die Unsterblichkeit nicht bewiesen werden können, muß so getan werden, als ob es sie gäbe, denn nur unter diesen Voraussetzungen sei sittliches Handeln möglich. Jonas behauptet nun, daß der Natur nicht nur ein Zweck »als ob« unterstellt werden müsse, sondern daß sie sehr wohl einen habe, den der Mensch erfassen könne: Der Zweck der Natur sei es, zu sein. Dem Sein nämlich gehe es mindestens um sich selbst: Seine bloße Anwesenheit zeige die Werthaftigkeit seines Seins. Damit meint er, den Ist-Soll-Hiatus überwunden zu haben: Aus der Tatsache, daß die Natur und der Mensch sind, schließt er, daß sie sein sollen. In Wahrheit aber löst er den Hiatus gar nicht logisch auf, vielmehr verweist er auf »evidenzielle Intuition«, appelliert er an

Grunderfahrungen angesichts eines hilflosen Säuglings, dessen pure Existenz die emotionale Aufforderung in sich berge, daß ihm zu leben geholfen werden soll. Dem ist wohl zuzustimmen, das logische Problem ist davon jedoch unbetroffen; die subjektive Empfindung, helfen zu wollen, löst nicht das logische Problem der Deduktion. Im gegebenen Zusammenhang wichtiger ist jedoch eine Voraussetzung, die Jonas stillschweigend macht, daß die Natur nämlich tatsächlich einen Zweck habe. Diese Behauptung, daß das Sein gleichzeitig Zweck ist, ist der oben erwähnte Zirkelschluß. Und so bleibt zwar unser Gefühl angesichts eines kleinen Kindes bestehen, ist aber kein Beispiel für die Überwindung des Ist-Soll-Hiatus; das »Soll« der Natur, das in ihrem angeblichen Zweck steckt, ist eine gutgemeinte Erfindung von Jonas, die er, wie der Zauberer, der aus seinem Zylinder das Kaninchen zieht, zuvörderst in die Natur hineingesteckt hat.

Jonas, und dies macht wohl seinen Erfolg aus, geht von der tiefen Sinnhaftigkeit der Welt aus. Mit anderen Worten, er anthropologisiert die Natur, beschreibt sie mit menschlichen Eigenschaften: »Im organischen Leben hat die Natur ihr Interesse kundgegeben . . .« – er gibt sein Interesse als das der Natur aus. Mehr als ein unverbindlicher, wohlmeinender und beherzigenswerter Aufruf zum Einlenken bei unserem Umgang mit der Natur ist dies allerdings nicht. Besser wäre es deshalb gewesen, dies auch offen auszusprechen, anstatt so zu tun, als ob die Ethik der Verantwortung nun gültig dargetan wäre. »Das nackte ontische Faktum, daß es sie (die Menschen) überhaupt gibt, wird (. . .) zum ontologischen Gebot: daß es sie weiter geben soll.« – Dem ist nicht so. Nach wie vor ist es unmöglich, aus der Tatsache, daß Natur und Menschen existieren, abzuleiten, daß sie auch sein sollen. Damit verschlechtern sich die Aussichten des Kandidaten Natur, die Nachfolge auf dem göttlichen Thron antreten zu können, drastisch. Nur mit einem Staatsstreich könnte es ihr gelingen, illegitimer Nachfahre zu werden. Dies aber würde bedeuten, daß die Natur zu dem wird, was man »Ideologie« nennt: zur Rechtfertigungsinstanz einer Privatmoral, die ihre subjektiven Interessen als solche der Natur ausgibt.

Das Engagement   Der Mensch braucht Verbindlichkeiten, sonst kann er sich nicht orientieren. Deshalb schafft er sich, wenn er die alten Verbindlichkeiten abgeschafft hat, neue. Die neuen Verbindlichkeiten führen aus der Verzweiflung heraus, in die die Zweifelsucht der Aufklärung die Moderne gestürzt hat. Das Wissen um die Unwissenheit erzeugt nicht mehr, wie noch bei Sokrates und Descartes, die neue Sicherheit eines unerschütterlichen Fundaments, nämlich das Ich, sondern bringt alles ins Wanken. Wenn aber nichts mehr gewiß ist, dann kann alles zum Gewissen erklärt werden. Das Gewisse wird das Gewissen. Die Moral wird zum neuen Fundament des Selbst- und Weltverständnisses. So rettet die neue Verbindlichkeit aus der Verzweiflung. Aber, und dies ist das entscheidend Neue: Die Verbindlichkeiten der Gegenwart sind beliebig. D. h., daß sich die neuen Verbindlichkeiten nicht mehr selbstverständlich aus der Tradition ergeben, der sich der einzelne nicht entziehen kann und will. Die neuen Verbindlichkeiten sind nicht mehr zwingend in dem Sinne, daß sie die Menschen von vornherein einbinden. Die neuen Verbindlichkeiten kann man sich aussuchen, sie sind willkürlich.

Der Verlust einer obersten Verbindlichkeit, entweder der Religion oder der Vernunft, wird ersetzt durch die Beliebigkeit vieler Verbindlichkeiten. Die Entgrenzung der aufklärerischen Freiheit wird in vielen kleinen Zwängen kompensiert, die man sich selbst auferlegt und die sich nicht auf oberste Verbindlichkeiten, oberste Normen, oberste Rechtfertigungsinstanzen zurückführen lassen. Diese »unverbindliche Verbindlichkeit« der Spätmoderne zeigt sich am augenfälligsten an dem, was sich heute größter moralischer Wertschätzung erfreut, nämlich am »Engagement«. Das Engagement ist die Kompensation der Ratlosigkeit, die sich zu einer beliebigen Meinung entschlossen hat. Im Engagement überspielt der einzelne die Beliebigkeit der

Spätmoderne. Aus der Bedeutungslosigkeit flieht er im Engagement in den Schein der Bedeutsamkeit. Damit zeigt sich das angeblich Verbindliche tatsächlich als das Unverbindliche. Beim Engagement ist das Umtauschrecht garantiert. Es ist weder personell noch zeitlich, noch in seinen Inhalten, noch sonst irgendwie festgelegt. Ob es dem Frieden, den Bäumen, Gott, den Hunden, den Frauen oder sonst wem gilt: Das Engagement kann grundsätzlich von jedem, für grundsätzlich alle und grundsätzlich alles übernommen, abgelegt und durchgesetzt werden. Diese Feststellung geht aufs Grundsätzliche. Tatsächlich fällt das Engagement natürlich nicht vom Himmel, sondern ergibt sich aus biographischen Bedingungen. Entscheidend aber ist: Die biographischen Bedingungen sind zufällig und können deshalb keine Notwendigkeit beanspruchen. Genau deshalb also, weil das Engagement nur aus der zufälligen Lebensgeschichte erwächst, ist es zufällig und in diesem Sinne beliebig. Es ist biographisch kontingent.

Im Engagement reiht sich der Engagierte in die Reihe derer ein, die sich als »fortschrittlich« verstehen. Wer das Engagement nicht befürwortet, muß aus dieser Sicht notwendig zur Erhaltung des Bestehenden beitragen. Und so nimmt der Fortschritt seltsame Formen an, die besonders dann grotesk werden, wenn man sie aus dem Abstand einiger Jahre betrachtet. Das tödliche Engagement der Roten Armee Fraktion wird zur burlesken Einlage, wenn man heute in Dokumentarfilmen Holger Meins sieht, wie er sich wild lamentierend in der Badehose abführen läßt, und Andreas Baader, von einem Schuß in den Hintern getroffen, sich ergibt. Die Tragödie schlägt tatsächlich um in Komödie. Ein Kasperltheater mit tödlichem Ausgang.

Die Beliebigkeit der sich auflösenden Moderne ist also das Ergebnis einer Befreiung von überkommenen Zwängen, sie ist aber keine Freiheit, denn sie mündet in neue Pressionen. Die aber werden nicht als solche erfahren. Das Befreiungserlebnis, den überkommenen Pressionen entronnen zu sein, scheint blind zu machen für die neuen. Diese werden als Entlastungen erfahren, jene als Belastungen. **137**

Weil das Engagement die private Moral zur öffentlichen erheben will, deshalb werden aus Sachfragen Glaubenskriege: der Krieg um den Frieden, um die Kernkraft, die Frauenemanzipation, die Tiere, die Behinderten, den Wald, das Schulsystem. Im Krieg muß man die Fahne hochhalten, um von den richtigen erschossen zu werden. Die Fahnen der Zivilen sind die Meinungsbuttons, denn ohne Meinung kein Engagement.

Es organisiert sich in der »Bewegung«: die Frauenemanzipationsbewegung, die Friedensbewegung, die Ökologiebewegung. Die Entgrenzung der Moral in die Politik führt in Teilen der Frauenemanzipationsbewegung zur selben Denkfigur, die der Nationalsozialismus vormachte, sie führt zum Rassenwahn. Das (Frauen-)Duo »Herrchens Frau«, so wußte der »Spiegel« zu berichten, singt, mit den Männern sei es »wie mit den Amerikanern – diejenigen, die man kennt, sind einfach so nett, daß man sich gar nicht vorstellen kann, wie es zu den Morden in Vietnam gekommen ist«. Man (»frau«) hüte sich deshalb, den einzelnen als einzelnen zu sehen. Statt dessen muß er gesehen werden als Exemplar einer Gattung. Nicht das Individuum, der einzelne Mann, sei für das Unheil verantwortlich, schuld sei der einzelne als Exemplar der Gattung Mann; wie das Individuum als Exemplar der Gattung Jude der Brutalität zum Opfer fiel. Nicht der einzelne Mann sei böse, die Gattung Mann sei das Unglück.

Nun ist es ja richtig, daß in unserer Gesellschaft Frauen gegenüber Männern benachteiligt werden. In Politik, Kirche, Kultur, Wirtschaft, Wissenschaft sind Frauen unterrepräsentiert und üben weniger öffentlichen Einfluß aus als Männer, für gleiche Arbeit erhalten sie weniger Geld, ihre Chancen für eine berufliche Karriere sind geringer. Die Frage ist nur, woran das liegt. Die Frauenemanzipationsbewegung hat viele Facetten, eine Position ist jedoch allen gleich: Der Grund der Benachteiligung der Frau läge in der Herrschaft des Mannes über die Frau. Diese unberechtigte Herrschaft gründe nun entweder im Wesen des Mannes, sei seine Natur, also eine anthropologische Grundkonstante, die unveränderbar ist, oder aber sei die tatsächliche

Männerherrschaft ein zufälliges historisches Produkt, das eng verbunden sei mit der modernen europäischen Rationalität und der kapitalistisch organisierten Gesellschaft. Wenn die Unterdrückung der Frau nun im Wesen des Mannes wurzelt, dann muß der Mann als Gattungswesen beseitigt werden. Sofern Umerziehungsprogramme nicht fruchten, bleibt nur seine körperliche Vernichtung übrig, wie sie Valerie Solanas in ihrem *Manifest der Gesellschaft zur Vernichtung der Männer* gefordert und mit einem Anschlag auf Andy Warhol in die Tat umzusetzen versucht hat; weniger radikalen Frauen bleibt noch die Praxis der gesellschaftlichen Isolierung des Mannes. Die lesbischen Frauenbünde verfolgen dieses Ziel. Gründet die Unterdrückung der Frau jedoch in historischen Zufälligkeiten, dann können und müssen diese geändert werden. Die Männerkultur muß von einer Frauenkultur abgelöst werden. An die Stelle männlicher Rationalität habe frauliche Intuition zu treten, die männliche Apparatemedizin habe dem Wissen der »weisen Frauen« zu weichen, statt Männerkunst das Bonner »Frauenmuseum«. Im Zeichen des Wassermanns gilt es, die kapitalistische Ökonomie harter Technologie zu ersetzen durch eine ganzheitliche Ökologie solaren menschlichen Glücks. Die Berechtigung der Forderungen der Frauenbewegung wird durch solche Positionen diskreditiert. Wenn man sich so einige Kunstwerke emanzipatorischer Frauenkreise ansieht, wo alles, was rund ist, als weiblich gilt, drängt sich der Verdacht auf, daß die Emanzipation dazu herhalten muß, künstlerische Impotenz als Kunst ausgeben zu können.

Die Frauenemanzipationsbewegung verkennt die Herrschaft der Vernunft und ihre Selbstbewegung. Wir leben zwar in einer Gesellschaft, in der Frauen in vielerlei Hinsicht Männern gegenüber benachteiligt sind, aber wir leben nicht im Patriarchat. Nicht die Männer herrschen, vielmehr herrschen die unterschiedlichsten Logiken. Dabei ist es unerheblich, wie es so weit kommen konnte. Selbst wenn Männer die heutige Situation herbeigeführt haben, selbst wenn die Privilegien der Männer ausgeräumt wären, herrschten immer noch die Logiken. **139**

Männer wie Frauen sind ihnen, ihrem Widerstreit und ihrer Selbstbewegung unterworfen. Daß Frauen für dieselbe Arbeit weniger Geld erhalten, ist kein moralisches Problem, sondern eine Frage des Gewinns. Daß Frauen heute in einem unerträglichen Maße öffentlich ausgestellt werden, ist keine Frage der Moral, sondern der Gewinnmaximierung. Nicht, weil wir in einer chauvinistischen Gesellschaft leben, wird mit mehr oder weniger nackten Frauen geworben, sondern weil derart vermarktete Produkte besser verkauft werden. Zigaretten, Autos und Pornos mit nackten Frauen werden einfach besser verkauft als solche mit nackten Männern. Erniedrigung von Frauen wird nicht dargestellt, weil man die Frauen unterdrücken will, sondern weil Hefte solchen Inhalts Umsatz machen. Es herrscht einzig die Logik der Gewinnmaximierung, sonst nichts.

Wer sich nicht engagiert in einer Zeit der Beliebigkeit, der hat es schwer. Was soll der tun, der alles darf? Die Spätmoderne ist die Entfaltung der Beliebigkeit. Alles ist möglich, sowohl im Denken als auch im Tun. Deshalb hat die Menschheit ihre Katastrophe noch vor sich.

Der privaten Moral ist der gute Wille beigesellt, der ins Groteske umschlägt. Aus Gerechtigkeit werden dann Proporz, Ausgleichszahlungen und Quotenlösungen. Diese Mißgeburten sind das Ergebnis der mißlingenden Vermittlung von privater und öffentlicher Vernunft. Besonders rein zu beobachten am Integrationswahn. Im Namen der Gerechtigkeit, der Chancengleichheit und der Humanität wird zwangsintegriert. Die Gleichheitsmoral schlägt Purzelbäume. Die abstrakte Gleichheit schickt Frauen zur Bundeswehr, und es dünkt sie emanzipativ, wenn Frauen Fußball spielen. Unnachsichtig wird der Grundsatz der Egalität angewandt. Die Integration ist eine Scheinverbindung von Scheingleichen. Nur in wenigen Hinsichten sind sie gleich, in den meisten verschieden. Der Integrationswahn nimmt die Verschiedenen nicht als Verschiedene und verbindet dann die Verschiedenen als solche miteinander, vielmehr soll das Verschiedene gleichgemacht werden, soll zu einer Einheit von Gleichen zusammengeführt werden. Das Mißverständnis ist, nicht zu begreifen, daß das Verschiedene in seiner Andersartigkeit erfaßt und in ihr belassen werden muß, daß es als Andersartiges geachtet werden muß. So verstandene Integration ist das Gegenteil dessen, wofür sie streitet: Sie ist Vernichtung des Fremden. Das Fremde wird als Bedrohung erfahren und dadurch unschädlich gemacht, daß es einverleibt, integriert wird. Integration ist nur die andere Seite der Ausgrenzung. Gemeinschaft entsteht nicht in der Eingliederung des anderen, sondern in der gegliederten Mannigfaltigkeit. Es gilt, statt das Verschiedene gleichzumachen, es als Verschiedenes zu verbinden. Das Fremde verdient Achtung und darf deshalb nicht unter dem Allgemeinen der Gleichheit sein Besonderes verlieren. Genau dies wäre Herrschaft.

Der Terror der Moral   Das Engagement kompensiert den Verlust anerkannter oberster Normen, indem es die private Vernunft zur öffentlichen erklärt. Eine private, zufällige Vernunft versucht sich an die Stelle zu setzen, die einst Gott, dann die aufklärerische Vernunft innehatte und die heute von der juristischen Vernunft verwaltet wird. Es handelt sich dabei also nicht um »die« Moral, sondern um eine aus der Vielzahl von Moralen. Damit wird ein Bedingtes zum Absoluten erklärt. Genau dies ist das Prinzip des Terrors; er speist sich aus humanistisch-menschenfreundlichen Normen und hat deshalb das gute Gewissen auf seiner Seite. Der Tugendterror will das Gute. Die partikulare Moral will das Gute öffentlich. Das Privat-Partikulare will öffentliche Allgemeinheit, mißversteht sich als solche, weil es nicht im Namen und zum Nutzen eines privaten Vorteils auftritt, sondern für »die Menschheit«, »die Gerechtigkeit«, »die Freiheit« streitet. Deshalb hat die private Moral das gute Gewissen auf ihrer Seite, aufgrund dessen sie sich über solche Regeln hinwegsetzt, die »die Gerechtigkeit«, »die Freiheit«, »die Humanität« behindern. Der »gute Zweck« bricht das Gesetz. »Legal, illegal, scheißegal« lautet die inzwi- **141**

schen klassische Formel. Nur: Was ist der »gute Zweck«? Wer bestimmt ihn? Nach welchen Gesichtspunkten? Mit welchem Recht? – Auf Frieden, Freiheit, Gerechtigkeit, Menschlichkeit kann man sich schnell einigen, wenige würden solchen Forderungen widersprechen. Aber was heißt das im Einzelfall?

Der Moralist unterwirft die Gesamtheit des Lebens dem moralischen Gericht. Die Logik der Moral soll an die Stelle aller anderen Logiken treten; an die der juristischen Logik, der ökonomischen, der politischen, der militärischen, der wissenschaftlichen, der technischen, der Verwaltungslogik. So wird die Umschuldung der Außenstände Südafrikas in Höhe von 23 Milliarden Dollar bekämpft, weil dadurch das Apartheid-Regime gestärkt würde. Die Logik der Gewinnmaximierung, die die Logik der Banken ist, soll ersetzt werden durch die Logik der Moral. In der Tat, die Banken haben nicht auf die Moral gesehen, sondern darauf, Gewinne zu machen und Verluste abzuwenden.

Die Moral tritt erhobenen Hauptes auf, weil alles, was ihr widerspricht, unmoralisch ist. So ist es. In der Tat. Aber ist es denn angemessen, alles moralisch zu sehen? Ist es denn angemessen, Minderbegabten einen Bonus in ihrem Leistungsvermögen zuzugestehen, damit sie mit ihren Klassenkameraden die nächste Klasse besuchen können? Soll ein normalbegabtes Kind bei ungenügenden Leistungen durchfallen und ein lern- und leistungsbeeinträchtigtes trotz ungenügender Leistungen versetzt werden? Steht das moralische Ziel der Integration von geistig Behinderten und Nichtbehinderten im Vordergrund, soll die Schule wünschenswerte soziale Verhaltensweisen bei ihren Schülern entwickeln und deshalb das Sitzenbleiben oder der Übergang an eine andere Schule verhindert werden – welche Gründe gibt es dann, daß überhaupt noch ein Schüler sitzenbleibt? Dann ist es auch eine Diskriminierung, wenn manche das Abitur erhalten und andere nicht. Und es stimmt ja: Das ist eine Diskriminierung, aber ist es eine moralische? Im übrigen ist bei der Forderung nach »Integration« nicht **142** berücksichtigt, daß ein geistig behindertes Kind vielleicht in

Mathematik nicht mitkommt, jedoch Flöte zu spielen vermag wie ein nichtbehindertes.

Das moralische Engagement wehrt sich gegen das, was der Soziologe Niklas Luhmann die »Legitimation durch Verfahren« genannt hat: Geltung hat das, was sich in einem rechtmäßig durchgeführten Verfahren durchgesetzt hat. Wenn der Bundestag ein Gesetz beschließt, dann hat dies deshalb Geltung, weil es ordnungsgemäß zustande gekommen ist, nicht, weil es »gut«, »gerecht« oder sonst irgend moralisch vertretbar ist. Das moralische Engagement macht hier nicht mit. An die Stelle der formalen Rechtmäßigkeit wird das eigene inhaltliche Gewissen gesetzt. Das Engagement hat Inhalte, moralische Inhalte, es weiß, was gut ist, und es hat den Hang, es den anderen zu sagen. Deshalb steckt in jeder Tugendlehre eine Diktatur des Guten. Tugendlehrer sind potentielle Terroristen. Das Leben muß unter den Prinzipien leiden, bis es ihnen entspricht. Eine Tugendlehre, die auf moralischen Terror verzichtet, hat die Wirkungskraft der Klampfe, die der Oberst der Heilsarmee vor dem Kölner Hauptbahnhof zupft.

Um das Recht der Moralität gegen die Legalität geht es auch bei der Debatte um den »zivilen Ungehorsam« und das »Widerstandsrecht«. In diesem Rahmen argumentierte Walter Jens beim Prozeß um die Blockade in Mutlangen. Klar war der Tatbestand der kalkulierten, in ihrer Wirkung begrenzten Regelverletzung. Die Rechtfertigung solchen »zivilen Ungehorsams« sollte im Rückgriff auf moralische Beweggründe geschehen. Die partikulare, an humanistische Inhalte gebundene Moral der privaten Vernunft wurde an die Stelle der verfahrensorientierten juristischen Logik der öffentlichen Vernunft gesetzt. Die Begründung jedoch mußte zirkulär ausfallen: Die Moral rechtfertigt sich selbst. Daß nämlich die Moral an die Stelle der verfahrensorientierten juristischen Vernunft gesetzt werden soll, wird moralisch begründet. Die private Moral wird als allgemein verbindlicher, übersubjektiver Grundsatz erachtet, weil sie eben moralisch ist; schließlich beruft sie sich auf das Gute und auf Humanität. Die private Moral wird als Voll- **143**

strecker der Moral, der Gerechtigkeit und Humanität schlechthin gedeutet. Das ist der aufrechte protestantische Gang der
deutschen achtziger Jahre zwischen Glaube, Aufklärung und
Sozialismus. Dieser protestantische Geist regte sich auch in der
DDR; abgesichert in der evangelischen Landeskirche mit langer politischer Tradition. Wo Luther und Münzer gefeiert
werden, sind Theologie und Politik nicht zu trennen. Der
politische Widerstand gegen den Kaiser war getragen von reli-
giösen Gefühlen; der politische Widerstand gegen die Sozialistische Einheitspartei Deutschlands scheint sich aus ähnlichen
Quellen zu speisen.

Die neue Moralität ist Indiz für den Verlust der einen Vernunft. Ihr Verlust wird kompensiert, indem man sich selbst zur
einen Vernunft erklärt. Das Partikulare versteht sich als das
Allgemeine, weil es sich auf die Menschheit schlechthin beruft.
Ein guter Wille aber, der partikular ist und sich für den Allge-
meinwillen hält, ist verrückt. Harmlose Formen solcher All-
tagsverrücktheit sind die Gesamtideologien. Die gefährlichen
Formen sind der Terror der Moral und die Diktatur des Guten.
Die Grenze, die Jens und der DDR-Protest eindeutig ziehen, ist
auch überschreitbar. »Wir haben die heroische Hinrichtung als
Rache für den Abschuß des iranischen Flugzeugs durch Amerika vor einigen Monaten ausgeführt. Wir sind sehr stolz«,
erklärte der Sprecher einer Gruppe »Wächter der islamischen
Revolution«, nachdem im Dezember 1988 ein Jumbo-Jet über
einer schottischen Kleinstadt mit einer Bombe zum Absturz
gebracht worden war und 281 Menschen starben. Dies ist der
Tugendterror. Er ist die übelste Spielart des »Fundamentalismus«, den jüngst Thomas Meyer ausführlich beschrieb.

Fundamentalismus ist ein politisch-religiöses Mischphäno-
men, bei dem Wahrheitsansprüche verbunden werden mit gesellschaftlichen Machtansprüchen, wie es besonders rein zu
sehen war im Iran des Ajatollah Khomeini. Während die Säkularisierung in Europa Staat und Kirche getrennt hat, bewahrte
der Islam die Einheit von Religion und Politik. Dies ist wohl
144 begründet in der Annahme, daß derjenige den Staat am besten

lenken kann, der im Besitz der Wahrheit ist. Nicht der Stärkere soll herrschen, sondern der Weise – ein Grundgedanke in Platons *Politeia*. Hier wird dargelegt, daß derjenige dem Stadt-staat vorstehen soll, der die Wahrheit der Ideen geschaut hat, der weiß, was »das Gute« ist. Nur so könne die Gerechtigkeit für alle Bürger garantiert werden. Der Philosoph ist auch nicht anfällig für Korruption. Derjenige nämlich, der zur Erkenntnis gelangt ist, hat gar kein Interesse an Herrschaft, weil das höchste Glück die Erkenntnis ist. Deshalb muß er sogar ge-zwungen werden, Herrschaft auszuüben. Damit nun wirklich jeder Mißbrauch der Macht ausgeschlossen wird, darf der Phi-losoph noch nicht einmal Eigentum besitzen.

Solches Denken ist unserem säkularisierten demokratischen Selbstverständnis völlig fremd. Weder Bundeskanzler noch Minister müssen Weise sein, ja noch nicht einmal Fachmänner für ihr Ressort. Daß dies so ist, hat seinen Grund erstens darin, daß die Moderne den Gedanken einer einzigen Wahrheit auf-gegeben hat, und zweitens im oben dargestellten Ist-Soll-Hia-tus: Selbst dann nämlich, wenn einer wüßte, was »die Wahr-heit« *ist*, folgt daraus nicht, daß er auch weiß, was man tun *soll*. Genau dieser Fehlschluß aber ist die Argumentationsfigur aller Fundamentalisten, ob es die Likud-Anhänger in Israel sind, Protestanten in Amerika oder grüne »Fundis« in der Bundesre-publik. Das reiche Gesetzeswerk, die Kasuistik der Talmudi-sten, das für alle denkbaren Situationen Verhaltensregeln an-gibt, ist Ausfluß der Annahme, daß, wer im Besitz der Wahr-heit ist, auch wüßte, was zu tun sei.

Die Moderne hat den Gedanken »der Wahrheit« aufgegeben, den die Fundamentalisten aller Spielarten wieder aufbringen. Wie weiland René Descartes führen sie ihre Geltungs- und Gültigkeitsansprüche zurück auf ein »fundamentum inconcus-sum«, auf ein unbezweifelbares Fundament, das absolute Gül-tigkeit beansprucht. Sie fallen aber hinter Descartes zurück. Ihr Fundament ist ihnen nicht das Denken, vielmehr behaup-ten sie inhaltliche Wahrheiten. Von diesen aus wird alles, was ist, beurteilt, und in ihnen wird alles, was sein soll, gegründet. **145**

Daraus erwachsen zwei Probleme: zum einen das der mono-kausalen Erklärung und zum andern das »Münchhausen-Tri-lemma«.

Das Übel der Welt wurzle, je nach Fundament: im Zionismus oder im Kapitalismus, Schuld am Unglück der Gegenwart trü-gen »die Männer« oder »die Ausländer«. Je radikaler die Auf-klärung dem lebensweltlichen Alltag seine Selbstverständlich-keiten entzieht, je verwirrter der aufgeklärte Bürger sich emp-findet, desto einfacher müssen die Erklärungen sein, um glaub-würdig zu erscheinen. Die Monokausalität entlastet von der Desorientierung, in welche die Aufklärung die Moderne ge-stürzt hat. Gott *ist* die Wahrheit, und wenn nicht Gott, dann die Natur oder die Psyche. Alle diese Wahrheiten haben ihre Propheten: die Mullahs, die Fernsehprediger, Rudolf Bahro oder irgendeinen »Psycho-Guru«. Sie alle wähnen sich im Besitz »der Wahrheit« und folgern daraus die erkenntnistheo-retische Richtigkeit und moralische Legitimität ihrer Gesun-dungsvorschläge für die leidende Menschheit. Da das Funda-ment die Wahrheit ist, kann das Verderbnis der Welt nicht aus ihm rühren, es muß seinen Ursprung in den Böswilligen ha-ben, die das Fundament nicht anerkennen. Um die Welt zu retten, müssen deshalb nur diejenigen bekehrt oder gegebe-nenfalls beseitigt werden, die nicht im Besitz des rechten Glau-bens sind. Deshalb wird der heilige Krieg ausgerufen, werden Kreuzzüge geführt; das Übel muß mit Stumpf und Stiel ausge-rottet werden. »Erschlagt Salman Rushdie!« – so lautet das stets gleiche Rezept. Haschemi Rafsandschani machte, um ira-nischer Staatspräsident zu werden, nicht einmal vor der Unge-heuerlichkeit halt, beim traditionellen Freitagsgebet Anfang Mai '89 dazu aufzurufen, für jeden von den Israelis in den besetzten Gebieten getöteten Araber irgendwo auf der Welt jeweils fünf Amerikaner, Briten oder Franzosen zu ermorden. Er hatte Erfolg: Er wurde Nachfolger Khomeinis.

»Die Wahrheit« ist das Fundament, in dem und kraft dessen Geltungsansprüche und Praxisanweisungen begründet wer-

den. Pyrrhon, der griechische Skeptiker aus Elis (360–270

v. Chr.), so berichtet Sextus Empiricus (200–250 n. Chr.), hat gezeigt, daß Letztbegründungsversuche notwendig scheitern müssen. Hans Albert, der kritische Rationalist, hat diesen Tatbestand als »Münchhausen-Trilemma« gekennzeichnet. Letztbegründungen, also die Rückführung von Tatsachen oder Ereignissen auf eine einzige, letzte Ursache, mißlingen ebenso wie der Versuch des Lügenbarons, sich am eigenen Schopfe aus dem Sumpf zu ziehen. Entweder enden sie nämlich in einem unendlichen Regreß, in einem logischen Zirkel, oder das Verfahren muß abgebrochen werden. Daß der Himmel bewölkt ist, hat seine Ursache in der Wolkenbildung, diese ist bedingt durch den Wassergehalt der Luft, dieser durch die Wärme, diese durch die Stärke der Sonnenstrahlung und so weiter; die Kette ist in alle Unendlichkeit fortführbar, ein infiniter Regreß. Sie kann aber auch so weitergeführt werden: Die Stärke der Sonnenstrahlung ist von der Wolkenbildung abhängig. Damit landet die Ursachenkette an ihrem Beginn: Das, was erklärt werden soll, nämlich der bewölkte Himmel, wird von der Wolkenbildung abhängig gemacht, ein logischer Zirkel. Schließlich kann die Kette folgendermaßen weitergeführt werden: Die Stärke der Sonnenstrahlung gründet im Willen Gottes. Damit ist die Begründungskette an einem beliebigen Punkt abgebrochen worden. Man hätte auch nach dem ersten Satz schon sagen können: Der Himmel ist bewölkt, weil Gott es gewollt hat. Der Abbruch des Verfahrens endet also in einer dogmatischen Setzung, die als solche nicht weiter begründbar ist. Genau dies ist die Position des »Fundamentalismus« heute. Das subjektiv als wahr Geglaubte soll objektive Geltung gewinnen.

Der Fundamentalismus ist gekennzeichnet durch einen theoretischen Dogmatismus und einen praktischen Totalitarismus, der beim Versuch, Tatsachen zu erklären, in der Monokausalität steckenbleibt, beim Versuch, ein letztes Fundament anzugeben, sich im Münchhausen-Trilemma verfängt und beim Versuch, aus den theoretischen Einsichten praktische Forderungen abzuleiten, dem Ist-Soll-Hiatus erliegt. All diese logi- **147** schen Fehler verhindern ihn jedoch nicht, weil die Einfachheit seiner Erklärungsmuster schwerer wiegt als ein paar logische Fehler. Unsinn schützt nicht vor Glaubwürdigkeit.

Der Konflikt zwischen Legalität und Moralität zeigt die geistige Situation der Zeit. Das Problem ist der Status der Gesetze. Die in den Verfassungen westlicher Demokratien verankerten positiven Rechte und Pflichten waren die Errungenschaften der modernen Naturrechtslehren, der Theorien des Gesellschaftsvertrags und vieler politischer Kämpfe mit Legionen von Toten, die ihr Leben für eine rechtsstaatliche Verfassung einsetzten. Soll die Gesellschaft nicht der Willkür ausgeliefert werden, dürfen die Gesetze zwar geändert, aber nicht gebrochen werden.

Dem Sokrates wurde vom Orakel beschieden, daß er der weiseste Bürger Athens sei. In seiner Bescheidenheit will er dies nicht glauben und macht sich auf den Weg, all die Bürger Athens, die sich in einem bestimmten Gebiet hervorgetan haben, über dieses zu befragen. Den Priester fragt er, was Frömmigkeit, den Kriegshelden, was Tapferkeit ist. Aber wen er auch befragte, immer stellte sich heraus, daß keiner seine Fragen beantworten konnte. Diese Gespräche machten ihn berühmt, und eine Gruppe von jungen Leuten schloß sich ihm an. Dies und sein ständiges Nachfragen machten ihn bei den Athenern verdächtig. Schließlich klagten sie ihn an wegen Jugendverführung und der Einführung neuer Götter. Die Anklage wurde zu Recht erhoben. Die Bescheidenheit des Sokrates ist nämlich in Wahrheit eine Überhebung über den Orakelspruch: Er glaubt nicht daran und bildet sich ein, selbständig entscheiden zu können, ob das Orakel recht habe oder nicht. Er setzt also seine Vernunft höher als die mythische Tradition. Und so führte er tatsächlich einen neuen Gott ein, den er seinen »Daimon« nennt: die Vernunft. Aus der Sicht der Athener wird er deshalb rechtmäßig zum Tode verurteilt. Seine Freunde, so berichtet Platon, wollten ihm zur Flucht verhelfen, doch er lehnte ab und trank den Giftbecher mit der Begründung, daß die Gesetze nicht gebrochen werden dürften. Sokrates, der die Athener Bürger wenig schätzte, sie ihres Nicht-Wissens überführte, ihre Götter entzauberte und durch die Vernunft ersetzte – dieser Sokrates unterwarf sich dem geltenden Recht, er ging sogar in den Tod für ein Recht, das er als ungerecht durchschaute. Er ist der Auffassung, daß ihm deshalb nachgekommen werden müsse, weil es da ist, nicht deshalb, weil es gerecht wäre. Das schließt nicht aus, daß man es ändern kann und, wenn nötig, auch sollte; die Verletzung geltenden Rechts jedoch macht einen entweder zum Verbrecher oder schafft, wenn es massenhaft geschieht, einen rechtsfreien Raum, in dem Willkür herrscht. Wem ein geltendes Recht nicht behagt, der sollte es bekämpfen, nicht umgehen. Was will man denn? Einen guten Staat oder einen Staat, in dem sich gut leben läßt? Der »sittliche Staat« ist ein Wunschtraum Schillers und eine Konstruktion Hegels. Aristoteles sah den Staat nüchterner: Sein Zweck, so schreibt er in seiner *Politik* (1280 b 39), sei, daß man gut in ihm leben könne. Cicero pflichtet ihm bei (*De legibus* 3,3,8): Zweck des Staates sei das »allgemeine Wohl«. Nur wenn man sittlich-moralische Forderungen an den Staat stellt, zeigt er sich unmoralisch. Aber nicht in dem Sinn, daß er verwerflich wäre, sondern in dem Sinn, daß er mit moralischen Begriffen nicht beschrieben werden kann. Es ist eine Kategorienverwechslung, den Staat moralisch zu klassifizieren. Schillers Traum ist ausgeträumt, Preußen ging unter. Die öffentliche Vernunft hat mit Moral nichts zu tun. Auch Hitlers Staat verstand sich moralisch. Im Namen des deutschen Volkes und letztlich zum Frommen der gesamten Menschheit sollte das Judentum vernichtet werden.

Die private Vernunft, die Moral, ist nicht einheitlich. In ihr konnte sich bislang keine an die Spitze setzen, wie es bei der öffentlichen Vernunft der Jurisprudenz gelungen ist. Die privaten Moralen stehen im Konkurrenzkampf. Dies ist der Grund, weshalb »die Grünen« Grundsatzschlachten austragen, in denen sie in unauflösliche Widersprüche geraten. Der Streit zwischen Ökofraktion, Friedensanhängern, Frauenfraktion, Nukleargegnern, marxistischen Positionen kann deshalb nicht **149** geschlichtet werden, weil es dazu einer Supermoral bedürfte, die alle Teilmoralen in sich vereinigt. Aber die Friedensmoral fällt nicht immer zusammen mit einer Naturmoral, und eine Übermoral gibt es nicht. Deshalb kommt es zum Streit zwischen den »Fundamentalisten« und den »Realisten«. Die ersteren verfolgen die ungetrübte Logik der Moral, die letzteren sind bereit, sie zu trüben. Damit aber wird der moralische Anspruch vernichtet, denn »Trübung« heißt, daß das Ziel der »grünen Bewegung«, die private Moral zur öffentlichen zu machen, unterlaufen wird, indem die private Moral mit Strategien (also unmoralisch) durchgesetzt werden soll. Jede Vermischung der Moral mit strategisch-erfolgsorientiertem Verhalten korrumpiert die Moral. Da nun aber keine Supervernunft vorhanden ist, kann der Grundsatzstreit nicht von der Sache her entschieden werden, sondern nur durch Strategie und Macht. Und so gerät der Grundsatzstreit in das Dilemma, entweder unentschieden zu bleiben und so die politische Praxis zu torpedieren oder auch durch Strategie und Macht entschieden zu werden und damit die Moral zu torpedieren. Der »grüne Aufbruch« will nun eine Übermoral etablieren, um diesem Dilemma zu entgehen. Aber auch er ist Fraktion – das zeigte die Bundesversammlung im März '89. Das entscheidend Neue der »Grünen«, der Grund ihres politischen Erfolgs, nämlich keine neue Partei zu sein, sondern eine Bewegung, die keine Interessen vertritt, sondern eine neue Weltanschauung darstellt, wird in diesen Kämpfen vertan. Zum andern aber auch durch den Gang ins Parlament und dadurch, daß, gemessen am eigenen Ansatz, eine anachronistische Links-Rechts-Auseinandersetzung geführt wird. Die ökologischen Probleme sind davon unberührt. Und so fallen die »Grünen« als Partei hinter sich selbst als Bewegung zurück.

Der Kommunikationszwang   Dermaßen in die Enge getrieben, daß Denken und Handeln gerechtfertigt werden müssen, ohne daß es eine allgemeinverbindliche öffentliche Vernunft gäbe, sinnt die aufklärerische Spätmoderne auf Flucht. Der Spätmoderne muß sich rechtfertigen, ohne eine gesicherte Instanz dafür żu haben.

In dieser prekären Lage haben die Philosophen Abhilfe geschaffen: Sie erfanden die Kommunikation. Da es die eine Vernunft nicht mehr gibt, wird sie hergestellt, nicht aber in einer dogmatischen Setzung, sondern als kommunikativer Prozeß. In ihm wird die Instanz der Rechtfertigung nicht mehr getrennt vom Vorgang der Rechtfertigung. Das ist das Geheimnis der Kommunikation. In ihr gelingt die Rechtfertigung genau dadurch, daß kommuniziert wird. Das Verfahren der Rechtfertigung wird Rechtsgrund. Geltung hat, was in einer Kommunikationssituation akzeptiert wird. Nicht also, weil die Behauptungen, Wünsche und Absichten dem Willen Gottes entsprechen oder vernünftig sind, haben sie Geltung, sondern deshalb, weil und sofern sie sich in einem Gespräch gleichberechtigter Kommunikationspartner als konsensfähig erwiesen haben. Rechtfertigung ist nur noch über Kommunikation erreichbar, und deshalb wird aus dem Rechtfertigungszwang ein Kommunikationszwang. Nicht mehr Gott ist die Wahrheit, nicht mehr die exklusive Vernunft findet die Wahrheit, die Wahrheit ist vielmehr die Kommunikation.

Der universale Kommunikationszwang, der die Legitimationskrise der Gegenwart bewältigen soll, nötigt die einzelnen, sich ständig zu offenbaren, auch wenn es nichts zu offenbaren gibt, denn unterm Kommunikationsdiktat ist, wer schweigt, verdächtig. Waltraud Schoppe beeilt sich deshalb, öffentlich bekanntzugeben, daß sie beim Betrachten »schöner erotischer Bilder durchaus Erregung« verspüre. Na also! Intimität ist zerstört, jeder wird zum Lauscher und Belauschten zugleich. Kommunikation ist der Terror der Spätmoderne, der in der Demokratie zur Tugend erklärt wurde. Im lebensweltlichen Alltag schlägt der Zwang zur Kommunikation um in den Zwang zur Sensation. Denn in der Flut beliebiger Informationen muß Aufmerksamkeit erzielt werden, sofern Einzelinformationen überhaupt noch zur Kenntnis genommen werden **151** sollen. Immer neuer Reize bedarf es, um im allgemeinen Rauschen der Daten noch Gehör zu finden.

Die Informationsflut ist also nicht das Gegenteil von Kommunikation, wie behauptet wird, weil nämlich Kommunikation wechselseitig, Information aber einseitig sei, nur eine Richtung habe. Der Kommunikationszwang fordert das ständige Absondern von Wörtern, die sich wie Schleim zwischen die Menschen setzen. Ist die Kommunikation universal geworden, kommt es auf die Inhalte nicht mehr an. Im ununterbrochenen Gemurmel entzieht man sich dem Offenbarungszwang. Das Gemurmel macht alle Wörter gleich. So schlägt die aufklärerische Toleranz um in Gleichgültigkeit. Je mehr gesprochen wird, desto weniger muß man zuhören. Am Anfang ist das Wort, am Ende die Kommunikation. Man versteht sich. Gemeinsam lacht man über die gleichen Witze. Die Sprüche sind die gleichen, ob sie aus dem Radio oder der Mainzer Bütt kommen, am Stammtisch oder nach dem Joggen erzählt werden. Jeder tut so, als sei er wie jeder: der Pfarrer, die Kellnerin, der Lehrer, der Busfahrer, der Professor, die Sprechstundenhilfe. Das universale »Du« täuscht eine Gleichheit vor, die sich die im Sozialprestige höher Eingestuften selbst vormachen; man ist ja ehrlich: »Wir sind doch alle dieselben A . . . . löcher.« Das Kriterium der Wahrheit ist unterm Kommunikationsdiktat die Zustimmung geworden. Sie wird gegeben im Lacherfolg und in den Einschaltquoten.

In der Diskussion aller gegen alle schlägt die aufklärerische Forderung, selbst zu denken, um in die Forderung, selbst zu kommunizieren. Der Kommunikationszwang schreckt vor keiner Öffentlichkeit zurück, macht vor keiner Entblößung halt und erhebt die Selbstdarstellung zur Pflicht. In der Sendung »Io confesso« des italienischen Fernsehens können Vermummte hinter einer Milchglasscheibe vor laufender Kamera live von ihren Obsessionen, ihren verheimlichten Vergehen, ihren unentdeckten Verbrechen berichten; ein Millionenpublikum hört ihnen zu.

152 Die Schamlosigkeit ist die Wahrheit des Kommunikationszwangs. Die Achtung vor der Würde des Menschen, die Unantastbarkeit der Person, die Privatsphäre – dies alles ist der grenzenlosen Neugierde preisgegeben. Wer nicht redet, hat etwas zu verheimlichen. Schamlosigkeit spielt sich als Offenheit auf. Was bleibt übrig, wenn alle Geheimnisse gelüftet sind?

So führt der Kommunikationszwang zur schrankenlosen Verbreitung noch des Unerheblichsten, zur Inflation des Banalen. Fragen der Ernährung, des richtigen Atmens, der Aufstellung einer Fußballmannschaft gewinnen den Rang metaphysischer Probleme. Im Fernsehen mußte Hans-Jochen Vogel, damals noch SPD-Fraktionsvorsitzender, verkünden, daß die Arbeitslosigkeit deshalb noch nicht beseitigt sei, weil es nicht genügend Arbeitsplätze gebe. Der Verbreitung von Dummheiten ist keine Grenze gesetzt. Die Ahnungslosigkeit solchen Denkens läßt sich durch Vernunft nicht beirren, und darin hat es recht. Der kommunikativ Enthemmte hat die Wahrheit der Vernunft auf seiner Seite, daß es nämlich keine Wahrheit mehr gibt, daß alles beliebig ist, und d. h., daß auch alles bedeutsam ist. Jede Äußerung ist grundsätzlich gleich-wertig.

Kommunikation ist das Heilmittel schlechthin geworden. Der Zahlungsbeleg für die Teilnahme an einem Wochenendpsychoseminar besitzt mittlerweile den Rang mittelalterlicher Ablaß-Briefe: Kommunikation als Buße und Erlösung zugleich; öffentlich geleistete Kommunikation, private Erlösung. Der Spätmoderne ist der Kommunikation ausgeliefert. Denken ist vom Kommunikationszwang korrumpiert, Aufklärung wird zur Ausrede, situativ, konzeptlos, »spontan«, »prozeßorientiert« zu handeln. Denn der Aufgeklärte weiß, daß es keine Verbindlichkeiten mehr gibt. Und so senkt sich Dunkelheit über die Helle der Aufklärung.

Im September 1988, so meldete dpa, heirateten Michael und Claire Harramore im südenglischen Seebad Torquay. Am Samstag, dem 26. November 1988, wiederholten sie die Hochzeitsfeierlichkeiten am selben Ort. Hunderte von Gästen waren wieder da, Braut und Bräutigam trugen Hochzeitskleidung, Limousinen beförderten die Gesellschaft von der Kirche zu einem Fünfsternehotel, wo ein Hochzeitsmahl serviert wurde. Die Videoaufnahmen der Originalhochzeit waren mißlungen.

Der Verlust der einen Vernunft in der Selbstbewegung der Aufklärung, ihre Formalisierung, Regionalisierung und Fraktionierung, forderte Ersatz. Dieser fand sich in der Jurisprudenz, in der Natur, im Engagement, in der neuen Moralität und im Kommunikationszwang. Damit ist der Höhepunkt der Moderne aber noch nicht erreicht. Dieser ereignet sich erst im Zusammenfall von Realität und Schein. Die Selbstbewegung der Aufklärung endet im universalen Schein; in ihm findet die Beliebigkeit der Spätaufklärung ihr Ende. Die Auflösung der Wirklichkeit in den Schein ist nicht überbietbar.

Als der Cro-Magnon-I-Mensch vor 28 000 Jahren am Lagerfeuer saß und von seinen Jagdabenteuern erzählte, bedeutete dies das gleiche, wie wenn heute Vater und Mutter sich ihrer Kindheit erinnern. In der Erzählung wird Vergangenheit gegenwärtig und Wirklichkeit wiederholbar. Dadurch wird die Flüchtigkeit realen Erlebens gebannt und grundsätzlich unvergänglich. Zugleich wird in der Erzählung das Ereignis fixiert und Wirklichkeit verfügbar, indem sie auf die Erzählung begrenzt wird. Je älter der Mensch wird, desto öfter hat er seine Erzählungen wiederholt, desto stärker wird Wirklichkeit in Erzählungen aufgelöst. Die ewig gleichen Kriegserinnerungen, die ewig gleichen Hochzeitsgeschichten: In den Erzählungen wird das Leben auf Geschichten reduziert, bis die Geschichte von der Wirklichkeit nicht mehr zu trennen ist.

Die Geschichte macht die Wirklichkeit überschaubar und handhabbar, sie macht aus der verwirrenden Vielzahl von Einzelereignissen ein geschlossenes Ganzes mit Anfang und Ende. Durch Ausblendungen und Vereinfachungen, klare Kausalbezüge und moralische Bewertungen wird die Wirklichkeit durch die Erzählung zum Teil des Selbstverständnisses. Der Erzähler und seine Erlebnisse werden bedeutungsvoll. Deshalb die stereotypen Wiederholungen: Erleben und Erzähltes fallen unauflöslich zusammen. Die Wirklichkeit wird standardisiert. Das zeigt sich nicht erst in den »privaten Mythen« der Erwachsenen, sondern schon bei Kindern, die ihre Märchen im stets gleichen Wortlaut hören wollen. Im selben Maß standardisieren inzwischen auch die Fotos, der Super-8-Film und das Video-Band. Je länger der Urlaub zurückliegt, desto mehr reduziert er sich auf die Bilder im Fotoalbum. Sie verfertigen unzusammenhängende Teilausschnitte der Wirklichkeit zur Wirklichkeit schlechthin. Die Aufklärung verstößt gegen das zweite Gebot. Aber nicht nur, daß sie sich ein Bild von der Wirklichkeit gemacht hätte, inzwischen, auf ihrem Höhepunkt, erklärte sie das Bild zur Wirklichkeit. Dies ist die Vollendung der Reflexivität. Die Symbole werden dem Spätmodernen zur Welt selbst, und gleichzeitig versteht er sich als Produkt dieser von ihm geschaffenen Symbolwelt.

Zum Teil produzieren wir unsere Wirklichkeit selbst, wir bekommen sie aber auch schon fertig verpackt:

Die Räume und Zeiten, in denen sich unser Denken und Vorstellen bewegen, sind erheblich größer als die, in denen sich unser Alltag zuträgt. Unsere Erfahrungen stammen immer mehr aus zweiter Hand, wir wissen von immer mehr Dingen, die wir unmittelbar nicht erleben. Wissen und Erleben sind auseinandergefallen. Das soll nicht heißen, daß beide in früheren Zeiten identisch gewesen wären. Der Unterschied zwischen beiden ist heute nur erheblich größer geworden, hauptsächlich, weil unser Wissen von Experten bestimmt und von den Medien **155** geformt wird. Wir leben im Vergleich zu früher wie im Zeitraffer. Die Schnelligkeit der Veränderungen im Alltag läßt uns nicht mehr verschnaufen, uns schwindelt objektiv, und wir haben immer weniger Zeit. In kurzer Zeit dringen mehr und komplexere Informationen auf uns ein als früher in einem ganzen Leben. Die Welt wird, gemessen an unserem Alltag, überkomplex, wird unüberschaubar. Das Veralten unserer Erfahrungen und unseres Wissens und Fühlens verläuft so rasant, daß keiner mehr auf der Höhe der Zeit ist. Die Kluft zwischen Expertenwissen und Alltagswissen wird immer größer, und das Wissen der Experten wird immer schmalspuriger; den Überblick hat keiner mehr.

Die Medien sind die Schaltstellen zwischen dem Wissen der Experten und dem Wissen des Alltags, sie vermitteln zwischen der öffentlichen und privaten Vernunft und innerhalb der privaten Vernünfte, und so schwimmen wir im Meer unüberschaubaren und unverstandenen Wissens. Solche medialen »Erfahrungen«, denen wir hilflos ausgesetzt sind, übersteuern sogar unser Alltagserleben und unsere Alltagserfahrungen. Unser reales Erleben ist vom medialen Erleben so überformt, daß wir das eine vom anderen nicht mehr unterscheiden können. Das Hier und Jetzt des lebensweltlichen Alltags ist keine Unmittelbarkeit mehr, sondern vermittelter Schein. Deshalb gibt es kaum noch authentische Erfahrung. Dies gilt auch für unser Wissen. Wir haben keine Chance, die Informationen, die wir bekommen, selbständig zu prüfen, wir sind auf unkontrollierte Vorinformationen angewiesen. Deshalb muß unser Denken auf Vertrauensvorschuß arbeiten. Vertrauen können wir aber nicht mehr in uns bekannte Personen setzen, vielmehr gilt es der Seriosität von Publikationen.

Wir leben immer mehr im Vorgriff auf das, was wir medial erfahren haben, was aber niemals tatsächliche Erfahrung werden wird. Die Informationen, die wir im Fernsehen vorgeführt bekommen, erleben wir, so daß sie »authentisch« erscheinen. Dadurch fühlen wir uns einer Kontrolle enthoben, die wir auch gar nicht leisten könnten. Die Glaubwürdigkeit des Mediums und des Experten muß deshalb die selbständige Kritik ersetzen. »Sapere aude!«, habe Mut, dich deines eigenen Verstandes zu bedienen, forderte Kant in seiner programmatischen Schrift *Was ist Aufklärung?*. Solches Pathos ist schal geworden und mit ihm die Rede von der Selbständigkeit. Den Mut mag einer noch haben, sich des eigenen Verstandes zu bedienen, indes, es ist vergeblich. Der Mutige macht sich lächerlich, denn das selbständige Denken kann sich seines Grundes nicht versichern, keiner kann die medial vermittelten Daten prüfen. Der eigene Verstand reicht in der Spätmoderne nicht mehr aus, und vielleicht hat er noch nicht einmal zu Kants Zeiten ausgereicht. Denn auch damals konnte der Denkende nur sein erkenntnistheoretisches Fundament überprüfen und weniger sein empirisches. Wer jedenfalls heute in Kantscher Emphase das Selbstdenken propagiert, der redet dem Dilettantismus das Wort. Autonomes Denken heute ist, sofern es inhaltlich gesättigt sein will, Autonomie kraft Unwissenheit. Für Kant war dies Dogmatismus.

Die Medien verkürzen aber nicht nur Zeiten und Räume, überformen unser gegenwärtiges Verhalten und vernichten die Kritikfähigkeit, sie standardisieren auch unser Weltverständnis und verhindern, daß Geschichte vergeht. Die Massaker der Antike waren den Zeitgenossen entweder unbekannt, oder sie waren mythisch-heroisch überhöht erzählt worden. Sie versanken immer mehr in die Vergangenheit. Die Bilder von Auschwitz, die Reden Hitlers wiederholen sich auf dem Bildschirm in stets gleicher Form. So wird das »Dritte Reich« identisch mit den »authentischen« Bildern, die die Geschichte bis zum Stumpfsinn verkürzen. Adolf Hitler ist plötzlich nicht mehr zu unterscheiden von Charlie Chaplin. So wird die Vergangenheit erst in den Medien produziert. Ohne Medien keine Geschichte, die dann nicht mehr vergeht, sondern sich unendlich wiederholt. Die Medien haben Nietzsches Behauptung von der »ewigen Wiederkehr des Gleichen« verwirklicht.

Wir erleben heute das Ende der Nahhorizonte, aus dem Nah-Geschehen wird Fern-Gesehen. Die Rede vom »Hier und Jetzt«

ist vor dem Fernsehapparat sinnlos. Das Erleben wird entlokalisiert und enttemporalisiert.

Wir nähern uns dem Ende des lebensweltlichen Alltags, wir geraten immer tiefer hinein in unkontrollierbare Abhängigkeiten, so daß die Undurchschaubarkeit wächst. Wir wissen erheblich mehr, als zur Bewältigung des unmittelbaren Lebensvollzugs notwendig ist, aber wir wissen zuwenig, um die Experten zu verstehen, und zuviel, um noch klar sehen zu können. Unser Wissensüberschuß steigert die Unübersichtlichkeit. Dadurch geraten wir in eine allgemeine Beunruhigung. Alles, was wir wissen, alles, was wir denken, sogar alles, was wir fühlen, könnte falsch sein. Ein permanenter Mißmut durchzieht unseren Alltag und eine beständige Unsicherheit. Dies geht so weit, daß wir auch im Alltag uns selbst nicht länger trauen, daß wir auch im und für den Alltag nach Experten rufen.

Weil die neuen Gefahren nicht mehr sinnlich wahrnehmbar sind, sondern nur noch gedacht, nur noch errechnet und mit Spezialinstrumenten gemessen werden können, wird unser Alltag von wissenschaftlichen Experten abhängig und von den Massenmedien, die uns den wissenschaftlichen Stand mehr oder weniger getreulich, mehr oder weniger verständlich übermitteln. Die wissenschaftlichen Behauptungen überwuchern unsere Erfahrungen.

Die Experten tragen den wissenschaftlichen Fortschritt in den Alltag, und so führt der methodische Zweifel der Wissenschaft in die lebensweltliche Verzweiflung. Mütter rufen nach dem Geigerzähler, bevor sie ihre Kinder im Sand spielen lassen, aber die Experten sind sich uneins über die Grenze der zumutbaren Strahlenbelastung. Woran der Wald stirbt, ob er überhaupt stirbt, welche Medikamente helfen, welche schädlich sind: Das wissen noch nicht einmal die Förster und Ärzte, darüber streiten sich die Wissenschaftler. Erhöht Butter den Cholesterinspiegel, oder behauptet das nur die Margarine-Lobby? Wir verstehen unseren Alltag nur noch aus dem Horizont unserer

Vermutungen: Schein, der Wirklichkeit wurde. Das Versuch-

Irrtum-Verhalten wird für Menschen wieder zum Realitätsprinzip. Deshalb haben wir Ängste, deshalb trauen wir uns kein Alltagshandeln mehr zu. Wie wir uns sexuell verhalten sollen, entnehmen wir Büchern, Illustrierten und Filmen. Die Alltagsexperten beraten uns bei »Partnerschaftsproblemen«. Wir riskieren es nicht einmal mehr, unsere Kinder zu erziehen, ohne psychologische, medizinische, pädagogische und soziologische Experten befragt zu haben. Experten brauchen wir selbst für die Freizeit, die wir nicht mehr wagen, allein zu gestalten. Die Entertainer und Animateure verkaufen uns Scheinordnungen für die überkomplexe Welt. Die Unterhaltungsbranche ist größer als vermutet; die Politiker stehen an ihrer Spitze. Da Realität und Schein ununterscheidbar geworden sind, kommt es auf eine Fiktion mehr oder weniger nicht an. Zudem haben die Fiktionen heute den großen Vorteil, kaum mehr geprüft werden zu können. So aberwitzig ist unser Alltag geworden, daß wir keine Witze mehr brauchen, um über ihn lachen zu können. Pünktlich um acht Uhr jeden Abend geht der Vorhang der »Tagesschau« auf: Da verschiebt eine Firma verstrahlten Müll unbehelligt über Grenzen hin und her, schmiert mit 21 Millionen Mark Bestechungsgeldern, ein wegen Steuerhinterziehung zu Gunsten einer Partei rechtskräftig Verurteilter bewirbt sich erfolgreich um den Vorsitz eben dieser Partei. Zumindest das Problem des nuklearen Grenzverkehrs ist ab 1992 gelöst, dann nämlich gibt es keine europäischen Grenzen mehr.

Natürlich verwechselt keiner den Fernsehfilm mit der Wirklichkeit. Aber die mediale Wirklichkeit überlappt die »reale Wirklichkeit« so, daß eine Unterscheidung nicht mehr sinnvoll ist. Auch die medialen Erfahrungen werden tatsächlich erlebt; das Erlebnis ist dasselbe, ob einer nun im oder vor dem Kino schluchzt. In unserem synthetischen Leben fallen Voyeurismus und Handeln zusammen; auch das Ersatzgefühl ist Gefühl. Das Kino aber hat den großen Vorteil, daß man es verlassen kann.

Je umfangreicher nun die medialen Erfahrungen werden, desto **159** mehr werden sie zur Realität schlechthin; eine Realität aber, die sich »abschalten« und »anknipsen« läßt. Die Medienwirklichkeit existiert so lange, wie der Fernsehapparat läuft. Mit dem Druck auf den Einschaltknopf ist sie verschwunden, stirbt einen theatralischen Tod im Zusammenbruch der elektronischen Signale, die gleichsam verstört über den Bildschirm laufen. Aber sie hinterläßt ihre Spuren im Gehirn und im Verhalten der Konsumenten. Nach der von der Gesellschaft für Konsumforschung in Nürnberg erstellten Jahresauswertung der Einschaltquoten waren die Fernsehgeräte in der Bundesrepublik 1987 täglich durchschnittlich vier Stunden in Betrieb. In Haushalten mit Kabelanschluß liefen sie schon vier Stunden und 21 Minuten. Viele neigen heute dazu, die Medienwirklichkeit auf den lebensweltlichen Alltag zu übertragen, sie wird das Muster, so daß die Wirklichkeit mediengerecht gelebt wird. Die Medien produzieren die Wirklichkeit; erst auf dem Bildschirm, dann in der Realität. Die Pop- und Medienindustrie baute nach dem Krieg eine eigene Welt der Jugend (Jugend-»kultur« genannt) auf, die großen Gewinn abwirft, mit dem Resultat, daß diese erfundene Welt für die Jugendlichen die reale ist und für viele auch bleibt.

Der Schein ist Wirklichkeit. Konsequenterweise mußte deshalb ein Schauspieler zum Präsidenten der stärksten politischen, militärischen und ökonomischen Macht werden. Wenn die Wirklichkeit Schein ist, muß der Realpolitiker Schauspieler sein. Das Leben ist eine Liveshow. Anläßlich der Amtseinführung des Nachfolgers von Ronald Reagan meldete AP: »Mit einer fetzigen Rhythm-and-Blues-Nummer auf einer E-Gitarre (mit dem Kürzel ›Prez‹ für Präsident) überraschte der neue amerikanische Präsident Bush die Gäste auf einem der Bälle zu seiner Amtseinführung.« Das Leben ist ein Western oder, je nach Geschmack und vermutetem Erfolg, ein Beat-Konzert oder ein Musical. Der Politiker führt aus, was das Drehbuch und der Regisseur ihm vorgeben. Ronald Reagan verkaufte, was eine Clique im Sicherheitsstab um Robert McFarlane ausgeknobelt hatte. Reagans Imagepfleger, so steht es in Hedrick Smiths Buch *The Power Game*, hielten sich an die von Bob Haldeman, dem aus der Werbung gekommenen Stabschef Nixons, aufgestellte Maxime, die für die Politik im Fernsehzeitalter grundsätzliche Bedeutung hat: Der optische Eindruck ist stärker als der akustische, das Auge siegt über das Ohr, Bild schlägt Ton. An was glaubt man: an Fakten oder ans Auge? Michael Deaver bestimmte Reagans Image bis in Details. Er umgab ihn nicht nur mit patriotischen Symbolen, sondern sorgte auch für schmeichelhafte Beleuchtung. »Was wir letzten Endes tun«, so bekannte sein Kollege William Henkel, »wir betreiben Marketing. Wir versuchen die öffentliche Meinung durch Marktstrategien zu formen. Ich inszeniere Ereignisse, die eine bestimmte Botschaft vermitteln sollen. Viele unserer kleinen Schauspiele, viele Auftritte des Präsidenten haben eine Beziehung zur Werbung.«

Das Sein ist aufgelöst in Schein, die Kulisse wird Wirklichkeit, und die Wirklichkeit – Werner Herzogs Film *Die Fälschung* zeigte dies eindrucksvoll – wird zur Kulisse. Das »Geiseldrama« im August '88, in dessen Verlauf drei Menschen getötet wurden, bestätigte diesen Befund zum Entsetzen: Zwei Gangster fuhren 54 Stunden lang etwa 1000 km in verschiedenen Autos durch die Bundesrepublik, begleitet von einem Troß Journalisten. In der Liveshow sind Schein und Realität nicht mehr zu trennen. »Ich will jetzt nur noch durch die Medien sprechen«, verkündete der Kriminelle Rösner und gab mitten in Köln, die Pistole am Hals des späteren Opfers, umringt von zahllosen Sensationsgierigen und Reportern, Interviews wie ein Show-Star. Im gekaperten Bus stellten sich die Kidnapper vor laufenden Fernsehkameras in Positur. Ein Reporter fragt die mit der Pistole bedrohte Geisel: »Wie fühlen Sie sich?« Leben live. Das Leben wird inszeniert und dann als Original ausgegeben. Deshalb setzt sich der Reporter in das Fluchtauto und lotst die wegunkundigen Gangster aus der Kölner Innenstadt auf die Autobahn. Der Reporter hat die Spielleitung, er ist für seine Schauspieler und sein Publikum verantwortlich. Die Rollen sind dabei vom Autor klar verteilt und stehen nicht zur **161**

Disposition: Täter, Opfer und Regisseur. Letzterer ist für saubere und objektive Berichterstattung zuständig, für fachmännische Bildführung und guten Ton. Vor der Kamera ist alles gleich, sofern es zur Zufriedenheit belichtet ist. So verabschiedet er sich kumpelhaft von den Gangstern, auf daß die Szene sitzen möge: »Ich wünsch euch was, toi, toi, toi!« Da die Einstellung schwer zu wiederholen ist, müssen Widrigkeiten beseitigt werden. »Paß auf, da ist ein Bulle!« warnen die Journalisten die Gangster vor einem Polizisten in Zivil. Wer sich im Showbineß nicht so richtig auskennt, der muß Don Quijote werden. Denn die Wirklichkeit, die der Schein ist, ist nur im Schein zu ertragen. Die Wirklichkeit, die der Schein ist, ist nur im Wahnsinn zu ertragen.

Wer zur »traurigen Gestalt« nicht werden will, der rettet sich in die neue Lustigkeit. Der debile »World-Cup-Leo« und Mikkey Mouse sind die Heroen der freiwilligen Infantilisierung. Wer hat wann den letzten Großvater, die letzte Großmutter gesehen? Das Ruhrgebiet, durch Smog-Alarme und Rheinhausen arg in Bedrängnis geraten, machte, um für Stimmung zu sorgen, in penetranter Heiterkeit aus dem Westfalen-Pferd in seinem Wappen ein Comic-Hottehü. Mit unerschütterlichem Frohsinn ist »Mainz bleibt Mainz« überall. In der überkomplexen Wirklichkeit hilft nur der rückhaltlose Fall in die Infantilität. Deutlicher muß man wohl von der Idiotisierung der Gesellschaft sprechen, an der Comics, Pop-Musik, »Denver-Clan«, Reklame, Videotheken, Computerspiele, gesendete und gedruckte Jugendmagazine gleichermaßen beteiligt sind. Selbst Altphilologen sind stolz darauf, daß es ihnen endlich gelungen ist, Cäsars *Gallischen Krieg* in Comic-Bilder und Sprechblasen zu übertragen. An Harry Limes Sentenz aus dem Film *Der Dritte Mann* anknüpfend, läßt sich sagen: Europa hatte lange Zeit die mißliche Wahl zwischen Korruption und Petersdom oder Demokratie und Schweizer Kuckucksuhr. Heute scheint die Wahl entschieden: Wir haben Korruption und Dieter Thomas Heck. Da wir in einem Tollhaus leben, müssen wir, um glücklich zu sein, Idioten werden. Lallend blinzelt der glückliche Idiot zufrieden in den Fernsehapparat und lauert auf das Zeichen des Showmasters, um applaudieren oder lachen zu können. Die Pop-»Kultur« ist der Schnellimbiß der Seele. Wir haben das synthetische Glück im Medienparadies gefunden. Nur noch ein Stromausfall oder ein Streik der Schauspieler kann uns die Seligkeit rauben. Ohne Anstrengung liefert uns die Pop-Musik die Ekstase aus zweiter Hand. Sie ist von Kindern für Kinder gemacht, denen es bis ins Alter nicht mehr gelingt, sie hinter sich zu lassen, so daß sie noch als Rentner an Kinderliedern hängen und voll Freude mit ihren Enkeln den neuesten Hit grölen. Mit der Pop-Musik ist der europäische Traum in Erfüllung gegangen: die klassenlose Gesellschaft des schlechten Geschmacks. Das Ordinäre ist sanktioniert, die Vulgarität feiert Triumphe. Jugendliche und Erwachsene, Akademiker und Sonderschüler lesen und lachen über dieselben Comics, erfreuen sich an denselben Fernsehserien, verschlingen dieselben Heftchen-Romane. Welche geistige Stumpfheit muß der erreicht haben, der sich mit Quiz und Talk-Shows abfertigen läßt? Was diese Eindimensionalität des »laufenden Schwachsinns« sprengt, ist dann nur noch unverständlich.

Die Verkindlichung und Idiotisierung der Spätmoderne ist die subjektive Seite der objektiven Auflösung der Realität in Schein. Die Medien verzichten immer mehr auf diskursive Darstellung und gehen über zu Bild und Ton. Der Verlust an Komplexität wird wettgemacht durch die Farbe und Dramatik der Bild- und Tonfolgen. Die Aufklärung endet in der Bilderschrift des Fernsehschirms, in den Reklamespots und den Sensationen der Unterhaltungsindustrie.

Die Erwachsenen stehlen den Kindern ihre Jugend, indem sie sich selbst zu Jugendlichen machen. Und so interpretieren sich deshalb manche auch noch jenseits der Vierzig als die eigentlich »Jungen«.

Das Kind, das ist das Unverdorbene, und deshalb müssen wir alle Kinder werden. Kinder an die Macht, sie sind die besseren Menschen. Sie sind die Wahrheit, die Erwachsenen die Lüge. Zum Glück aber gibt es keine Erwachsenen mehr.

Der junge Georg Lukács konnte zeigen, wie die Romantik auf den Verfall der christlichen Transzendenz und der philosophischen Transzendentalität mit Ironie reagierte. Aus der Ironie der Romantik wurde in der Spätmoderne hilflose Blödelei, die aus den Lautsprechern quillt.

Unser Leben ist geborgt. Es wird zum Fernsehen, nur daß die Lebenswelt nicht so dramatisch ist wie die »Tagesschau«. Und so haben wir ein schlechtes Gewissen, daß unser Leben nicht dem Fernsehprogramm und der Reklame entspricht. Das Fernsehen stilisiert den Normalalltag zu Entscheidungsschlachten, und in der Umkehr versucht die Wirklichkeit ihrem Fernsehbild gerecht zu werden. Fernsehdiskussionen sind für die Zuschauer gemacht (für wen denn sonst?), Fußballspiele finden nicht mehr im Stadion, sondern im Fernsehen statt. Die Reden im Bundestag sind Reden in die Kamera. Die Abgeordneten sind in der Tat überflüssig. Die Bilder ahmen nicht mehr die Realität nach, sondern die Wirklichkeit imitiert die Bilder. »Die Kuh sieht ja aus wie im Bilderbuch!« ruft das Kind erstaunt aus, und die Mutter bestätigt: »Wie in ›Dallas‹.« Die Wirklichkeit wird zur Nachahmung des Scheins ihrer selbst. Sie wird Attrappe, Kulisse, wird ihr eigenes Double. Die Realität wird simuliert, unser Leben ist nur vorgetäuscht. So haben wird das Glück erfunden: Wir brauchen nicht mehr zu leben, wir können uns leben lassen. Coca-Cola erfindet unser Leben.

DAS VERWALTETE GLÜCK.
ZUR LOGIK DER VERNUNFT
IM SOZIALISMUS

Nach beinahe 50 Jahren Leichenstarre scheint es wieder Geschichte zu geben. Nach der freiwilligen Abdankung der Politik kehrt die Geschichte zurück. Sie regt sich im »Ostblock«. Eine Ahnung kommt auf, bald könne man, wie weiland Goethe, sagen, man sei dabeigewesen. Die Geschichte überrollt eine Politik, die den Status quo nur verwaltet hat. Plötzlich ist Geschichte nicht mehr nur Vergangenheit, sondern Gegenwart, spielt sich vor unseren Augen ab, und wir sind, wenn schon nicht ihre Agenten, so doch die dankbaren und staunenden Zuschauer. Wir merken den Lauf der Vernunft.

Im 20. Jahrhundert nahmen die Europäer erneut Anlauf, die Schöpfung zu verbessern. Die einen versuchten es mit dem Kommerz, die anderen mit dem Sozialismus. Was am Beginn des Jahrhunderts auseinanderlief, scheint sich am Ende des Jahrtausends zu vereinigen. Pepsi-Cola und Big Mac, so konstatierte Ulrich Greiner, siegten über die Verheißungen der klassenlosen Gesellschaft. Die Weltrevolution, das haben wir inzwischen gelernt, sind weder Mikrochips noch Kommunismus, sondern ist die Curry-Wurst. Die Macht, so scheint es, kommt nicht, wie sich Mao Tse-tung noch täuschte, aus dem Schnellfeuergewehr, sondern aus dem McDonald's-Schnellimbiß.

Die Vernunft ist ihren Gang gegangen, unbehindert von Politik, Wirtschaft, Wissenschaft. Millionen von Toten blieben zurück, Hoffnungen, Enttäuschungen, Geschundene, Leid, Lust und Schmerz – eine Epoche sinkt in den Staub. Auch die Aufklärung hat es nicht besser gemacht als Gott. Am 1. November 1755 genügte das Erdbeben von Lissabon, um den Glauben an den gütigen Gott endgültig zu zerstören; angesichts der Massenmorde des 20. Jahrhunderts erschrickt der Mensch nun vor sich selbst.

Als Gestalt der Aufklärung war auch der Sozialismus dem Diktat der Vernunft unterworfen. Lenin hat das Virus Vernunft unter dem Namen Sozialismus und Kommunismus in das zaristische Rußland eingeschleppt: Dort zerstörte es das alte Rußland. Aber sein Prinzip des »demokratischen Zentralismus« widersprach so fundamental der aufklärerischen Autonomie, daß eine erneute Kollision unvermeidlich war, in der notwendig die **165** aufklärerische Vernunft gegen ihre Einschränkung siegte. Weder Stalin noch Breschnew konnten es verhindern.

Als Mao Tse-tung den aufklärerischen Marxismus in China einführte, hatte er zugleich das Ende der KP Chinas besiegelt, noch bevor sie zur Herrschaft gelangt war. Er übertrug das Vernunft-Virus in ein Land jenseits der Aufklärung und steckte in der »großen proletarischen Kulturrevolution« das Volk an. Die Aburteilung der »Fünferbande«, mit Mao Tsetungs Witwe an der Spitze, und der Aufstieg von Deng Xiaoping folgten der immanenten Logik der Vernunft. Vergeblich versuchte Deng, die Logik der Ökonomie von der Vernunft abzuspalten und jene allein zu verwirklichen. Die Vernunft ging ihren Gang, und im völligen Unverständnis dessen, worauf er sich eingelassen hatte, versuchte er den Gang der Vernunft aufzuhalten und ließ auf dem »Platz des Himmlischen Friedens« ein Massaker an den oppositionellen Studenten veranstalten: einer der grausamen Umwege, den sich die Vernunft in ihrem unaufhaltsamen Lauf leistet.

Gorbatschow versucht sie in der UdSSR einzuholen, bevor ihr Vorsprung so groß wird, daß das Land in eine Zerreißprobe zwischen Vernunft und Realität gestürzt wird, deren Sieger schon feststeht. Gegen die Macht der autonomen Vernunft nutzten auch dem Rumänien Ceausescus das Niederwalzen vorsozialistischer Dörfer und brutale Massaker genausowenig wie der »Sozialistischen Einheitspartei Deutschlands« ihr »antifaschistischer Schutzwall« genutzt hat, selbst wenn sie ihn gen Osten errichtet hätte, wo der ehemals »Eiserne Vorhang« gewaltige Löcher bekommen hat. Seit dem 9. November 1989 ist die Mauer nur noch ein Haufen Steine. Der Weg der autonomen Vernunft ist weder in der DDR noch in Jugoslawien, noch in der CSSR oder in Rumänien, noch sonst irgendwo auf der Welt aufzuhalten, wo sich die aufklärerische Vernunft eingenistet hat.

Wie verlief der Weg, den die aufklärerische Vernunft in den sozialistischen Ländern nahm?

166 In der *Nikomachischen Ethik* erfand Aristoteles eine neue wissenschaftliche Disziplin: die politische Wissenschaft. Ihre Aufgabe ist es, das höchste Gut für den Menschen zu bestimmen. Dieses sei die Glückseligkeit (die Eudaimonia), die dem kontemplativen, anschauenden, nicht zweckorientierten, nicht handlungsorientierten und nicht verfügenden Denken vorbehalten ist. Die der Glückseligkeit entsprechende Lebensform ist der »bios theoretikos«, die »vita contemplativa«, das theoretische Leben. Der selige Zustand der Kontemplation ist für den Menschen jedoch nur für begrenzte Zeit erreichbar, schließlich kann man von Kontemplation nicht leben. Nur der Gott, der »Nous« (die Vernunft), kann sich dieser Selbstgenügsamkeit (Autarkie) hingeben. In absoluter Selbstbezüglichkeit (Reflexivität) ruht er in sich.

Glückseligkeit ist für Aristoteles also etwas, das objektiv bestimmbar ist. Deshalb kann es die politische Wissenschaft geben als Wissenschaft des menschlichen Glücks: was es ist und wie es erreicht werden kann. Das Glück des Menschen ist herstellbar.

Dieser Anspruch wird von Marx überholt: Das Glück des Menschen sei auf Dauer herstellbar. Dies könne allerdings nicht in der Kontemplation gelingen, sondern einzig in der Arbeit. Sie ist deshalb die höchste Stufe menschlicher Vollendung. Wie von Aristoteles das Denken reflexiv begriffen wurde, so von Marx die Arbeit: Sie soll Produkte erzeugen, die auf den Arbeitenden zurückwirken, so daß er sich in dem, was er herstellt, selbst erzeugt (dazu später Genaueres). Aber mit Aristoteles hält Marx daran fest, daß Glück eine objektive Größe ist und daß es eine Wissenschaft gebe, die es bestimmen und Wege zeigen könne, es zu verwirklichen. Im weiteren Verlauf der kommunistischen Bewegung gab es gewissermaßen eine Arbeitsteilung. Auf der einen Seite den Sozialismus, der sich ausdrücklich als Wissenschaft versteht (»wissenschaftlicher Sozialismus«) und das Glück des Menschen erforscht (mitsamt den Bedingungen, die es verhindern oder fördern), und auf der anderen Seite die Kommunistische Partei, die für die Realisierung des Glücks zuständig ist. Die Welt wurde am **167**

Reißbrett entworfen, und jeder vernünftige Mensch, der nicht verblendet ist, kann sich von den höchsten humanitären Ansprüchen überzeugen, die hier gestellt werden. Dies ist die kühnste Vision, die die Aufklärung hervorgebracht hat. Im wissenschaftlichen Sozialismus und in der Kommunistischen Partei fallen erstmals in der Geschichte der Menschheit der Traum der Humanität und seine Verwirklichung nicht auseinander. Mit diesem Programm verstehen sich sozialistische Staaten von vornherein allen anderen moralisch überlegen. Gleichzeitig haben sie in ihrem Selbstverständnis auch das Recht der Geschichte für sich, denn nach Marx muß der Kapitalismus notwendig zusammenbrechen, und dann »steigt aus den Trümmern der alten Gesellschaft die sozialistische Weltrepublik«. Der moralische, der ökonomische und der gesellschaftliche Fortschritt scheinen sich auf der Seite des Sozialismus zu befinden.

Diesem hohen Anspruch gemäß lastet eine schwere Hypothek auf ihm. Die größten humanitären Hoffnungen, die bislang in ein Gemeinwesen gesetzt wurden, ruhten seit der russischen Oktoberrevolution auf den sozialistischen Staaten.

Sie nannten sich »sozialistisch«, nicht »kommunistisch«. Damit haben sie den hohen Erwartungsdruck etwas gesenkt. Im Sozialismus nämlich ist das Glück des Menschen noch nicht erreicht, er ist ein Übergangsstadium, gewissermaßen die Umkehrung des Kapitalismus: Unterdrücken dort die wenigen Kapitaleigner die vielen Arbeiter, so unterdrückt im Sozialismus die Arbeiterklasse die Kapitalisten. Der Sozialismus ist die »Diktatur des Proletariats«, in der noch ein Staat notwendig ist, der im Kommunismus dann abgestorben sein soll. Das höchste menschliche Glück kann also von sozialistischen Staaten noch nicht eingefordert werden, sondern erst vom kommunistischen Zustand. Die Diktatur, die eine des Proletariats über die Kapitalisten sein sollte, ist in ihrer geschichtlichen Verwirklichung jedoch zu einer Diktatur des Politbüros über die Bürger geworden.

168 Und noch etwas dämpft die Erwartungen, die an den Sozialis-

mus zu stellen sind: Keiner der sozialistischen Staaten entstand
so, wie Marx sich eine proletarische Revolution vorgestellt
hatte. Diese setzt nämlich einen hochindustrialisierten Kapitalismus mit einer breiten, am Rande der Existenz vegetierenden
Arbeiterschaft und eine Konzentration des Kapitals in den
Händen einiger weniger voraus. Darüber hinaus müßten die
Maschinen und Fabriken durch Mangel an Investitionen in
einem Zustand belassen werden, der sie für Innovationen un-
tauglich macht, so daß die Eigentumsverhältnisse die Eigendy-
namik der technischen Entwicklung blockierten. Dadurch
würde ein objektiver Widerspruch entstehen, der seine Ent-
sprechung in der subjektiven Unzufriedenheit der Arbeiter
hätte: im Widerspruch zwischen Kapital und Lohnarbeit. Genau diese zugespitzte Situation gesellschaftlich-ökonomischer
Stagnation und Unzufriedenheit ist nach Marx die Bedingung
für eine erfolgreiche proletarische Revolution. Weder die russische noch die chinesische erwuchs aus solchen Verhältnissen.
In dem einen Fall, wo die ökonomisch-politischen Bedingungen denen von Marx als notwendig erachteten recht nahekam-
men, fand keine Revolution statt, vielmehr wurde der Sozialismus per Dekret eingeführt: nämlich nach dem Ende des Zweiten Weltkriegs in der sowjetisch besetzten Zone Deutschlands,
der SBZ, die sich mittlerweile zur DDR gemausert hat. Genau
dieser DDR aber liefen die Bürger weg. Am 13. August 1961
wird die Berliner Mauer gebaut, um die Abwanderung zu
stoppen. Im Spätsommer '89 flüchteten in die bundesrepublikanischen Botschaften von Polen und der ČSSR gut 20 000
Menschen und erzwangen, eine Woche vor dem 40jährigen
Jubiläum der DDR, ihre Ausreise in den Westen. Danach
schloß die DDR ihre Grenzen auch zum Bruderland. Wie
gewaltig muß die Enttäuschung sein, wenn Jugendliche, wie im
Juli 1987 geschehen, von der Volkspolizei gehindert, um ein
wenig spektakuläres Popkonzert jenseits des Brandenburger
Tors von David Bowie, den Eurythmics und Genesis zu verfolgen, deshalb den ersten öffentlichen Aufruhr gegen das DDR-
Regime seit 34 Jahren riskierten? Am 2. Oktober 1989 waren **169**

dann in Leipzig schon 10 000 dazu bereit und am 9. Oktober gar 70 000, eine Woche später 100 000, am 16. Oktober schließlich 120 000 – zwei Tage später mußte Erich Honecker gehen.

Ein letzter Umstand wird angeführt, um zu rechtfertigen, daß die sozialistischen Staaten die hohen Erwartungen nicht erfüllt haben. Die proletarische Revolution, wie Marx sie gedacht hatte, ist eine internationale. Denn ebensowenig, wie das Kapital national gebunden sei, ebensowenig sei es die Arbeiterschaft. Entsprechend habe eine Revolution international, weltweit zu sein. Dies erklärt die expansive Politik der sozialistischen Staaten, die lange gebraucht haben, um mit der Formel der »friedlichen Koexistenz« auf die Weltrevolution verzichten zu können. Seither ist der Klassenfeind vornehmlich das kapitalistische Ausland. Um so verwirrter war die SED, als sie nach 40 Jahren Sozialismus plötzlich viele Tausende der eigenen Bürger, die ihr Land verließen, zu Konterrevolutionären erklären mußte. Denn, da ja »der Westen« zum Klassenfeind avanciert war, lebten in der DDR nur wahre Sozialisten. Entsprechend glücklich und zufrieden gestaltete sich der Alltag. So gab es weder Verbrechen noch Unglücke im real existierenden Sozialismus, jedenfalls nach offiziellen Mitteilungen. Alles lief wie geplant, allenfalls wurde eine auf dem letzten Parteitag festgesetzte Quote etwas unterschritten, was jedoch durch neue Anstrengungen und größeren Einsatz der »Helden der Arbeit« leicht wettzumachen wäre. Und so erhöhte sich, nach amtlichen Erkenntnissen, sogar das Bruttosozialprodukt der DDR jährlich. Die DDR interpretierte sich als der a priori gute Staat und sah deshalb keine Nötigung, eine Entnazifizierung vergleichbar der in der Bundesrepublik durchzuführen, sie sah noch nicht einmal einen Anlaß für eine Entstalinisierung.

Mit der »friedlichen Koexistenz« standen die sozialistischen Staaten in einem Wettbewerb mit den kapitalistischen, so daß sich der Sozialismus nicht so entfalten konnte, wie dies möglich gewesen wäre, hätte eine Weltrevolution stattgefunden. Dieser Umstand entlastet etwas vom Druck, dem die sozialistischen Staaten bei der Verwirklichung des universalen menschlichen Glücks ausgesetzt waren. Und so verscherbelte die DDR, der Devisen wegen, hochwertige Industrieprodukte auf den westlichen Märkten und behielt den Ausschuß, zum Aufbau des Sozialismus, im Land.

Die Beschwichtigungsversuche haben nach all der Zeit, die seit der russischen Revolution vergangen ist, und all den Erfahrungen, die mit dem »real existierenden Sozialismus« gemacht wurden, wenig Überzeugungskraft. Wie aber ist es zu erklären, daß ausgerechnet die Staaten, die sich der Humanität und Freiheit am stärksten verpflichtet fühlen, sich in ihrer Praxis von ihrem Ideal so weit entfernten?

Die Erklärung liegt im autonomen Gang der Vernunft, dem die sozialistischen Staaten genauso unterliegen wie die westlichen Demokratien. Seit der Oktoberrevolution von 1917 in der Sowjetunion hat sich eine Schulphilosophie des Marxismus-Leninismus etabliert, die den unantastbaren Rahmen für das Denken und Handeln sozialistischer Staaten darstellt. In diesem Sinne ist der »wissenschaftliche Sozialismus« das Äquivalent des formalen Rechts in den westlichen Demokratien. Der Marxismus-Leninismus ist als Staatsgrundlage prinzipiell nicht veränderbar, wer ihn verändert, setzt die oberste Legitimationsbasis außer Kraft und damit den Staat selbst. Der Marxismus-Leninismus ist nicht reformierbar, man kann ihn nur verlassen, und d. h., es gibt nur Orthodoxe oder Renegaten, Sozialisten oder Konterrevolutionäre, Fortschrittliche oder Reaktionäre. Dies macht die Unnachgiebigkeit kommunistischer Parteien aus, ihr Pochen auf die »Linientreue«, ihre Unfähigkeit, sich zu wandeln, und entsprechend die Starrheit der von ihnen regierten Staaten. Dies erklärt das Wüten Stalins gegen seine sozialistischen Mitkämpfer, und das macht auch die Auseinandersetzungen begreiflich, die spätestens seit Mao Tse-tung zwischen den sozialistischen Staaten geführt wurden; seine »schöpferische Anwendung« des Marxismus-Leninismus war aus der Sicht der Orthodoxen »linkes Abenteurertum«. Moa Tse-tung kam unter Beschuß Stalins, weil er sich nicht auf die wenigen Industriearbeiter in den großen Städten **171**

Chinas stützte, sondern auf die armen Bauern, und insofern nicht »linientreu« war. Während Stalin noch die Kulaken niedermachen ließ, hatte Mao schon die Bauern als revolutionäres Subjekt entdeckt, und 1949 erklärten die in der SED vereinigten SPD- und KPD-Genossen die DDR zum »Arbeiter-und-Bauernstaat«. Die KP Chinas hat sich in einer 1965 erschienenen, beinahe 700seitigen *Polemik über die Generallinie der internationalen kommunistischen Bewegung* mit den Vorwürfen hauptsächlich der KPdSU auseinandergesetzt. Und so spaltete sich das »sozialistische Lager« in das des orthodoxen Marxismus und das des Maoismus, der von den Orthodoxen als »Linksabweichung« gebrandmarkt wurde, während diese den Orthodoxen »Rechtsabweichung« und sozialistischen Imperialismus vorwarfen. Wie rasch sich die Fronten inzwischen verschoben haben, zeigte sich, als der Generalsekretär der SED und Staatsratsvorsitzende der DDR für sechs Wochen, Egon Krenz, früher in der Verurteilung der KP Chinas mit Moskau einig, das Massaker auf dem »Platz des Himmlischen Friedens« ausdrücklich rechtfertigte.

Abgesichert im Marxismus-Leninismus und durch den hohen moralischen Anspruch, gehen die Mitglieder der Politbüros und Zentralkomitees davon aus, daß die eine aufklärerische Vernunft noch existiere und daß sie ihre Repräsentanten seien. Die Kommunistische Partei sei die Spitze des Proletariats, und dieses verkörpere die Humanität schlechthin. Entsprechend autonom sind das Denken und Handeln der Parteifunktionäre. Als Agenten der Vernunft sind sie nicht den Bürgern verantwortlich, sondern der Humanität. Einzig an dieser bemißt sich ihr Tun.

Damit kam es wie in den nicht-sozialistischen Staaten auch in den sozialistischen zu einer Trennung: Die aufklärerische Vernunft spaltete sich in eine öffentliche und eine private, allerdings spiegelbildlich. In den sozialistischen Staaten nämlich ist die öffentliche Vernunft die moralische und die private Vernunft die strategisch-erfolgsorientierte und weithin entmoralisierte, was auch im Sozialismus, wie in der entmoralisierten

Öffentlichkeit im Kapitalismus, nicht mit unmoralisch zu verwechseln ist. Und so stand wie im Westen auch im Osten die öffentliche Vernunft gegen die private. Ist im Westen die Moral ins Private abgedrängt, so im Osten die Erfolgsorientierung. Und während im Westen die beiden Vernünfte ihre Kämpfe offen ausfechten, geschah dies im Osten eher verdeckt. Das ging so weit, daß sich das Leben der Bürger in ein offizielles öffentliches und ein eigentliches privates, inoffizielles spaltete, vergleichbar der Trennung von Arbeit und Freizeit im Westen. Aus der moralisierten Öffentlichkeit ergibt sich eine weitere Modifizierung des Verhältnisses der beiden Vernunftsphären. Auch der sozialistische Staat muß bestimmte gesellschaftliche Funktionen übernehmen und institutionell verankern: die Jurisprudenz, die Politik, die Ökonomie, das Militär, die Wissenschaft, die Verwaltung, die Technik. Hat sich im Westen die formale Jurisprudenz als höchste Instanz zur Regelung von Kompetenzstreitigkeiten der Einzelvernünfte etablieren können, so nahm im Osten die Wissenschaft, genauer, der wissenschaftliche Sozialismus, diese Stellung ein. Die wissenschaftlich erforschte Moral herrscht über das konkrete Leben und versucht, dieses nach ihrem Bild zu formen. Die Logiken der Jurisprudenz, der Politik, der Ökonomie, Verwaltung und Technik sind ihr unterworfen. Das heißt aber, daß sie sich nicht frei entfalten können, und genau dadurch werden sie ineffektiv.

Wie im Westen, so wurden auch im Osten die öffentlichen Logiken nicht rein betrieben. So war die Jurisprudenz auch im Sozialismus nicht nur moralisch, sondern auch verfahrensorientiert, die Politik nicht nur moralisch, sondern auch machtorientiert, die Ökonomie auch gewinnorientiert, das Militär auch siegorientiert, die Wissenschaft auch wahrheitsorientiert, die Verwaltung auch ablauforientiert, die Technik auch nutzenorientiert. Während sich jedoch im Westen im Konfliktfall immer die bereichsspezifische Logik durchsetzt, was die Effektivität der Bereiche stärkt und die Öffentlichkeit entmoralisiert, dominierte im Osten im Konfliktfall die Moral, **173** was die Effizienz der Bereiche schwächt. So entschied in ökonomischen Angelegenheiten eher der linientreue Funktionär als der Industriefachmann.

Ist die Jurisprudenz im Westen die Schiedsinstanz, die selbst prinzipiell nicht als Sieger aus einem Konfliktfall hervorgehen kann, ist die oberste Schiedsinstanz im Sozialismus zugleich eine der streitenden Fraktionen. Einer der beiden Angeklagten ist immer auch Richter, so daß der Prozeßausgang von vornherein festliegt: Die Moral siegt, koste es, was es wolle. Dagegen lehnte sich die Bevölkerung auf. Man arbeitet nicht um der Moral willen, nicht, um den besseren Menschen zu schaffen, um den Sozialismus zu stärken – man arbeitet, um Urlaub machen zu können, um sich eine »Wrangler« leisten zu können, um im »Intershop« einkaufen zu können – und wenn es nur Ananas in der Dose ist. Die Moralisierung der öffentlichen Vernunft ließ die Vertreter der reinen Lehre die Republikflucht nicht als politisches Problem begreifen, sondern als moralisches erleben. Entsprechend persönlich beleidigt, wie ein verschmähter Liebhaber, reagierten sie: Man weine den Flüchtlingen keine Träne nach, versuchten sie ihre Kränkung zu kompensieren. Keine zwei Wochen später, nach dem Machtwechsel, bat man die Flüchtlinge dann um Rückkehr.

In einer »Antifestschrift« zur 40-Jahr-Feier der DDR mit dem Titel »Urkunde – Vierzig Jahre« erschien laut »Spiegel« u. a. ein Interview mit einer Christiane, 46 Jahre, Sachbearbeiterin in Ost-Berlin: »Mit dem Aufbau des Sozialismus hat man ja alle bürgerlichen Werte kaputtgemacht. Und man hat es nicht geschafft, etwas dagegenzusetzen. Vieles ist nicht rübergekommen, weil es inhaltsleer war. Die Leute haben keine sozialistische Moral, die haben keine bürgerliche, die haben überhaupt keine Moral mehr.« Wie es im Westen zum Machtkampf innerhalb der öffentlichen Logiken kommt, so auch im Osten. Im Westen ist der Kampf zwischen entmoralisierter Öffentlichkeit und privater Moral entbrannt, im Osten kämpft eine entmoralisierte, erfolgsorientierte private Vernunft gegen die moralisierte öffentliche Vernunft, um besonders die Ökonomie, Verwaltung und Technik zu entmoralisieren, sie ihrer eigenen Logik zu überlassen, damit die Versorgungslage der Bevölkerung verbessert wird.

Aus der entmoralisierten privaten Vernunft heraus gründete sich das »Neue Forum«. Der entmoralisierte Protest wurde remoralisiert, um zu verhindern, daß er entmoralisierte Formen annimmt. Gesucht wird jedoch keine Einheitsmoral, vielmehr pluralistische Vielheit. Das Neue Forum ist eine Bewegung im autonomen Gang der aufklärerischen Vernunft. Die Entlarvung korrupter Parteifunktionäre demontierte mit der persönlichen Integrität der ehemaligen Machthaber zugleich den moralischen Anspruch der SED insgesamt und stärkte die Volksbewegung in der DDR. In dem Maß, in dem es dem Neuen Forum gelang, die private Vernunft zu moralisieren, entzog sie der öffentlichen SED-Vernunft die Moral. In atemberaubender Behendigkeit wurde sie ersetzt durch die Logik der Machterhaltung. Damit setzte der zweite Umschlag ein: Da die Machterhaltung in der gegebenen Situation weitreichende Zugeständnisse verlangte, trieben diese die SED, im Versuch, ihre Macht zu erhalten, zur Aufgabe des Führungsanspruchs. Der eigensinnige Gang der autonomen, aufklärerischen Vernunft hat die SED eingeholt, bevor sie es bemerkte. Woran die politischen Profis jahrzehntelang gearbeitet haben – mit Finten, kaltem Krieg, Taktiken, Unterdrückung, Geld und Korruption –, die politischen Laiendarsteller, die Menschen, haben es binnen weniger Wochen hinweggefegt. Der Sturm der Vernunft trieb die Politiker wie welkes Laub vor sich her. Und bevor sich die Vernunft auch im Osten den Boden unter den eigenen Füßen wegziehen wird, wird sie ihn denen entreißen, die heute noch auf ihm stehen, um ihren Lauf zu verhindern.

Im Bereich der Jurisprudenz und des Militärs war die Entmoralisierung schon lange geschehen. Die Jurisprudenz ist in weiten Teilen entmoralisiert und statt dessen staatstragend effektiv geworden, es entstand eine politische Justiz, wie es am übelsten in den Schauprozessen Stalins zu beobachten war, sich aber auch noch kürzlich in Urteilen bei »Republikflucht« ausdrückte. Für das Militär galt die Freisetzung zur Siegorientierung von Anfang an, die leicht verbunden werden konnte mit der Moral: dem Sieg des Sozialismus und damit der Humanität über den Klassenfeind.

Den Weg in die Reflexivität, den im Westen gerade die Jurisprudenz einschlägt und damit ihrem Untergang entgegengeht, haben im Osten die kommunistischen Parteien schon hinter sich. Völlig unabhängig von ihren Bürgern kreisen sie wie der aristotelische »Nous« in sich selbst. Wie Aristoteles bei seiner Behauptung, daß die Frauen weniger Zähne hätten als die Männer, niemals auf die Idee gekommen wäre, einmal nachzuzählen – schließlich ergibt sich die geringere Zahl der Zähne aus dem Wesen der Frau und kann somit zweifelsfrei aus Prinzipien deduziert werden, so daß eine empirische Kontrolle, gleichgültig, welches Ergebnis sie zeitigt, völlig irrelevant ist – die Realität ist ja nur Schein –, genauso irrelevant ist für ein Politbüro die Realität, sofern es gemäß den Prinzipien des wissenschaftlichen Sozialismus denkt und handelt. Weil, gemäß dem naturalistischen Fehlschluß, nicht sein darf, was nicht sein kann, erklärte Hermann Axen, damals noch Politbüromitglied der SED, auf einer Ostberliner Kundgebung im September '89 zum Gedenken an die Opfer des Faschismus mit Blick auf die Massenflucht von DDR-Bürgern: »Unsere Heimat ist die Heimstatt des Friedens, der Humanität, der sozialen Sicherheit und Geborgenheit, in der ein jeder gebraucht wird und jeder die Möglichkeit hat, sich zu verwirklichen.« Der »real existierende Sozialismus« ist aus den Prinzipien des wissenschaftlichen Sozialismus deduzierbar, so daß sich eine empirische Kontrolle erübrigt, die nur falschen Schein produzieren kann. Der beste aller möglichen Staaten ergibt sich zweifelsfrei aus den Ideen und Grundsätzen des Sozialismus. Und um so schlimmer für die Wirklichkeit, wenn sie der Theorie nicht entspricht. Der wissenschaftliche Sozialismus nämlich erkennt das Glück des Menschen schlechthin, und deshalb muß die Realität der Theorie angeglichen werden.

176 Der Blick auf die Realität verwirrt dabei nur und ist deshalb

tunlichst zu vermeiden. Die Bürger flüchten folglich nicht, weil sie unzufrieden sind, sondern, so ließ das ZK in Zeitungen und im Fernsehen verbreiten, weil sie »einer zügellosen Hetz- und Verleumdungskampagne gegen die DDR« von seiten der revanchistischen Bundesrepublik aufsäßen. Diese Deutung ergibt sich lückenlos aus den Prinzipien des Sozialismus. Da nämlich das gesellschaftliche Sein das Bewußtsein bestimmt, kann ein Bürger in der DDR-Gesellschaft gar keine freiheitlichen Gedanken entwickeln, folglich ist solches Denken Resultat westlicher Propaganda. Aber auch umgekehrt läßt sich dasselbe Ergebnis deduzieren: Da die DDR als sozialistischer Staat ihren Bürgern mehr Humanität, Glück und Freiheit gewährt als alle anderen Staaten, kann, wer dies fordert, nur von westlicher Propaganda verführt sein; es sei denn, er ist seiner Sinne nicht mächtig. In der UdSSR waren für solche Fälle in der Zeit vor Gorbatschow das Arbeitslager und die Psychiatrie zuständig. Denn wer die »Errungenschaften des Sozialismus« nicht erkennt, ist entweder bösartig, geisteskrank oder von der Konterrevolution geblendet. Human, wie die DDR ist, verzeiht sie den Verführten, die sich, verleitet von westlichen Politikern, in die bundesrepublikanischen Botschaften der Tschechoslowakei und Polen geflüchtet haben, um ihre Ausreise zu erzwingen, und nimmt sie, wenn sie reumütig zurückkehren, wieder in ihre Arme auf, wie ein Hirt seine verirrten Schafe. So war es auch nur konsequent, wenn das Neue Forum zunächst mit dem Hinweis verboten wurde, daß »nichts, aber auch gar nichts für die Notwendigkeit einer Kurskorrektur« spreche und es »keinen gesellschaftlichen Bedarf« gebe: Die DDR-Gesellschaft braucht keine Plattform für eine Opposition, weil diese nur eine Verschlechterung bewirken kann. Denn schließlich ist die DDR die beste aller historisch realisierbaren Gesellschaftsformen der Gegenwart und insofern prinzipiell nicht verbesserungsfähig. Entsprechend verkündete Erich Honecker, völlig unbeeindruckt vom Exodus und Protest seiner Bürger, bei der 40-Jahr-Feier: »Der Sozialismus ist die einzige Gesellschaftsordnung, in der der Mensch ein Mensch sein **177**

kann, in der menschliche Arbeit und Initiative nicht miß-
braucht, sondern zum Wohle des Menschen wirksam werden.« Will man solche Verlautbarungen und solches Verhalten nicht als blanken Zynismus interpretieren, dann bleibt nur eine Erklärung: Das ZK der SED hat das Humanitäts- und Interpre-tationsmonopol kraft der im Marxismus-Leninismus geoffen-barten Wahrheit und der Moralität des Partei-Programms.

Die moralische öffentliche Vernunft verwirklicht, was der »wissenschaftliche Sozialismus« als das Glück der Bürger her-ausgefunden hat. Das Glück ist herstellbar. Und dazu bedarf es der Planung. Zwar spricht Marx an keiner Stelle von der Planwirtschaft, so daß sie kein »Essential« sozialistischer Staa-ten ist, jedoch haben die Chefökonomen des Sozialismus noch keine andere Wirtschaftsform gefunden, welche die Entfrem-dung und Beherrschung des Menschen nachhaltiger verhin-dern würde. Die Einführung der freien Marktwirtschaft ist jedenfalls mit den kommunistischen Prinzipien nicht verein-bar. Wer dies tut, gibt den Sozialismus preis. Die Planwirt-schaft ihrerseits ist die Verteilung des Glücks in kleinen Dosen. Die Bürokratie ist gefordert. So kam es zur segensreichen Verbindung von Glück und Verwaltung. Im Sozialismus wer-den die Lustquanten nach politisch-moralischem Verdienst zu-gewiesen, seien es die Datscha, der Urlaub oder das Obst.

Im Bündnis der Moral mit der Bürokratie erstickt das Leben. Die Funktionäre sind die Götter mit Sekretärin und Stempelge-walt. Das Konterfei des jeweils obersten Gottes hängt an der Wand der Kanzlei und auch im volkseigenen Bäckereibetrieb. In der Volkskammer blickt die sozialistische Trinität hinunter aufs Volk. Selbst die Göttergenealogie ist ab und an zu sehen, wenn sich bei der Monstranz zu Marx, Engels und Lenin noch Mao Tse-tung, Tito, Erich Honecker oder Egon Krenz gesellen; die Erbfolge ist allerdings stark umstritten und ändert sich regelmäßig, wenn ein neuer Generalsekretär sein Amt antritt. So sind im Sozialismus selbst die Götter Sekretäre geworden. Die Säkularisierung hat Fortschritte gemacht. Sogar Götter-
178 dämmerungen sind eingeplant.

Zwar ist es möglich, das dem Menschen als Gattungswesen zukommende höchste Glück zu bestimmen, seien es Kontemplation, Arbeit oder sonst etwas, dies fällt aber nicht zusammen mit dem individuellen Glücksempfinden. Deshalb schlägt Aristoteles keine Behörde fürs Glück vor. Ein Glücksministerium muß notwendig scheitern. Aristoteles konstatiert statt dessen drei Lebensformen: die Lebensform der Lust, die der Politik (der Arbeit und Gestaltung) und die der Theorie. Die letztere ist ihm die höchste und eigentlich humane, aber er maßt sich nicht an, sie für alle durchsetzen zu wollen. Auf der Moral läßt sich weder eine humane Gesellschaft noch ein freiheitlicher Staat erbauen.

Die DDR, die sich ihre Anführungszeichen abgearbeitet hat, ist autonom geworden. Damit aber hatte sich die SED die unteilbare Verantwortung eingehandelt für das, was in der DDR geschah. Dies ist der Grund, weshalb die SED genau zu dem Zeitpunkt, an dem sie ihr Ziel erreicht hat, ihre Unfähigkeit enthüllte. Der Zenit der kommunistischen Parteien ist erreicht, er ist schon überschritten, und das Tempo, das die aufklärerische Vernunft nun vorlegt, ist gesteigert, denn es geht abwärts. Die SED ließ es zu, daß das Bewußtsein dem gesellschaftlichen Sein zu weit vorauseilt, als daß es von diesem noch eingeholt werden könnte. Darüber löste sich der Minimalkonsens, den jeder Staat zu seiner Erhaltung braucht, auf. Doch wie immer sich kommunistische Parteien einigeln mögen, das Virus der aufklärerischen Vernunft läßt sich nicht ausschwitzen. Ob sie reformieren oder abblocken, sie entgehen dem Gang der aufklärerischen Vernunft ebensowenig wie der Westen.

Die sozialistischen Staaten sind die östlichen Kompensationen der zerbrochenen aufklärerischen Vernunft. Die internationale Solidarität sollte die transzendente und »transzendentale Obdachlosigkeit« (Georg Lukács) heilen, indem sie die Moral aus dem Jenseits ins Diesseits holt, um so verbindliche Normen zu schaffen. Ohne Tradition und Transzendenz lassen sich oberste Normen jedoch schwer legitimieren und deshalb nur für kurze **179**

Zeit erzwingen: durch Überredung und Gewalt. Genausolange sind sie dadurch erzwingbar, wie Überredung und Gewalt anhalten. Fallen Propaganda und Gewalt weg, brechen auch die obersten Normen des Denkens und Handelns zusammen, weil sie nur gestützte Kulissen waren. Die Fassadennormen stürzen spätestens dann, wenn das politische System zerbricht. Die Verbindlichkeit der internationalen Solidarität und selbst die Identifizierung mit dem eigenen Sozialismus, so zeigte sich jedenfalls in der Geschichte, war auf Stacheldraht, Gulags und Waffenhilfe angewiesen.

Der Gegensatz, der seit der erfolgreichen russischen Revolution die Welt beherrscht, westliche Demokratien hier – östlicher Sozialismus dort, ist gegenstandslos geworden. Der »real existierende Sozialismus« ist politisch gescheitert, er ist ökonomisch gescheitert, er ist moralisch gescheitert. Nicht, weil die kommunistische Idee verfehlt wäre, vielmehr stellte sich heraus, daß die Konzepte zu ihrer Verwirklichung nichts taugten, und dies nährt den nicht unbegründeten Verdacht, daß auch die Analyse fehlerhaft ist. Nicht die Marxsche Vision des universellen menschlichen Glücks ist zugrunde gegangen, sondern die Wege, die eingeschlagen wurden, um es zu verwirklichen, führten in die Irre. So bleibt als letzter moralischer Legitimationsnachweis der Antifaschismus übrig. Entsprechend müssen der Westen und vornehmlich die Bundesrepublik des Revanchismus und Faschismus bezichtigt werden. Aus Legitimationsmangel wiederholte deshalb Egon Krenz in seiner ersten öffentlichen Ansprache nach seiner Wahl zum Generalsekretär den Revanchismus-Vorwurf an die Bundesrepublik.

Der Sozialismus ist in eine tiefe Legitimationskrise gestürzt. Die Beendigung der ökonomischen Lebensnot und der politischen Unterdrückung ist das Ziel, um dessentwillen er angetreten war und das ihm seine Würde, seine Existenzberechtigung, ja -notwendigkeit gab. Das Ergebnis indessen waren das leerstehende Regal im volkseigenen Supermarkt und Stacheldraht, um die Bürger an der Flucht zu hindern, und wenn es nicht anders ging, wurde auch geschossen. Von hierher zeigen sich

Glasnost und Perestroika als die legitimen und notwendigen Rückzugsgefechte: nicht, um das Gesicht zu wahren, sondern um die Identitätsbrüche und das Chaos zu vermeiden, die unausweichlich sind, würde die Kontinuität der Geschichte zu abrupt unterbrochen. Das Denken in Links-Rechts-Kategorien ist von der Geschichte überholt.

Der sozialistische Weg, den die aufklärerische Vernunft im 20. Jahrhundert einschlug, war kürzer als der kapitalistische. Indessen kommt es darauf nicht an. Sowohl der Osten als auch der Westen leben in den Trümmern der Vernunft. Mit dem Ende der Epoche der Aufklärung sinkt die politische Konfrontation, die das 20. Jahrhundert weitgehend bestimmte, als gleichgültige Episode in der Historie zurück. Die sich fortwälzende Geschichte streift sie ab wie eine abgestorbene Haut, die unansehnlich, verschrumpelt und leer am Wegrand liegenbleibt.

DAS SCHICKSAL DER MODERNE

DIE ORDNUNG
UND DAS CHAOS

Die fremde Welt   Wenn man den Versuch macht, sich die Zeit
auszumalen, die seit dem Urknall vergangen ist, die Zeit, die
vor ihm lag, und die Zeit, die nach ihm kommen wird; wenn
man den Versuch macht, den Weltraum zu denken oder nur die
Entfernung von der Erde bis zur nächstgelegenen Galaxis, zum
Andromedanebel, dann schwinden einem die Sinne, das Hirn
wird in einen Strudel gerissen, wir versinken in der Ohnmacht
unserer Gefühle und unseres Denkens, tauchen in die Einsamkeit des überwältigenden Alls. Schweigen, Untereiseskälte,
Nacht, keine Bewegung. Aber man weiß: Galaxien, Sonnen,
Planeten, Meteoriten rasen in einem unvorstellbar riesigen
Wirbel mit aberwitziger Geschwindigkeit durch den Raum,
Sterne zerbersten und brechen unter ihrer eigenen Schwerkraft zusammen. Wir leben gleichsam auf einem winzigen
Ascheteilchen, das bei der Explosion einer Munitionsfabrik
gerade in die Luft geschleudert wird. Im Hintergrund ist noch
das tiefe Grollen der Detonation zu hören.
Wir wissen so gut wie nichts von unseren Anfängen, nur unser
Ende scheint einigermaßen klar zu sein. Wir werden sterben,
ohne zu wissen, wer wir sind, woher wir kommen und wohin
wir gehen.
Dreizehn bis fünfzehn, vielleicht auch zwanzig oder doch nur
zehn Milliarden Jahre alt, so einige Vermutungen, ist das
Weltall. Was vorher war, ist ungewiß. Ob es tatsächlich in
einer einzigen Urexplosion entstand oder in einer Vielzahl
solcher Explosionen ebenso. Wurde lange Zeit davon ausgegangen, daß die Galaxienbildung mit der Entstehung unseres
Universums zusammenfällt, heute also abgeschlossen sein
müßte, wurde im Sommer '89 die aufregende Entdeckung
einer sich gerade bildenden Galaxis (»Proto-Galaxie«) gemacht. Ende '89 wurde eine nicht minder aufregende Entdek- **185**

kung gemacht: ein Quasar, der ungefähr 14 Milliarden Jahre alt ist. Er hätte also zur Zeit des Urknalls entstehen müssen. Dies aber ist ausgeschlossen, weil Quasare Endstadien in der Entwicklung von Sternen sind. Der Chemie-Nobelpreisträger Ilya Prigogine ist der Auffassung, daß die Entstehung der Welt auch ohne Urknall beschrieben werden kann. Im Vakuum, das nicht völlig leer gedacht ist, sondern energietragend, gibt es nämlich ständig kleine Schwankungen, bei denen für Bruchteile von Sekunden massive Teilchen entstehen. Wenn diese nun eine kritische Größe überschreiten, entstehen durch einen Mechanismus der Selbstverstärkung immer mehr Teilchen, und der Raum beginnt sich zu »krümmen«, das Weltall bläht sich sozusagen auf. Nach diesem »Inflations-Modell« müßte nach ungefähr 20 Milliarden Jahren ein Zustand erreicht sein, der unserem heutigen Universum entspricht. Seine Ausdehnung soll zur Zeit etwa 10^{20} Lichtjahre betragen. (Das Licht legt in jeder Sekunde gut 300 000 km zurück; ein Lichtjahr entspricht ungefähr 9,5 Billionen Kilometern.) Möglicherweise ist es durchzogen von riesigen, völlig leeren Räumen (»Blasen«), an deren Oberfläche sich die Galaxien befinden. Ihre Zahl ist nicht bekannt; es dürften einige hundert Milliarden sein. Allein in dem von der Erde aus beobachtbaren Teil des Weltalls gibt es Milliarden. Es gibt Vermutungen, daß 90 bis 99 % der Materie unseres Universums unsichtbar seien, weil sie keine Strahlen aussende. Daß es sie gibt, kann nur aus der vorhandenen Schwerkraft erschlossen werden, die verhindert, daß die bestehenden Galaxien auseinanderfliegen. Der Astrophysiker Anthony Tyson geht von 20 Milliarden Galaxien mehr aus als bisher angenommen. Unsere Galaxis soll einen Durchmesser von ungefähr 100 000, vielleicht auch nur 70 000 Lichtjahren haben. Sie enthält mindestens 100 Milliarden Fixsterne (»Sonnen«). Man nimmt an, daß ungefähr 6 % der Fixsterne von Planeten umkreist werden. Allein in unserer Galaxis kann mit sechs Milliarden Planetensystemen gerechnet werden. Die Erde dreht sich um ihre eigene Achse und fliegt mit 30 km pro

Sekunde um die Sonne. Diese kreist mit 230 km pro Sekunde

um das Zentrum unserer Milchstraße. Diese bewegt sich ihrerseits mit 40 km pro Sekunde auf den Andromedanebel zu. Beide zusammen werden angezogen vom »Virgo-Haufen« und dem Hydra-Centaurus-Supergalaxienhaufen. Alle bewegen sich gemeinsam auf einen Punkt zu, den man, in Ermangelung einer genauen Bestimmung, den »großen Attraktor« nennt. Als gesichert gilt, daß das Universum nicht statisch ist. Ob es sich aber in alle Unendlichkeit, entweder mit zunehmender oder mit abnehmender Geschwindigkeit, ausdehnen oder irgendwann einmal in sich zusammenstürzen wird, ist nicht geklärt.

Der Planet Erde wird auf ungefähr fünf bis sechs, genauer vielleicht 4,6 Milliarden Jahre geschätzt. Seit drei bis vier, genauer vielleicht seit 3,8 Milliarden Jahren gibt es auf ihm Leben. Davon zeugen Sedimentgesteine (Ablagerungen) aus der Isua-Zeit von Südwestgrönland, die ein radiometrisches Alter von 3,8 Milliarden Jahren haben. In ihnen fanden Hans Dietrich Pflug und seine Mitarbeiter in den Quarziten einen Kohlenstoffgehalt, der bis zu 3 % der Gesteinsmasse ausmacht. Dieser Anteil entspricht der Menge heutiger, also belebter, Meeresgebiete. Selbst Mikrofossilien einzelliger Organismen konnten in den Ablagerungen nachgewiesen werden. Dabei ist es unerheblich, ob sich das Leben auf der Erde aus unbelebter Materie entwickelte oder ob Leben in Form von Bakterien gleichzeitig mit der Geburt des Kosmos entstand und die Bakterien riesige Wolken zwischen den Sternen der Milchstraße bilden, so daß der Weltraum mit lebenden Zellen vollgestopft wäre. Nach der Theorie von Fred Hoyle sind Bakterien aus dem Weltall wahrscheinlich von Kometen auf die Erde übertragen worden.

Die ältesten bekannten Hominiden jedenfalls sind knappe vier Millionen Jahre alt (der Australopithecus afarensis), den Homo sapiens sapiens gibt es seit ungefähr 100 000 Jahren. Seit etwa 60 000 Jahren hat sich der Mensch biologisch nur unwesentlich geändert. Die ältesten Kulturen sind möglicherweise 35 000 Jahre alt (Felsenmalereien der Steinzeitmenschen in Tansania). **187**

Die bekannten Hochkulturen entstanden vor ungefähr 5000 Jahren (Ägypten und Mesopotamien). Vielleicht gab es eine noch ältere »Megalith-Hochkultur«.

Sicher ist, daß die Gattung Mensch schon erloschen ist, wenn das All noch lange bestehen wird. Spätestens, wenn unsere Sonne in vielleicht fünf Milliarden Jahren ausgebrannt sein wird, ist dies das Ende der Menschheit. Doch schon viel früher wird die Erde vermutlich in die Sonne stürzen, und lange vor dieser Verschmelzung wird es zu gewaltigen atmosphärischen Turbulenzen kommen, zu Austrocknungen und Einebnungen, der Kohlendioxidgehalt der Luft wird steigen, und jegliches Leben auf Erden wird zugrunde gehen. Das All überlebt den Menschen. Der Mensch ist mit Sicherheit nicht das Ziel des Alls. Kosmisch ist der Mensch bedeutungslos. Die Welt ist nicht für den Menschen da und der Mensch nicht für die Welt. Die Welt ist die nämliche – ob mit oder ohne Menschen.

Wir leben auf einem Planeten, den außer uns keiner kennt. Als völlig unbekannter ist er, als ob er nicht wäre. Und tatsächlich wird er auch sein, als wäre er niemals gewesen. So unauffällig er ist, wird sein Verschwinden keinerlei Aufmerksamkeit erregen. Noch nicht einmal als Gespenst. Unser Ende, könnten wir es erleben, würde uns zeigen, was wir sind: das absolut Überflüssige.

Der Mensch ist fremd auf dieser Welt. Er kennt sich nicht aus. Nicht deshalb, weil er zuwenig weiß, sondern deshalb, weil er zuviel weiß; er weiß so viel, daß er sich ständig entscheiden muß zwischen all den Alternativen, die er kennt. Der Mensch ist kein »Mängelwesen«, wie manche Anthropologen, z. B. Arnold Gehlen, behaupten, der Mensch ist ein Überflußwesen: Er weiß mehr, als er zum Überleben wissen muß. Selbst sein Gehirn hat eine so große Kapazität, daß er sie nicht ausnutzen kann. Es hat sehr viele parallele Strukturen und damit so viel Reserve, daß der Mensch überlebensfähig ist, auch wenn Teile seines Hirns ausfallen. Dem Menschen steht ein Übermaß an Möglichkeiten zur Verfügung. Sein Problem ist deshalb nicht seine Begrenztheit, sondern seine Unbegrenztheit.

Natürlich ist der Mensch als Naturwesen in die Natur eingebunden. Die Naturabhängigkeit aber verunsichert nicht; Unsicherheit ist das Ergebnis des Denkens, ist der Preis der Freiheit.
Das Denken verunsichert aber nicht nur, es gibt auch Sicherheit, indem es die Welt im Kopf ordnet. Denkend versucht sich
der Mensch heimisch zu machen in der ihm fremden Welt. Er
erbaut sie sich im Kopfe nach eigenem Maß, so daß sie über-
sichtlich wird.

Im Denken arbeitet der Mensch seine Fremdheit ab, doch in
Wahrheit kommt er der Welt nicht näher. In Wahrheit bleibt
er der Welt immer fremd. Denn was er im Denken bestimmt,
ist nicht *die* Welt, sondern nur *seine*. Deshalb bleibt der Halt,
den er im Denken findet, ein fiktiver; es ist ein gedachter, kein
wirklicher Halt, den er nur in sich findet. Die Welt bleibt davon
unberührt.

Der Mensch weiß das, und deshalb ist er unsicher, und daraus
resultiert Angst. Die Angst vor der Kernkraft, dem Krieg, vor
Hunger, Not und Elend ist die Aktualisierung der Urangst, die
von der grundsätzlichen Ungesichertheit des Menschen rührt,
ins Bodenlose einer chaotischen Welt zu fallen und in ihrem
Strudel zu versinken.

Der Mensch versucht deshalb, seinem nur fiktiven Halt zu
entkommen. Er sucht ihn in etwas, das der menschlichen Subjektivität, Endlichkeit, Beschränktheit, Bedingtheit und Wan-
delbarkeit nicht unterliegt. Der Mensch denkt Gott. Er denkt
ihn als das grundsätzlich andere seiner selbst, als die Umkehr
seiner selbst: als das Objektive, Unendliche, Unbeschränkte,
Gleichbleibende, Unbedingte. Gott ist ihm der letzte Grund
allen Seins. Die Gottesbeweise des Mittelalters versuchen, diesen ersten Anfang aller Dinge nachzuweisen, zu zeigen, daß sie
eine letzte Ursache haben müssen. Diese letzte Ursache muß
vollkommener sein als alles, was aus ihr erwächst. Deshalb
kann Anselm von Canterbury (1033–1109) in seinem *Proslo-
gion* schreiben: Gott ist das, »über dem nichts Größeres gedacht werden kann«. Der Gott der Gottesbeweise ist also ein
logischer Gott, nicht der personale christliche Gott; er ist nur

der logische Letztpunkt einer Gedankenkette: das Erste, das Vollkommenste, das Größte. Deshalb konnte der Heide Aristoteles (384–322 v. Chr.) den christlichen Gottesbegriff prägen. Er bestimmte in seiner *Metaphysik* Gott als das »primum movens non motum« (1074 a 37), den ersten unbewegten Beweger. Gott wird als der Anfang gedacht, aus dem alles andere erwächst.

Der Mensch, der sich ständig als bedingt erfährt, als eingeschränkt und einigermaßen hilflos, versucht, sich in einem Unbedingten zu gründen. Von diesem vermag er indessen nur zu sagen, daß es existieren müsse, nicht aber, wie es beschaffen sein könnte. Er gründet sich also in einem unbekannten Grund, und deshalb ist er seines Grundes nicht mächtig. Wer aber seines Grundes nicht mächtig ist, wie sollte der seiner selbst mächtig sein? So rettet ihn auch das Unbedingte nicht. Was bleibt? Er muß sich selbst zum Grund des Seins aufspielen, was nur im Kopf, nicht aber tatsächlich gelingt. Er wird Urheber seiner eigenen Welt im Kopf; schon im »Moustérien«, also im Mittelpaläolithikum vor ungefähr 30 000 bis 100 000 Jahren, ritzte er dazu Sinnzeichen in die Kulthöhlen der Ile-de-France ein. Die ältesten Ritzungen (ich folge den Untersuchungen von Marie E. P. König) sind Linien │ (vermutlich stehen sie für Sonnenauf- und -untergang) und Linienkreuze +. Auch die Drei spielt eine Rolle. Sie kommt vor als parallele Dreierlinie ||| und als Dreieck △, wobei die Drei vermutlich Zeit meint und die Mondphasen bezeichnet (zunehmender, abnehmender Mond und Vollmond). Weiter findet man die Vier als Quadrat □, womit Raum und Kardinalpunkte gemeint sein könnten, und als Kreuz +, was vielleicht Sonnenauf- und -untergang bedeuten könnte. Die Fünf spielt eine Rolle in der Bedeutung des Raumes und der Kardinalpunkte einschließlich des Zenits: ∴ oder ✕. So gehen die Ritzungen über die Sieben und Neun bis zur Zwölf und Vierundzwanzig.

Wenn die Einzelbedeutung dieser Ritzungen auch nicht mit Sicherheit geklärt werden kann, so lassen sie sich doch als Versuche der Hominiden deuten, die Ordnung der Welt darzustellen. Die Hominiden, so darf man annehmen, versuchten von Anfang an, ihr Denken und Sein einzubinden in eine Ordnung, die ihnen sinnenfällig erschien: der Lauf der Gestirne, die Mondphasen. Es gibt Hinweise darauf, daß die kleinen »Einmannhöhlen« der Ile-de-France zur Beobachtung des Laufs der Gestirne gedient haben. Die Hominiden schafften Ordnung in ihrem Denken, indem sie Regelmäßigkeiten beobachteten und diese dann in Symbolen darstellten. Viel anders macht es auch der Naturwissenschaftler heute nicht.

Die symbolische Ordnung der Welt ist dem Menschen ein Grundbedürfnis. Er ordnet die Welt in Bildern, in Zahlen, in Systemen, in Erzählungen, in Mythen, in Riten, in Spielen und so fort. Die so erzeugte Ordnung gibt ihm seinen Platz im Wandel der Zeit und der Welt, und sie macht Voraussagen möglich. Indem sich der Mensch der Ordnung der Welt fügt, macht er sie sich gleichzeitig verfügbar. Die Erzeugung von Ordnung ist also Selbstbehauptung im Sinne von Selbstverständigung und Selbsterhaltung zugleich.

Der Mensch gibt sich aber mit den vorgefundenen Ordnungen nicht zufrieden. Er fragt, was hinter den Regelmäßigkeiten stecken mag, und er ist erst zufrieden, wenn er hinter den unmittelbaren Wahrnehmungen ein abstraktes, un-sinnliches Gesetz gefunden hat. In diesem Sinne zerstört er die vorfindbare Ordnung, um sie in seinem Kopf neu zu erfinden. Aus dem Zu- und Abnehmen des Mondes, aus dem Lauf der Gestirne werden in den Höhlen der Ile-de-France abstrakte Linien. Schon am Beginn der Menschheitsentwicklung also teilen die Hominiden die Welt in eine sichtbare und in eine nur denkbare auf, wobei ihnen die sichtbare als ungewiß erscheint und nur die ausgedachte als gewiß. In der symbolischen Ordnung wird die wirkliche Welt ersetzt durch Zeichen; dies geht so weit, daß schließlich die wirkliche Welt als die falsche und die Zeichenwelt als die wahre gilt. Die Wirklichkeit wird zum Schein erklärt, und die Zeichen werden zur Wahrheit erhoben. Platon (427–347 v. Chr.) war der erste, der diese Zweiteilung der Welt (»Dualismus«) zu einem System ausgebaut hat. Das dualistische Denken handelt sich das Problem ein, was denn wohl hinter der erfahrbaren Welt steckt: eine höhere Ordnung, ein ruhiges Reich ewiger, gleichbleibender Ideen? Verbirgt sich hinter dem Sichtbaren ein Urchaos, eine gestaltlose Masse? Gähnt hinter der wahrnehmbaren Welt das Nichts? Ist die Welt in Wahrheit ein bodenloser Abgrund? Ist denn überhaupt etwas, oder ist die Welt vielleicht nur eine Täuschung? Sollten wir uns etwa nur einbilden zu existieren? Ist es nicht verblüffend, daß überhaupt etwas ist? Ist es denn nicht viel wahrscheinlicher, daß nichts ist?

Die Hoffnung des Menschen, im Kopf Ordnung zu schaffen, ist trügerisch. Die Vielzahl der erwogenen Ordnungen erzeugt das Gegenteil der zugrundeliegenden Absicht: Sie führt in die Verwirrung. So hat der Mensch denn die natürlich-sinnenfällige Ordnung verlassen, ohne in der künstlich-symbolischen neuen Halt zu finden. Dennoch kann er auf seine künstliche Ordnung nicht verzichten. Denn bei allen Risiken und Fehlern macht er sich durch sie die Welt vertraut, erfährt Entlastung, weil er routinemäßig verfahren kann. Unordnung ist anstrengender als Ordnung, sie beunruhigt, Ordnung hingegen regelt das Denken und Verhalten. Ins Chaos kann man sich nicht einfügen, weil man nicht weiß, wo. Regelmäßigkeit und Wiederholung schaffen Vertrauen – die Werbung nutzt dies weidlich aus.

Ordnung schränkt das Übermaß des Menschen auf ein überschaubares Maß ein, verringert seine grundsätzlich unendlich vielen möglichen Bezüge zur Welt auf einige wenige. Diese Fähigkeit zur Vereinfachung macht ihn zu dem, was man »Subjekt« nennt, zu etwas, das sich selbst und anderes bestimmen kann. In der Ordnung bestimmt der Mensch sich und die Welt; sie ist räumliche und zeitliche Gliederung der Welt und erweckt den Schein der Dauer, Stetigkeit und Geborgenheit, erzeugt subjektive Gewißheit und Sicherheit. Die Unendlichkeit ist vom Menschen nicht organisierbar, er muß sie endlich machen, auf sein Maß bringen. Weil er zugleich Überflußwesen und endlich ist, muß er denken. Gott denkt nicht, Tiere denken nicht. Der Begriff »Ordnung« hat nur Sinn für den Menschen.

Bei aller Ordnung aber erfährt der Mensch den Zufall. Genauer: Nur deshalb, weil der Mensch sich Ordnung erzeugt, kann er Abweichungen von dieser Ordnung erfahren. Die Naturgesetze sind streng und dulden keine Ausnahme. Deshalb gelten sie nur unter Laborbedingungen. So ist die Fallgeschwindigkeit einer Eisenkugel und einer Feder nur im Vakuum gleich. In der uns bekannten Natur jedoch gibt es kein Vakuum, und so fällt die Eisenkugel in der Regel rascher zu Boden als die Hühnerfeder. Ihre Geltung erhalten die Naturgesetze nur um den Preis, die Natur zu »idealisieren«. Die Wissenschaft kann mit dem Zufall nicht rechnen.

In neuerer Zeit allerdings etabliert sich eine »Chaosforschung«, die den Versuch macht, die Regeln zu ergründen, gemäß denen bislang unvorhersagbare Ereignisse auftreten. So wies Benoit Mandelbrot nach, daß die Fehlerverteilung bei der telefonischen Datenübertragung einer Menge entspricht, die man die »Cantor-Menge« nennt und die entsteht, wenn man aus einer Linie das mittlere Drittel entfernt, aus den dann verbleibenden zwei Linien je wieder das mittlere Drittel und so fort. Bei diesem Verfahren ergibt sich eine unendliche Anzahl von· Punkten, die verblüffenderweise eine Gesamtlänge null haben. Der Wetterforscher Edward Lorenz fand den »Schmetterlingseffekt«: Er stellte bei einem Computer-Simulations-Versuch fest, daß eine geringfügige Änderung der Ausgangsbedingung von Wetterlagen (scherzhaft: der Flügelschlag eines Schmetterlings) zu völlig anderen Ergebnissen führt. Mitchell Feigenbaum schließlich entdeckte Mitte der siebziger Jahre eine mysteriöse Zahl: 4669, die »Feigenbaum-Konstante«. Diese taucht immer dann auf, wenn Ordnungen in chaotische Zustände übergehen. Noch ist völlig unklar, was hinter diesen Zahlen steckt, aber vielleicht gelingt es, auch dem Chaos noch seine Regeln abzutrotzen.

Der Mythos in der griechischen Antike ordnet die Wirklichkeit anders. In ihm ist der Zufall (die »Tyche«: das Zustoßende) **193** sozusagen eingeplant. Die Welt wird gesehen als eine von Uranus und Gäa erzeugte Ordnung. Die Götter haben sich nicht aus der Welt zurückgezogen, und deshalb wurde der Kosmos nicht verstanden als das Ablaufen einer einmal aufgezogenen Uhr – diese Vorstellung prägte das mechanistische Weltbild der frühen Neuzeit. In der Welt des griechischen Mythos greifen die Götter nach Gutdünken in das Weltgeschehen ein. Solche Launen der Götter erfährt der Mensch als Zufall; dieser ist Bestandteil der göttlichen Ordnung. Die mythische Weltsicht kann deshalb den Weltlauf nicht berechnen, sie kann nur versuchen, auf die Handlungen der Götter Einfluß zu nehmen – z. B. in Opfern und Ritualen.

Der Zufall also zerstört im mythischen Denken die Ordnung nicht, sondern bestätigt die Anwesenheit der Götter. Die Neuzeit dagegen denkt den Zufall als ein Ereignis, dessen Ursache noch nicht bekannt ist, es wird geleugnet, daß es so etwas wie Zufall gäbe.

Der Gegensatz von Ordnung und Zufall beschäftigte die Menschheit von alters her. Dabei wurde versucht, den Zufall in eine auch ihn noch übergreifende Ordnung einzubauen. Im folgenden werden die Grundmuster solcher Ordnungen dargelegt.

Ordnungsmuster der Wirklichkeit   Archaische, frühzeitliche Kulturen scheinen dem Kreisgedanken nahegestanden zu haben. Ausgehend vom natürlichen Ablauf der Jahreszeiten, der Regelmäßigkeit der Mondphasen und der Bewegung der Gestirne, wurden Weltperioden angenommen. Noch im frühen Griechenland ist dieses Denken zu finden. Heraklit (544–483 v. Chr.) lehrt, daß das Weltall weder von den Göttern noch von den Menschen gemacht sei, sondern daß es schon immer war und immer sein wird, wie ein ewiges, lebendiges Feuer, das sich gesetzmäßig entzündet und auch wieder erlischt. In diesem ewigen Auf und Ab wird aus Einem Alles und aus Allem Eines.

Im ewigen Fließen lösen sich die Gegensätze auf, dann nämlich, wenn man nicht auf das einzelne starrt, sondern das Ganze im Blick hat. Noch 130 Jahre später spricht Platon in den *Gesetzen* (676 a ff.) davon, daß die Menschen schon wiederholt durch Überschwemmungen und Seuchen ausgerottet worden seien. Die Babylonier dachten in der Periode eines »großen Jahres«, dessen Anfang und Ende sie nach Sternenkonstellationen berechneten. Im 19. Jahrhundert hat Friedrich Nietzsche (1844–1900) den Kreisgedanken in seiner Lehre von der »ewigen Wiederkehr des Gleichen« aufgegriffen.

Noch älter als der Kreisgedanke ist vielleicht das Verfallsdenken. Die Veränderungen der Welt werden gedeutet als Abfall von einem ursprünglich vollkommenen Zustand, so zum Beispiel als Abfall von einem »goldenen Zeitalter«. Hesiod (8. Jh. v. Chr.) spricht von fünf Weltaltern. Das erste war das goldene: »Golden war das Geschlecht der sprechenden Menschen, das anfangs sie, die Todfreien, schufen, die himmlische Häuser bewohnen. Das war des Kronos Zeit, und er regierte im Himmel. Wie die Götter, so lebten sie leicht, das Herz ohne Sorge, frei und fern von Plagen und Qual.« Darauf folgt im zweiten Zeitalter, dem silbernen, das nächste Geschlecht, ein weit geringeres. Dann kommt das dritte Geschlecht, das nur noch aus Erz ist, und schließlich das vierte, das Geschlecht der Heroen. Endlich schafft Kronos das fünfte und letzte Geschlecht, das der Menschen. Sie sind aus Eisen. »Und niemals am Tage ruhen sie aus von Mühsal und Weh und nie auch zur Nachtzeit, böse geplagt, und die Götter verhängen zehrende Sorgen.« So deutet Hesiod den Weltenlauf als Abfall von glücklichen Ursprüngen. Dies ist auch die Vorstellung des jüdisch-christlichen Paradieses, aus dem die Menschen vertrieben werden und hinfort in Leid und Unglück leben. In der Moderne wurde das Verfallsdenken von Theodor W. Adorno (1903–1969) aufgegriffen. In seiner *Negativen Dialektik* führt er aus, daß der Fortschritt der Welt allenfalls einer im Verfall sei, der in die totale Katastrophe münde. »Keine Universalgeschichte führt vom Wilden zur Humanität, sehr wohl eine von der Steinschleuder zur Megabombe.«

Als drittes Ordnungsmuster gibt es aber auch das Fortschrittsdenken. Es hat seine eine Quelle in der Antike und seine andere
im Christentum. Aristoteles deutet die Welt teleologisch (von
griechisch: »Telos«, das Ziel): Sie entwickle sich hin auf ein
Ziel, das ihr immer schon zugrunde liege, ähnlich der Tulpe,
die notwendig aus ihrer Zwiebel erblühen muß. Die Wirklichkeit ist für Aristoteles die Entfaltung dessen, was ihr als Möglichkeit vorausgeht. Und alles, was diesen Weg geht, ist »gut«;
»gut« meint also weniger eine moralische als eine ontologisch-
erkenntnistheoretische Eigenschaft. Das Christentum denkt
die Weltgeschichte als Heilsgeschehen. Für den Kirchenvater
Aurelius Augustinus (354–430) verläuft das Weltgeschehen
nach einem geheimen Erziehungsplan Gottes für das Men-
schengeschlecht. Entsprechend den sechs Schöpfungstagen,
durchläuft die Menschheit sechs Epochen und steht im Moment in Erwartung der siebenten und letzten, die das Endge-
richt bringen wird. Den Höhepunkt erreicht das Fortschrittsdenken bei Hegel (1770–1831). Die Weltgeschichte ist für ihn
die Entfaltung des »absoluten Geistes«, ist eine Bewegung des
Fortschritts im Bewußtsein der Freiheit. Das menschliche Denken treibt in einer Art Spiralbewegung bis dahin, sich selbst
denken zu können, und dieses Denken des Denkens bildet den
Abschluß und Höhepunkt des gesamten Prozesses, wobei die
Denkentwicklung parallel zur Realentwicklung gedacht wird,
so daß dem höchsten Stand des Denkens (nämlich dem Hegels)
auch der höchste Stand menschlicher Freiheit entspricht (nämlich in Preußen).

Die eben aufgezählten Ordnungsmuster der Wirklichkeit, das
Kreisdenken, das Verfallsdenken und das Fortschrittsdenken,
gehen alle von zwei grundsätzlichen Möglichkeiten aus, Entwicklungen zu denken, nämlich final und kausal. Man denkt,
daß sich die Welt auf ein Ende (finis) zubewegt, sei es nun
Untergang oder Vollendung, und daß sie sich gemäß dem
Ursache-Wirkungs-Zusammenhang (causa: der Grund) entwickle. Beide Weltbilder schließen sich nicht gegenseitig aus,
sondern können miteinander verwoben sein. Gemeinsam ist

ihnen, daß sie die Geschichte als eine prinzipiell geschlossene Ganzheit verstehen. Dieses Bild eines geschlossenen Ganzen ist jedoch inzwischen in den Wissenschaften nicht mehr unumstritten. Die moderne Physik geht davon aus, daß das Kausaldenken keine unumschränkte Gültigkeit hat. Im Bereich von äußerst großen Geschwindigkeiten (nahe der Lichtgeschwindigkeit) und von winzig kleinen Entfernungen, also in der Astrophysik und im Atombereich, ist das Kausaldenken nicht anwendbar. Die moderne Biologie hat die Evolutionstheorie von Charles Darwin weiterentwickelt und zu zeigen versucht, daß gattungsgeschichtliche Entwicklungen zwar kausal, nicht aber final gedeutet werden können. Aber weder die Physik noch die Biologie haben bislang ein neues Denkmodell vorgelegt, mit dem es möglich wäre, Entwicklungen unabhängig von einem geschlossenen System zu denken. Ergebnis ist eine große Unsicherheit im Denken der modernen Biologie und Physik, die auch auf andere Wissenschaften und selbst den Alltag übergegriffen hat.

Das moderne Selbst- und Weltverständnis beginnt in der Renaissance und findet in der Aufklärung seinen Höhepunkt. Entscheidend ist, daß mit der Neuzeit die menschliche Vernunft den Versuch machte, Welt und Mensch aus eigener Kraft zu verstehen, daß sie also nicht mehr auf mythisch-religiöse Erklärungsmuster zurückgreift.

Das moderne Selbst- und Weltverständnis wird hauptsächlich geprägt von der Philosophie, die die Welt nach Vernunftprinzipien konstruiert, von der Physik, die die Welt ohne Zuhilfenahme von Göttern erklärt, und der Kunst, die den vernünftigen Menschen deutet. Diesen Selbstverständigungsprozeß der Moderne zeichnet das folgende Kapitel nach.

DER SELBSTVER-
STÄNDIGUNGSPROZESS
DER MODERNE

Die Aufklärung hat den Men-
schen aus der Tradition hinausgedacht, ohne ihm in der Vernunft eine neue Heimat zu geben. Er fiel aus seiner jenseitigen
und überlieferten Bindung heraus und auf sich selbst zurück.
Seines christlichen Selbstverständnisses beraubt, mußte er ein
neues finden, und zwar in und durch sich selbst, weil außer
dem denkenden, vernünftigen Ich alles wegkritisiert war. Das
Vermögen, das ihn aus der Überlieferung hinausreflektierte,
mußte auch das sein, das sein neues Selbstverständnis begründete. Der Mensch mußte vernünftig werden. In der Vernunft
mußte er sein neues Selbstverständnis finden, und einzig die
Vernunft konnte ihm dabei helfen.

Die Aufklärung ist keine einheitliche Bewegung. Ihre Anfänge
nimmt sie als »enlightment« in England um die Wende vom
17. zum 18. Jahrhundert. Sie erreicht ihren Höhepunkt als »les
lumières« in der zweiten Hälfte des 18. Jahrhunderts in Frankreich. Dann gelangt sie nach Italien, Holland, Deutschland und
schließlich nach Rußland.

In der Aufklärung erringt die Vernunft den Sieg über den
Glauben. Die Vernunft gilt nicht mehr als ein unselbständiges
Denkvermögen des Menschen, das Gottes bedarf, vielmehr
wird sie selbständig, unabhängig, »autonom«. Wie im Neuen
Testament gilt auch jetzt: »Am Anfang war das Wort« (griechisch: der Logos), doch der Logos ist nicht mehr der göttliche,
sondern der menschliche. Insofern läßt sich sagen, daß am
Anfang der Moderne nicht mehr Gott ist, sondern die Vernunft. Das heißt nicht, daß die Vernunft plötzlich vom Himmel gefallen oder Europa plötzlich atheistisch geworden wäre,
sondern nur, daß sich die Verhältnisse umgekehrt haben:
198 Mußte sich im Mittelalter die Vernunft vor dem Glauben

rechtfertigen, so muß sich nun der Glaube vor der Vernunft rechtfertigen. Damit ist die Wende vollzogen. Die neue Instanz der Rechtfertigung ist die Vernunft, und zwar die menschliche. Die Erkenntnis der Wahrheit bedarf nicht mehr der Offenbarung; das Licht der menschlichen Vernunft erstrahlt auch ohne göttliche Erleuchtung. Die Vernunft der Neuzeit ist sich selbst genug, sie ist uneingeschränkt autonom.

Die Selbstbegründung der Moderne in der Philosophie Nachdem der jenseitige Gott zur Begründung der Welt ausgefallen war, mußte sich die Moderne aus eigener Kraft begründen. Diese Aufgabe wurde von der Philosophie übernommen. Umgekehrt ausgedrückt: Weil die Moderne sich selbst gründen mußte, konnte ein Denken erstarken, das die europäische Tradition von Anfang an geprägt hatte, das im Mittelalter jedoch unter die Herrschaft der Kirche und der Theologen gekommen war, nämlich die Philosophie.

Die mittelalterliche Wissenschaft, die Scholastik, kannte vier universitäre Fakultäten: die Theologie, die Philosophie, die Medizin und die Jurisprudenz. Gelehrt wurden die »septem artes liberales«, die sieben Künste, die die freien Bürger Roms studieren durften. Sie unterteilten sich in das »Trivium« (der Dreiweg: Grammatik, Arithmetik, Geometrie) und das Quadrivium (der Vierweg: Musik, Astronomie, Dialektik, Rhetorik). Das philosophische Denken war nun das einzige, das so grundlegend und umfassend war, daß es die Möglichkeit bot, eine selbständige Selbst- und Weltdeutung der Moderne vorzunehmen; es mußte nur von seiner theologischen Bevormundung befreit werden.

Das autonome Denken der Philosophen versucht die Welt aus einem Prinzip heraus zu konstruieren, das so sicher ist, daß es nicht von Theologen beglaubigt werden muß und jeder Prüfung durch die Vernunft standhält. Damit wird die Philosophie zur eigentlichen Grundlage der gesamten Moderne. In ihr vollzieht sich die Selbstbewegung der Aufklärung in aller Rein- **199** heit. Sie ist das Zentrum der autonomen Vernunft, sie ist diese selbst. »Nichts als einen festen und unbeweglichen Punkt verlangte Archimedes, um die ganze Erde von ihrer Stelle zu bewegen, und so darf auch ich Großes hoffen, wenn ich nur das geringste finde, das sicher und unerschütterlich ist«, schreibt René Descartes (1596–1650) in seinen *Meditationen über die Grundlagen der Philosophie*. Ein solch unerschütterlicher Punkt wird nötig, weil die Grundlage des Mittelalters, der christliche Gott, nicht mehr für Wahrheit bürgt. Auf Gott kann man sich nicht mehr verlassen, denn es kann bezweifelt werden, »daß ein so mächtiger Gott überhaupt existiert«. Und sollte er doch existieren, könnte es sein, daß er kein allgütiger Gott ist, sondern »irgendein böser Geist, der zugleich mächtig und verschlagen ist, (und) all seinen Fleiß daran gewandt hat, mich zu täuschen«. Solche Hypothesen sind für die mittelalterliche Theologie sündig, blasphemisch und ketzerisch. Deshalb wurde Descartes vom Klerus verfolgt. Weil er aber diese Hypothesen gewagt und an die Stelle des Glaubens das nachprüfbare Denken gesetzt hat, konnte er zum Begründer der Neuzeit werden.

Was war nun das Fundament, auf das er die Neuzeit stellte? Das autonome Denken kommt zum Schluß, daß nichts sicher ist, außer ihm selbst. Denn selbst dann, wenn alle Inhalte, die man sich denken mag, unrichtig sind, selbst wenn man sich alles, was man über die Welt sagt, nur einbildet, dann bleibt doch eines immer gewiß: daß man nämlich denkt. Solange irgend etwas gedacht wird, ist der Denkvollzug unbestreitbar: »Cogito, ergo sum«, ich denke, also bin ich. Die »res cogitans«, die denkende Sache, die denkende Substanz, wird damit die Grundlage der Moderne.

Die Konstruktion des denkenden Ich ist genial. Denn selbst wenn dieses Ich denken sollte, daß es nicht existiert, muß es zugeben, zumindest diesen Gedanken zu denken. Solange deshalb gedacht wird, ist gesichert, daß es ein denkendes Ich, eine »res cogitans«, gibt. Das denkende Ich kann sich selbst nicht wegdenken.

Descartes' Konstruktion war so eindrucksvoll, daß das Ich bis heute das Fundament des gesamten neuzeitlichen Denkens geblieben ist. Allerdings hatten Descartes' Ausführungen noch einige Schwächen. Der unbefriedigendste Punkt war, daß zwar das denkende Ich gewiß ist, die Außenwelt aber ungewiß blieb. Es ist nämlich nicht auszuschließen, daß sich das denkende Ich die Außenwelt nur einbildet.

Descartes' Konstruktion ist ein ausgeprägter Rationalismus, d. h., daß nur das für wahr gehalten wird, was den Ansprüchen der Vernunft genügt. Dadurch besteht die Gefahr, daß der Rationalismus umschlägt in Dogmatismus; dann nämlich, wenn das Denken Vernunftwahrheiten behauptet, die sich durch Erfahrung nicht prüfen lassen. Dies ist der Grund, weshalb sich bald eine Gegenströmung herausbildete, nämlich der Empirismus eines John Locke (1632–1704), gemäß dem nur das Wahrheit beanspruchen darf, was durch die Erfahrung bestätigt werden kann. Aber auch er gibt die von Descartes gelegte Grundposition nicht auf, nämlich das Ich. Er stärkt es sogar, indem er seine Erkenntnistheorie durch eine psychologische Theorie des Bewußtseins untermauert.

Vor diesem Problemhintergrund: rationalistischer Dogmatismus hier, empirischer Psychologismus da, entwickelt Immanuel Kant (1724–1804) seine revolutionäre Philosophie. Auch er bleibt dem Grundgedanken Descartes' treu, daß nämlich das Fundament der Neuzeit das Ich ist. Um aber weder in den Dogmatismus zu verfallen und Aussagen zu machen, die durch Erfahrung nicht zu kontrollieren sind, noch in den Empirismus zu verfallen und nur solche Aussagen zuzulassen, die durch Erfahrung überprüfbar sind, teilt Kant den Bereich der menschlichen Erkenntnis auf: nämlich in die erfahrbare Welt der Erscheinung (»mundus sensibilis«) und in die nicht-erfahrbare Welt des nur Denkbaren (»mundus intelligibilis«). Entscheidend ist nun, daß der Mensch zwar denken kann, daß es einen »mundus intelligibilis« gibt, daß er aber nicht sagen kann, wie er beschaffen ist. Er ist das »Ding an sich«, das sich der menschlichen Erkennbarkeit grundsätzlich entzieht. Erkennen kann der Mensch nur, wie das »Ding an sich« für ihn erscheint. Der einzige Bereich, den der Mensch erkennen kann, ist der »mundus sensibilis«, die erscheinende Welt. Wer Aussagen über den »mundus intelligibilis« macht, der verfällt notwendig dem Dogmatismus, denn es gibt keine Möglichkeit, Aussagen über das »Ding an sich« durch Erfahrung zu prüfen. Stehen sich deshalb zwei Behauptungen über den »mundus intelligibilis« entgegen: z. B. »Es gibt Gott«, und »Es gibt keinen Gott«, dann ist nicht entscheidbar, welche Aussage richtig und welche unzutreffend ist. Wer deshalb das eine oder andere behauptet, kann seine Behauptung nicht beweisen und muß deshalb notwendig dogmatisch werden. Damit wehrt Kant den rationalistischen Dogmatismus ab und stärkt den Empirismus. Aber auch dieser wird in seine Grenzen verwiesen. Die Erscheinungen nämlich, so führt er aus, sind nichts, was so einfach zum Prüfstein von Wahrheitsbehauptungen gemacht werden könnte. Denn sie sind keine objektiven Größen, vielmehr wird die erfahrbare Welt vom Menschen erst »konstituiert«. Wie jedes Lebewesen auch hat der Mensch nämlich bestimmte Sinneseindrücke, die sich etwa von denen der Bienen schon unterscheiden. Seine Sinneseindrücke setzt der Mensch nun zu größeren Einheiten, den »Gegenständen«, zusammen; er bündelt und klassifiziert sie in seinem Kopf. Die erscheinende Welt tritt dem Menschen also nicht als »fertige« gegenüber, vielmehr wird sie vom Menschen erst in die Form gebracht, als die uns die Welt erscheint. Ob aber die »Welt an sich« so beschaffen ist, wie sie uns erscheint, das wissen wir nicht, das entzieht sich grundsätzlich unserer Erkenntnis. Damit verweist Kant auch den Empirismus in seine Schranken: Die erfahrbare Welt kann kein Prüfstein für Wahrheitsbehauptungen sein, denn die Erfahrungen sind spezifisch menschliche, so daß keiner wissen kann, ob sie mit der Welt an sich übereinstimmen oder nicht.

Die »Konstituierung« ist für Kant eine Leistung des denkenden Ich. Wie er die Welt in eine sensible und eine intelligible aufteilt, so unterteilt er entsprechend auch das Ich: in ein empirisches und ein transzendentales. Vereinfacht gesagt, nimmt das empirische Ich die Sinneseindrücke (»Affektionen«) in Raum und Zeit auf und verarbeitet sie gemäß den »Kategorien« Quantität, Qualität, Relation und Modalität. Das transzendentale Ich sorgt dafür, daß die vielen Sinneseindrücke das Denken nicht in die Vielheit dieser Eindrücke zersplittern; es sorgt für die Einheit des Bewußtseins trotz wechselnder Affektionen. Damit ist auch für Kant das Ich der Dreh- und Angelpunkt. Er hat aber das von Descartes ungelöste Problem, nämlich die unbewiesene Außenwelt und den rationalistischen Dogmatismus, zufriedenstellend gelöst und ebenso die empirische Verkürzung der menschlichen Erkenntnisfähigkeit überwunden.

Indessen: Kant hat sich ein neues Problem eingehandelt. Das Ich nämlich, auf das sich alle Erfahrung, alles Denken und Erkennen gründet, bleibt selbst unbekannt. Es ist jetzt in ein empirisches und ein transzendentales gespalten, wobei das empirische Ich im transzendentalen gründet – aber worin gründet das transzendentale? Solange dies nicht gezeigt ist, bleibt die Grundlage der Moderne ungesichert.

Das Selbst- und Weltverständnis der Moderne schwebt über einem Abgrund, in den sie zu stürzen droht. Um den Absturz zu vermeiden, müßte es gelingen, auch das Ich selbst noch zu gründen. Johann Gottlieb Fichte (1796–1879) setzte sich diese Aufgabe, die Moderne von ihrem Sturz ins Leere zu retten. Sein Versuch macht in aller Deutlichkeit die Grundschwierigkeit der Moderne klar, sich aus sich selbst zu rechtfertigen. Die Moderne nämlich will sich dabei nur auf das denkende Ich stützen; dazu aber hat dieses nur das denkende Ich zur Verfügung. Das Ich muß also den Versuch machen, sich auf sich selbst zu errichten. Die Frage ist folglich, ob sich das Ich in einem selbstbezüglichen Akt, in einer reflexiven Bewegung selbst fundieren kann, ohne in einen logischen Zirkel zu geraten. In den Zirkel nämlich, das, was begründet werden soll, das Ich, schon voraussetzen zu müssen, um den Begründungsversuch überhaupt unternehmen zu können. Verkürzt lautet das

Problem: Kann ein reflexives Ich zirkelfrei gedacht werden? Vermag sich das Ich, wie weiland der Freiherr von Münchhausen, am eigenen Schopfe aus dem Sumpf zu ziehen? Fichte spricht dieses Problem so aus: Wie kann Ich sich selbst setzen? – Ohne den Fichteschen Versuch nun nachzuzeichnen, ist festzuhalten, daß er scheitert. Fichte kann das Ich nicht aus seiner Zirkularität befreien. Damit fällt die Moderne ins Bodenlose der Ungegründetheit.

In dieser mißlichen Lage versuchte Georg Wilhelm Friedrich Hegel, den Sturz in den Abgrund aufzuhalten. Dazu überbietet er das Fichtesche Problem der Selbstbegründung des Ich. Auch der Fichtesche Selbstbegründungsversuch nämlich wird von dem Vermögen unternommen, das die Moderne ausmacht, der autonomen Vernunft. Das eigentliche Problem ist deshalb gar nicht die Selbstbegründung des Ich. Das eigentliche Problem der Moderne besteht vielmehr in der Selbstbegründung der autonomen Vernunft. Denn diese Vernunft haben alle Denker der Moderne in Anspruch genommen, um ihre Philosophie zu erdenken und zu begründen. Hegel versucht deshalb nachzuweisen, daß die Vernunft nicht nur ein menschliches Vermögen ist, sondern ein Prinzip, das die Welt insgesamt durchwaltet. Die Vernunft als Weltprinzip nennt er die absolute Vernunft oder den absoluten Geist, die Vernunft als Denkprinzip nennt er die subjektive Vernunft. Die absolute Vernunft, so konstruiert nun Hegel, entfaltet sich in einem geschichtlichen Prozeß, der von der subjektiven Vernunft vorangetrieben wird. Dabei denkt er den Gang der Vernunft analog zum christlichen Heilsgeschehen: Der Gott des Alten Testamentes, der als Geist über den Wassern schwebt, wird in Christus Fleisch. Der »spekulative Karfreitag« zeigt dann, daß der Kreuzestod das Fleisch nicht vernichtet, daß vielmehr der leibhaftige Christus auffährt gen Himmel. Damit schließt sich der Kreis: Indem der Sohn wieder beim Vater ist, wird aus dem abstrakten Geist Gottes die Synthese von Geist und Fleisch, von Vater und Sohn, die zum Zeichen, daß nun beide, Gott und Christus, im Heilsgeschehen andere geworden sind, vom Heiligen Geist begleitet werden. Die Synthese ist die Dreifaltigkeit aus Gott Vater, Sohn und Heiligem Geist. Damit hat sich die Geschichte erfüllt. Der abstrakte göttliche Geist ist konkret geworden. Hegel ersetzte nun den Gott durch den absoluten Geist, und aus der Heilsgeschichte wird Realgeschichte, die dann auch nicht in der Dreifaltigkeit, sondern in dem Zweigestirn Hegel und preußischer Staat kulminiert: Hegel als Geist, Preußen als Fleisch. Die Weltgeschichte wird damit bei Hegel zur Verwirklichung der Vernunft; die Wirklichkeit ist vernünftig.

Diese Behauptung war so provokativ, daß sich die Einsprüche rasch einstellten. Karl Marx (1818–1883) erklärte postwendend, daß die Vernunft nicht absolut sei, vielmehr sei das Denken abhängig von den gesellschaftlichen und ökonomischen Bedingungen derer, die dächten. Das gesellschaftliche Sein, so behauptet er, bestimmt das Bewußtsein. Deshalb könne die Wirklichkeit selbstverständlich nicht vernünftig sein, vielmehr sei sie schon immer eine ungerechte Klassengesellschaft gewesen, so daß sich in der Gegenwart zwei Klassen gegenüberstünden, nämlich das Proletariat und die Kapitalisten. Zwischen diesen beiden Klassen befindet sich die »kleinbürgerliche Zwischenschicht«, zu der die Intellektuellen gehören. Diese nun produzieren die »Ideologien« der Gesellschaft. Da die Intellektuellen ökonomisch vom Kapital abhängig sind, wird ihr Denken notwendig die Kapitalbesitzer unterstützen. Das Denken folgt also nicht der Vernunft, sondern den sozioökonomischen Interessen.

Dies war ein Frontalangriff nicht nur auf Hegel, sondern auf das Selbstverständnis der Neuzeit schlechthin. Das Denken nämlich, das sich als autonomes interpretierte, sollte in Wahrheit abhängig sein. Wäre diese Behauptung von Marx richtig, dann wäre jeder Versuch, die Moderne mittels der Vernunft zu gründen, zum Scheitern verurteilt. Das Denken würde dann nämlich immer nur Herrschaftsideologien hervorbringen, also Denkgebäude, die die jeweilige gesellschaftliche Macht legitimieren.

Eine ähnliche Kritik an der Autonomie der Vernunft wurde allerdings schon von Friedrich Wilhelm Schelling (1775–1854) vorgetragen, der sie in einem nicht-vernünftigen Urgrund wurzeln läßt. Desgleichen wandte sich Arthur Schopenhauer (1788–1860) gegen die Behauptung einer autonomen Vernunft. Er sieht sie abhängig vom Willen, der als Grundzug die Welt und den Menschen durchwaltet. Nach Marx hat Friedrich Nietzsche der Vernunft ihre Autonomie abgesprochen und sie als abkünftig vom »Willen zur Macht« behauptet. Auch Sigmund Freud (1856–1939) hat schließlich die Autonomie der Vernunft geleugnet und behauptet, daß sie durch das Unbewußte gesteuert sei.

Nun ist seither die Philosophie nicht stillgestanden. Es hat Versuche gegeben, jenseits der Subjekttheorie wieder Boden zu gewinnen. So hat die Philosophie Ludwig Wittgensteins (1889–1951) ein neues Fundament in der Sprache zu finden versucht, Martin Heidegger (1889–1976) in dem, was er das »Sein« nennt. Schließlich gab es Versuche, eine andere Vernunft zu denken. Theodor W. Adorno probierte es mit einer ästhetischen Vernunft, und Jürgen Habermas (geb. 1929) bemüht sich um eine kommunikative Vernunft. Keinem dieser Neuansätze gelang allerdings bisher eine befriedigende Begründung der Moderne, und so muß festgehalten werden, daß bislang alle Versuche, die Moderne in sich selbst zu gründen, gescheitert sind.

Die scheiternden Versuche hatten einen unangenehmen Nebeneffekt, sie haben nämlich das entscheidende Vermögen der Moderne, die autonome Vernunft, zertrümmert. Gleichwohl steht uns kein anderes zur Verfügung. Deshalb müssen wir uns heute einer zerstörten Vernunft bedienen. Damit sind wir in der unglücklichen Lage, in einer Zeit zu leben, die sich sozusagen selbst verloren hat. Ergebnis ist der oben beschriebene Zustand grundsätzlicher Beliebigkeit, weil eben die autonome Vernunft nicht nur überkommene Verbindlichkeiten, Wahrheits-, Geltungs- und Gültigkeitsansprüche zerstört hat, sondern auch sich selbst. Teile der zeitgenössischen Philosophie reagieren auf diese Situation so, daß sie Beliebigkeit zum Prinzip der Philosophie selbst erklären. Zu denken ist hierbei vornehmlich an einige Propheten der »Postmoderne«. Der neue Okkultismus, die neue Religiosität, Teile der Frauenemanzipationsbewegung, Psycho-Gurus, Geistheiler, die Rudolf-Steiner-Bewegung – sie alle leben von der Leere und Unsicherheit, in die uns die Aufklärung gestürzt hat.

Die Bemühungen der Philosophen, die Moderne kraft der Vernunft zu gründen, verstrickten sich also zunächst in einen Zirkel und demontierten dann, im Versuch, diesem Zirkel zu entkommen, die Vernunft selbst. Damit ist die Philosophie an ihrer Aufgabe gescheitert, eine Selbstbegründung der Moderne zu liefern. Es ist der Moderne nicht gelungen, sich selbst zu begründen.

Parallel zu diesem Selbstbegründungsversuch verlief ein weiterer Selbstverständigungsversuch der Moderne, ihre Anstrengung nämlich, die Außennatur zu gründen. Die Naturwissenschaften haben ihn unternommen. Am erfolgreichsten waren hier die Physiker, doch ihre Ergebnisse sind ähnlich entmutigend wie die der Philosophen.

Die Welterklärung der Moderne in der Physik   Isaac Newton (1643–1727) lieferte in seiner *Naturalis philosophiae principia mathematica* eine Theorie der Natur, die für fast 200 Jahre Gültigkeit behielt. Mit ihr schien es der Physik gelungen zu sein, die Außennatur, die Welt, in einem Axiomensystem zu begründen und in mathematischen Formeln berechenbar zu machen.

Newtons »klassische Physik« betrachtet die Erde als Teil eines riesigen Mechanismus, nämlich des Alls. In diesem Mechanismus gibt es im wesentlichen drei feststehende Größen: Raum, Zeit und Materieteilchen, wobei die Materieteilchen gemäß dem Kausalprinzip aufeinander wirken. Die entscheidende Kraft, die die Massen in Bewegung hält, ist die Schwerkraft.

Seine Gravitationstheorie besagt, daß die Kraft, die zwischen zwei Körpern wirkt, völlig unabhängig von deren Substanz und Eigenschaften ist. Sie ist durch nur zwei Bestimmungsgrößen gekennzeichnet, durch Masse und Abstand. Der Raum ist dreidimensional, unveränderlich und ruhend, die Zeit ist ein eindeutig gerichteter, gleichmäßiger Strahl von der Vergangenheit über die Gegenwart in die Zukunft. Alle Bewegung spielt sich innerhalb des Raumes auf dem Zeitstrahl ab.

Zu Einbrüchen in dieses Weltbild kam es zu Beginn des 19. Jahrhunderts, als die Physiker begannen, sich mit Magnetismus und Elektrizität zu beschäftigen. Durch die Forschungen vor allem von Michael Faraday (1795–1867) und James Clerk Maxwell (1831–1879) wurde klar, daß sich die mechanische Auffassung von der Natur nicht halten läßt. Es war nämlich nicht möglich, Elektrizität und Magnetismus auf mechanische Erscheinungen zurückzuführen. Die Physiker mußten zur Kenntnis nehmen, daß beide Grunderscheinungen des Naturgeschehens sind.

Vor diesem Hintergrund entwarf dann Albert Einstein (1879–1955) zuerst seine »Spezielle«, dann seine »Allgemeine Relativitätstheorie«. Ohne auch nur annähernd auf sie eingehen zu können, soll der entscheidende Neuansatz gekennzeichnet werden.

In der »Speziellen Relativitätstheorie« wird gezeigt, daß der Begriff »Gleichzeitigkeit« sehr problematisch ist. Schon Maxwell behauptete, daß die Lichtgeschwindigkeit konstant sei: Sie ist immer gleich, unabhängig von der Geschwindigkeit, mit der sich die Lichtquelle bewegt. Wenn dies so ist, dann muß ein Beobachter, der von einem Ereignis weiter entfernt ist als ein anderer, dies Ereignis später sehen als der Näherplazierte. Die Abweichungen sind auf der Erde allerdings viel zu gering, als daß man sie messen könnte. Bei riesigen Entfernungen jedoch spielen sie eine Rolle. Daraus folgert Einstein nun, daß Raum und Zeit nicht absolut, sondern relativ zueinander, d. h. relativ zum Beobachter, sind. Es ist sinnlos, von »der Zeit« und »dem Raum« zu sprechen; sie müssen immer zusammen gedacht werden. Deshalb spricht Einstein vom »Raum-Zeit-Kontinuum«.

Eine weitere Grundannahme der klassischen Physik wird von Einstein außer Kraft gesetzt. Die, daß die Erhaltung der Masse und der Energie zwei getrennte Prinzipien seien. Einstein zeigt, daß die Masse eines Körpers keine Konstante ist, sondern daß sie sich gemäß der Zufuhr von Energie verändert. Energie ist die Masse (m) eines Körpers multipliziert mit dem Quadrat der Lichtgeschwindigkeit im Vakuum. Es handelt sich um die berühmte Formel $E = m\,c^2$. Masse und Energie also können ineinander umgewandelt werden, Masse ist eine Form der Energie.

Die »Spezielle Relativitätstheorie« gilt für Körper, die sich gleichförmig, gradlinig und rotationsfrei bewegen. Nun leben wir aber auf rotierenden und sich beschleunigenden Massenkörpern, die Gravitationsfelder haben. Die »Allgemeine Relativitätstheorie« reagiert auf diesen Tatbestand.

Sieht man von der Erde aus einen Stern, der weiter entfernt ist als die Sonne (»hinter« ihr liegt), dann scheint seine Lage leicht bestimmbar zu sein. Geht man nämlich davon aus, daß sich das Licht, das er aussendet, gradlinig bewegt, dann muß er am Ende dieser Linie liegen. Wenn aber der Raum »gekrümmt« ist, weil sich die Gravitation gleichmäßig um einigermaßen runde Weltkörper ausbreitet, heißt das, daß sich das Licht des Sternes nicht in einer Geraden fortpflanzt, sondern von der Masse der Sonne abgelenkt wird: Es beschreibt eine Kurve die Sonne entlang. Folglich kann die Position des Sternes nicht am Ende einer Geraden liegen, sondern nur am Ende eines Bogens. Für den Merkur, den der Sonne am nächsten liegenden Planeten, hat Einstein eine Krümmung des von ihm abgestrahlten Lichtes von einem Grad pro 10 000 Jahren vorhergesagt. Spätere Messungen haben diese Prognose bestätigt. Lichtstrahlen bewegen sich also nicht gradlinig, sondern gekrümmt, und zwar in dem Maß, in dem das Gravitationsfeld um einen Massenkörper (zum Beispiel die Erde) herum liegt. Daraus folgt, daß die Zeit als vierte Dimension gedacht werden muß und daß der nun vierdimensionale Raum gekrümmt ist. Da dies so ist, kann man nicht mehr nach der Geometrie der Geraden und Flächen von Euklid (um 300 v. Chr.) rechnen, sondern nur noch gemäß solchen Geometrien, die der Krümmung Rechnung tragen. Johann Friedrich Gauß (1777–1855) und Georg Friedrich Bernhard Riemann (1826–1866) haben solche entwickelt.

Überblickt man die Unterschiede zwischen der klassischen Physik und der Relativitätstheorie, dann ist als entscheidender Zug bemerkbar, daß sich die Newtonsche Physik beobachten, erfahren und vorstellen läßt, daß dies aber bei der Einsteinschen immer schwieriger wird. Da wird zunächst die unmittelbar gewisse Absolutheit des Raumes und der Zeit aufgegeben. Da wird Selbstverständliches wie »Gleichzeitigkeit« problematisiert, und es zeigt sich, daß wir sehr naiv sind, wenn wir unsere Erde mit ihren ganz speziellen Bedingungen als den richtigen Maßstab nehmen. Es scheint, daß wir, entgegengesetzt zur klassischen Physik, dann der Wahrheit näherkommen, wenn wir uns auf unsere unmittelbaren Erfahrungen nicht verlassen und statt dessen rechnen. Dies geht so weit, daß wir am Begriff »Materie« irre werden, weil zwischen Masse und Energie nicht mehr scharf unterschieden werden kann. Selbst Raum und Zeit müssen wir uns »gekrümmt« denken, ohne uns das vorstellen zu können; die Zeit als etwas, das nicht kontinuierlich fließt; es wird uns zugemutet hinzunehmen, daß die Uhren in jedem Bezugssystem anders gehen.

Diese Entwicklung wird in der Mikrophysik noch verschärft. Sie wendet sich den kleinsten Bausteinen zu, den Atomen und den subatomaren Teilchen. Hier scheinen sich nun vollends alle Annahmen der Newtonschen Makrophysik aufzulösen.

Wenn von »Atom« die Rede ist, muß man sich zunächst darüber im klaren sein, daß in diesem Bereich alle Modelle und alle Ausdrücke nur metaphorischen Charakter haben. Die Physiker versuchen, sich das noch bildlich vorzustellen, was sich unserer unmittelbaren Vorstellungskraft entzieht, und dazu verwenden sie Bilder aus unseren Alltagsvorstellungen. Denn der Mensch ist als biologisches Wesen in seiner langen Evolutionsgeschichte nicht darauf eingerichtet, sich Dinge, Zustände, Ereignisse in einem Bereich vorzustellen, der so winzig ist, wie es die Atome sind, der so schnell ist wie das Licht und wo »etwas« nur für den millionsten Teil einer Sekunde existiert. Dies aber ist die Welt der Atome und der subatomaren Teilchen. Diese Welt wurde früher »Materie« genannt. Was das aber ist, sieht nach dem heutigen Wissen so aus (ich folge hier zunächst den Ausführungen Oskar Höflings): Es gibt 24 Urteilchen, aus denen sich die über 200 bekannten Elementarteilchen aufbauen lassen. Die 24 Urteilchen lassen sich unterteilen in sechs »Quarks« und sechs »Leptonen«. Allen Quarks und Leptonen entsprechen sogenannte »Antiteilchen«. Somit gibt es zwölf Quarks (sechs Teilchen und sechs Antiteilchen) und zwölf Leptonen (auch hier sechs Teilchen und sechs Antiteilchen). Die Quarks haben bestimmte »Flavours«, die in Generationen eingeteilt werden: Die beiden Quarks der »ersten Generation« sind das u(p)- und d(own)-Quark, die dem Elektron und Neutrino (e) auf der Leptonenseite entsprechen. Die »zweite Generation« umfaßt das c(harm)- und s(trange)-Quark, denen das Myon(-) und Neutrino (My) als Leptonen entsprechen. Die »dritte Generation« ist das t(op)- und b(ottom)-Quark, die entsprechenden Leptonen sind das Tau(-) und Neutrino (Tau). Das Elektron hat zum Beispiel eine Ruheenergie von 0,5 MeV (Elektronenvolt), die elektrische Ladung des Teilchens ist -1_e, die des Antiteilchens $+1_e$ (e = Elementarladung). Teilchen und Antiteilchen unterscheiden sich also in ihrer elektrischen Ladung, darüber hinaus aber auch in ihrer Baryonenzahl, in ihrer Strangeness und so fort. Daraus folgt aber nicht, daß die heute existierende Materie zumindest in unserer Galaxis aus Teilchen und Antiteilchen bestünde, denn sonst müßte die Strahlung meßbar sein, die beim Aufeinanderprall der beiden frei wird. Antiteilchen werden von den Physikern in den Teilchenbeschleunigern »hergestellt«.

Das Verhalten der Urbausteine zueinander läßt sich mit Hilfe von vier Urkräften und vier Urprozessen beschreiben. Die wirkenden Kräfte sind dabei immer Wechselwirkungen zwi- **211** schen den Urbausteinen. Es sind: (1) die Gravitationswechsel-wirkung. Sie konnte bis heute experimentell nicht nachgewiesen werden. (2) Die elektromagnetischen Wechselwirkungen. Sie werden hervorgebracht von elektrischen Ladungen und vermittelt durch Photonen. (3) Die schwachen Wechselwir-kungen. Sie werden hervorgebracht von den Leptonenladun-gen (die nicht die elektrischen Ladungen der Leptonen sind) und vermittelt durch Weakonen. (4) Die starken Wechselwir-kungen. Sie werden hervorgebracht durch die »Farbladungen« und vermittelt durch Gluonen.

Die Prozesse, die sich zwischen den Urteilchen abspielen, sind: (1) die Emission eines Trägerteilchens. Das verbleibende Teil-chen kann sich dabei in ein anderes wandeln und eine andere Ladung bekommen. (2) Der Empfang eines Teilchens. Dabei entsteht ein neues Teilchen mit einer anderen Ladung. (3) Die Vernichtung eines Teilchens und eines Antiteilchens. Stoßen ein Teilchen und ein Antiteilchen aufeinander, werden beide vernichtet, und es entsteht ein Trägerteilchen, das dann die Energie trägt. (4) Die Erzeugung eines Teilchen-Antiteilchen-Paares aus einem Trägerteilchen.

Die Teilchen, die bei solchen Urprozessen entstehen, haben meist nur eine kurze Lebensdauer, so daß die Urprozesse in kurzer Abfolge hintereinander erfolgen.

Dies zeigt, daß die Rede von der »Materie« leicht irreführend ist. »Materie« besteht im wesentlichen aus Protonen und Neu-tronen, die jeweils drei Quarks umfassen: die Protonen zwei up-Quarks und ein down-Quark, die Neutronen zwei down-Quarks und ein up-Quark. Genauer ist es deshalb, wenn man im subatomaren Bereich nur noch von unterschiedlichen Ener-giezuständen spricht, ohne daß sagbar ist, was Energie denn sei. Elementarteilchen sind eine Art dynamische Struktur, sie sind Materie und Energie zugleich. Daß hier so widersprüch-lich formuliert werden muß, zeigt nicht, daß das Gemeinte unrichtig ist, sondern nur, daß unsere Wortsprache und unser Vorstellungsvermögen nicht ausreichen, um den Tatbeständen

der Mikrophysik gerecht zu werden. Hat die klassische Physik die Welt aus zwei Grundbausteinen konstruiert, aus Materie und Kräften, so wird heute der Versuch gemacht, die Welt als Energie zu begreifen.

Diese grundsätzliche Schwierigkeit zeigt sich schon beim Lichtphänomen. Einerseits nämlich scheint es aus Massenteilchen (Korpuskeln) zu bestehen, andererseits scheint es Welle (also elektromagnetische Schwingung) zu sein. Je nach Versuchsanordnung stellt sich uns Licht in zwei sich ausschließenden Weisen dar. Die moderne Physik hat die strenge Trennung von »Welle« und »Teilchen« aufgegeben. Und so wird, je nach Bedarf, einmal so gerechnet, als wäre das Licht Welle, das andere Mal so, als hätte es Teilchencharakter.

Max Planck (1885–1947) hat etwas noch Erstaunlicheres festgestellt. In der klassischen Physik heißt es, daß die Natur keine Sprünge macht, daß alle Naturvorgänge kontinuierlich verlaufen; die Physiker sprechen von »Stetigkeit«. Die Wellen im Mikrobereich aber, so Planck, verhalten sich unstet. Genauer: Die schwingende Ladung in einem Atom verteilt sich nicht in Stetigkeit. Die Energie eines Oszillators ist vielmehr ein ganzzahliges Vielfaches eines kleinsten Energiequantums. Dieses Quantum ist eine Konstante und wurde von Planck »h« genannt. »h« ist das »Plancksche Wirkungsquantum«. Die Energiemenge der Röntgenstrahlung, der Licht- und anderen Wellen kann also nicht beliebig klein sein, vielmehr gibt es eine kleinstmögliche Menge. Plancks große Entdeckung ist demnach, daß ein strahlendes Atom seine Energie nicht kontinuierlich abgibt, sondern unstet in Stößen. Diese Unstetigkeit ist nun aber nicht das Ergebnis einer bestimmten Eigenschaft des Atoms, vielmehr sind sowohl die Atome als auch die Unstetigkeit gemeinsame Auswirkungen eines mathematisch formulierbaren Naturgesetzes, nämlich des Planckschen Strahlungsgesetzes. Daraus muß geschlossen werden, daß die Natur im Mikrobereich anderen Gesetzen gehorcht als im Makrobereich. Vorsichtiger läßt sich sagen, daß die Gesetzmäßigkeiten im Makrobereich nur so unvollständig überprüft werden können, daß es nicht auffiele, wenn sie falsch sein sollten.

Andere Forschungsergebnisse bestätigen diese Behauptung. Da wird nämlich nicht nur in der Allgemeinen Relativitätstheorie, sondern auch im Mikrobereich das Kausalprinzip außer Kraft gesetzt. Werner Heisenberg (1901–1976) hat dies in seiner »Unschärferelation« erläutert, die weitere Grundannahmen der Newtonschen Physik entkräftet, nämlich daß Beobachtungen »objektiv« sein könnten und daß man überhaupt von so etwas wie einem Massenteilchen sprechen könne.

Was besagt nun die Unbestimmtheitsbeziehung? Daß es im subatomaren Bereich nicht möglich ist, gleichzeitig Ort und Impuls eines Teilchens beliebig genau zu bestimmen (wobei der Impuls das Produkt ist aus der Masse und der Geschwindigkeit eines Teilchens). In der Quantenmechanik muß deshalb in den Gleichungen die Unbestimmtheitsbeziehung berücksichtigt werden. Zwar ist es möglich, den Ort zum Beispiel eines Elektrons in einer Nebelkammer genau zu bestimmen, dann läßt sich aber nicht gleichzeitig etwas über seine Geschwindigkeit sagen und umgekehrt. Das Produkt beider Ungenauigkeiten kann dabei nicht kleiner gemacht werden als die Plancksche Konstante, geteilt durch die Masse des Teilchens, um das es sich jeweils handelt. Wenn man also ein Teilchen mit Licht bestrahlt, um seine Position oder seine Geschwindigkeit zu bestimmen, dann kann seine Position an dem von ihm zurückgestrahlten Licht gemessen werden. Diese Messung wird aber nicht genauer möglich sein als der Abstand zwischen den »Wellenbergen« des Lichts. Da nach Planck die Wellenlänge nicht beliebig verkleinert werden kann, sondern eben nur bis zum »Planckschen Wirkungsquantum«, heißt das, daß das Licht, das man zur Beobachtung des Teilchens benötigt, seine Geschwindigkeit beeinflussen wird. Weil nun kurzwelliges Licht energiereicher ist als langwelliges, wird die möglichst genaue Beobachtung der Position des Teilchens, die eben kurzwelliges, also energiereiches Licht benötigt, seine Geschwindigkeit in einem unbestimmten Maß beeinflussen. Will man umgekehrt die Geschwindigkeit eines Teilchens genau bestimmen, dann muß man auf eine genaue Bestimmung seines Ortes verzichten, denn um die Geschwindigkeit nicht zu beeinflussen, darf kein Licht verwendet werden. Bei fehlendem Licht aber ist keine Beobachtung möglich.

Wenn die Unbestimmtheitsbeziehung Gültigkeit hat, hat das Auswirkungen auf das Kausaldenken und auf die Annahme, daß man, zumindest im Mikrobereich, noch genaue Angaben machen könnte. An deren Stelle treten nur noch Wahrscheinlichkeitsangaben.

Im Mikrobereich kann man nicht mehr genau trennen zwischen beobachtendem Subjekt und zu beobachtendem Objekt. Wie eben beispielhaft gezeigt, wird das Licht, das zur Beobachtung notwendig ist, die Geschwindigkeit des Teilchens verändern, so daß es ausgeschlossen ist, das Teilchen »als solches«, unabhängig von seiner Beobachtung und deren Bedingungen, zu bestimmen. Vertrat Einstein noch die Auffassung, daß der Physiker erforschen müsse, »was die Natur wirklich tut«, so ist nach Heisenberg der Gegenstand naturwissenschaftlicher Forschung nicht mehr diese Natur »an sich«, sondern die der menschlichen Fragestellung ausgesetzte Natur. Wenn aber eine Trennung zwischen »Objekt« und »beobachtetem Objekt« nicht mehr möglich ist und wenn gleichzeitig im subatomaren Bereich nur noch mit statistischer Wahrscheinlichkeit gearbeitet werden kann, dann wird ein weiterer klassischer Begriff der Physik außer Kraft gesetzt, der uns im alltäglichen Leben selbstverständlich ist: die Kausalität, der Determinismus.

Das heißt nun nicht, daß das Kausalgesetz falsch wäre, sondern besagt nur, daß es im subatomaren Bereich gegenstandslos ist. Hier gibt es nichts, worauf es angewandt werden könnte. Im subatomaren Bereich ist die Rede von der Kausalität und Determination sinnlos. Die Regelmäßigkeit im Makrokosmos ist also durchaus vereinbar mit der Unregelmäßigkeit des Mikrokosmos. Genauer allerdings muß man sagen: Der Makrokosmos erscheint nur deshalb so regelmäßig und kausal bestimmt, weil wir seine Unregelmäßigkeiten und seine A-Kausalität nicht bemerken. In der »Quantenphysik« wird deshalb, dem Raum-Zeit-Kontinuum Einsteins vergleichbar, von einer Ort- **215**

Geschwindigkeits-Relation ausgegangen. Voraussagen sind damit nicht mehr eindeutig, vielmehr werden mehrere mögliche Ergebnisse genannt, deren statistische Wahrscheinlichkeit angegeben wird. Damit ist der Traum von einem Determinismus des Kosmos ausgeträumt: Selbst wenn es möglich wäre, alle Bestimmungsgrößen ausfindig zu machen, ließen sich daraus keine notwendigen Folgen für einen Einzelfall ableiten.

Was zeigt sich, wenn man die Geschichte der Physik verfolgt, für das Problem der Moderne und ihren Versuch, die Welt physikalisch zu erklären?

Die Physik hat am wirkungsvollsten den Anspruch erhoben, die Welt, wie sie ist, erkennen zu können. Dazu hat sie den Versuch gemacht, die Subjektivität des Menschen auszuschließen. Dies schien zu gelingen, indem in der experimentellen Physik Instrumente und quantifizierende Beschreibungen eingeführt wurden und in der theoretischen Physik Axiomensysteme und Mathematik. Den Höhepunkt dieser Weltbegründung stellt die Newtonsche Physik dar. Die Welt schien endgültig in ihrer Gesetzlichkeit erkannt zu sein. Doch es kam anders. Je mehr und je genauere Instrumente eingesetzt wurden, je differenzierter die Axiologie und die Mathematik wurden, desto mehr verschwanden die Objektivität und die Sicherheit. Die Welt ist weder objektiver noch wahrer geworden.

Die Neue Physik hat alle als sicher angenommenen Vorstellungen über die Natur aufgelöst. Ihr Versuch, Welt zu erklären, d. h. von sicheren Grundlagen aus die Natur objektiv zu beschreiben, ist gescheitert. Die Physik hat den Anspruch aufgegeben, eine unabhängig vom Menschen existierende, ewig gleichbleibende Natur bestimmen zu können. Im Moment hat die Physik noch nicht einmal ein einheitliches Modell zur Weltbeschreibung zur Verfügung. Im Mikrobereich gilt die Quantenmechanik, im Astrobereich die Relativitätstheorie. Zwar gibt es Vorschläge, wie drei der Kräfte des Mikrokosmos, nämlich die starke, die schwache und die elektromagnetische Kraft, in einer Theorie vereinigt werden könnten, die »GUTs« (Große Vereinheitlichte Theorien), doch gibt es allenfalls An-

sätze, wie die Gravitation, welche die Allgemeine Relativitätstheorie bestimmt, mit den anderen Kräften in Übereinstimmung gebracht werden könnte.

Einer, der sich darum bemüht, eine »Quantentheorie der Gravitation« aufzustellen, ist Stephen Hawking. In seinem Buch
Eine kurze Geschichte der Zeit faßt er die Ergebnisse der modernen Physik seit Einstein und Heisenberg zusammen und
versucht zu zeigen, daß beide Theorien vereinheitlicht werden
müßten, um eine vollständige physikalische Theorie der Welt
der kleinsten Teilchen und der größten Geschwindigkeiten zu
erhalten. Dieses Buch hatte einen für die Fachleute überraschenden Publikumserfolg, es stand auf den Bestsellerlisten
wohl aller westlicher Länder (wobei daran zu erinnern ist, daß
auch die Wissenschaftsreports von Hoimar v. Ditfurth Bestsel-
ler waren). Dieser Erfolg liegt sicherlich auch an der schweren
körperlichen Behinderung Hawkings, die in der Presse propa-
gandistisch ausgeschlachtet wurde, und Hawking selbst ist
nicht frei davon, mit seinem Leid zu kokettieren – wer wollte
dies einem so kranken Menschen anlasten? Nun ging der ange-
sehene Historiker Golo Mann daher und veröffentlichte in der
»Zeit« ein knappes Statement, in dem er sich nicht über den
großen Erfolg eines Buches mit so sperrigem Thema freut,
sondern Hawkings physikalische Ausführungen zerfetzt. Hier
Motivforschung zu betreiben, ist müßig. Die Auslassungen
Golo Manns indessen zeigen, wie schwer verständlich offenbar
selbst ihm die neuen physikalischen Einsichten sind. Sein Un-
wissen gilt ihm nun paradoxerweise als Legitimation seiner
Kritik: »Vielleicht muß man seit mehr als sechzig Jahren weder
Mathematik noch Astrophysik getrieben haben, um mit unge-
übten Augen die wunderlichen Widersprüche in dem Buch von
Hawking zu entdecken«, schreibt er, ohne die Peinlichkeit
seiner Ansicht zu bemerken. So bemüht er die Scholastik »ex
nihilo nihil fit« (aus nichts wird nichts), um zu zeigen, daß die
Behauptung vom Urknall unsinnig sei; gemäß dem Kausalprinzip müsse es nämlich auch vor ihm irgend etwas gegeben
haben. Übersehen hat er dabei zunächst die Heisenbergsche **217**

Unschärferelation und dann, daß Hawking von etwas ganz anderem redet: Er führt nämlich aus, daß die Sprache der Physik nicht in der Lage ist, über das, was vielleicht vor dem Urknall gewesen sein mag, etwas auszusagen, weil sich ihre Mathematik, ihre Formeln und Axiome an den Bedingungen orientiert haben, die durch den Urknall entstanden. Da nutzt die von Golo Mann empfohlene Differentialrechnung wenig. Wie sich eben Newton (und Leibniz) die Differentialrechnung ausdenken mußten, um ihre Physik beschreiben und berechenbar machen zu können, so muß auch der heutige Physiker sich seine Mathematik erst erfinden.

Die Verwirrung, in die die Physik die moderne Weltbegründung gestürzt hat, kommt dadurch zustande, daß die gewohnten Vorstellungen der Makrowelt im Mikro- und Astrobereich nicht greifen. Die Verwirrung ist deshalb das Ergebnis von Kategorienverwechslungen, das Ergebnis der nicht statthaften Anwendung von Begriffen und Vorstellungen der Makrowelt auf den Mikro- und Astrokosmos. Die subjektiv-menschlichen Bedürfnisse nach etwas Bestimmtem, Festem, Gesichertem, nach Ordnung, Regelmäßigkeit, Planbarkeit und Sinn wurden naiverweise auf die Natur projiziert. Nicht aber die Natur ist chaotisch, vielmehr ist es unsinnig, solche Begriffe auf sie anzuwenden. Die Natur ist weder chaotisch noch geordnet, sie ist jenseits von Ordnung, Chaos und Sinn. Wir müssen uns damit abfinden, daß wir sie nicht begreifen können, was nicht heißt, daß wir sie nicht (in Grenzen) berechnen könnten.

Die Selbstdeutung der Moderne in der Kunst Während sich die Philosophen bemüht haben, die Moderne aus der Vernunft zu begründen, und die Physiker, die Natur in einem Axiomensystem berechenbar zu machen, übernahm die Kunst die Aufgabe, die Moderne zu deuten. Dazu mußte sie den Menschen verstehen vor dem Hintergrund einer zerstörten Transzendenz und seiner Selbstermächtigung kraft der Vernunft. Wenn nun die Kunst der Neuzeit tatsächlich die Selbstdeutung der Moderne ist, dann muß sich an ihrer Entwicklung zeigen lassen, wie der Verlust eines christlichen Jenseits und die Ausrufung der autonomen Vernunft in der Kunstgeschichte eine Selbstbewegung auslöste, die parallel zum Zerfall der Vernunft verläuft. Auch am Ende der Kunst muß die Beliebigkeit privater Subjektivität stehen. Wenn dies richtig ist, dann ist eine wie auch immer geartete »Abbildtheorie« der Kunst, gemäß der sie geschichtlich-gesellschaftliche Vorgänge mehr oder weniger gebrochen »widerspiegelt«, schon im Ansatz verfehlt.

Wie bei den Ausführungen zur Philosophie und Physik muß im gegebenen Rahmen auch bei denen über die Kunst knapp verfahren werden.

Das antike Weltbild war geschlossen. Der Grieche, zumindest der »heroischen Epoche«, also der Zeit, von der Homer schreibt, verstand sich als eingebunden in die ewig gleiche Ordnung der Natur und der Götter. »Kosmos« heißt nichts anderes als Ordnung. Selbst der Zufall, die »Tyche«, war Teil der kosmischen Ordnung. So allumfassend dachten sich die Griechen diese Ordnung, daß sie selbst die Götter ihr unterworfen sahen. Der mächtige Göttervater Zeus vermag Herakles nicht zu retten, er ist machtlos gegenüber dem Schicksal, der »Moira«. Noch in der »klassischen Epoche« der griechischen Antike (das ist die Zeit der »Attischen Tragödie«: Aischylos 525–456 v. Chr., Sophokles 497/6–406/5 v. Chr., Euripides ca. 480–406 v. Chr., und der »großen Philosophen«: Sokrates, Platon, Aristoteles) waren Wissen und Können, Denken und Handeln nicht getrennt, sondern bildeten eine Einheit. Die Natur und die menschliche Wirklichkeit wurden unter dem Gesichtspunkt der »Kalokagathia«, der Einheit des Guten, Wahren und Schönen, gedeutet. Die Kalokagathia war ein pädagogischer Begriff, der eine ethisch-ästhetische mit einer sozial-ethischen Haltung verband. Der griechische Stadtstaat, die Polis, zerfiel nicht in Staat und Gesellschaft, wie dies heute der Fall ist, sondern bildete eine kulturelle Einheit, die die gesamte Breite des Lebens umspannte (allerdings um den Preis, daß die Sklaven ausgeschlossen waren und die Frauen öffent- **219** lich keine Rolle spielten). Auf heute übertragen, hieße das, daß Wissenschaft, Kunst und Politik nicht verschiedene Ziele verfolgen, sondern dasselbe, nämlich die Herstellung der Kalokagathia im Staat und im Subjekt.

Die griechischen Götter waren lebendig im Mythos. In diesen Erzählungen wandelte sich das Bild der Götter, keine Institution wachte über die Reinheit der Lehre. Gleichwohl erkannten sich die Griechen in ihren Mythen wieder: ihre Geschichte und ihre Wirklichkeit; die Mythen waren Ausdruck ihres Selbst- und Weltverständnisses. Ähnlich fanden die Menschen im Mittelalter in den Bildern, Altären und Kathedralen ihren Glauben, ihre Grundüberzeugung wieder. Der Glaube durchdrang noch den gesamten lebensweltlichen Alltag, es gab keinen Sonderbereich »Kunst und Kultur«. Deshalb sind Politik, Wissen, Kunst und Alltag des Mittelalters aus dem einen Selbst- und Weltverständnis des Christentums heraus verstehbar. Der Dom von Speyer wie der ontologische Gottesbeweis des Anselm von Canterbury, die Eroberung Jerusalems unter Gottfried von Bouillon wie die Kontrapunktik der »ars antiqua« in der französischen Musik. Romanik und Gotik waren nicht nur Stilrichtungen der Architektur und bildenden Kunst, sondern sind allumfassende Epochenbezeichnungen, die die Gesamtheit des Denkens, Handelns, Empfindens und Vorstellens umgreifen. Noch bis etwa zur Gotik ist es möglich, von einer Kultur zu sprechen, die alle Bereiche durchdringt.

Die Renaissance sprengt das einheitliche Grundverständnis. Wie sich die Vernunft vom Glauben emanzipiert, so auch die Kunst, auch sie wird »autonom«. Sie wird sogar zum Vorreiter eines Selbst- und Weltverständnisses, das sich nicht mehr im Kosmos oder im Jenseits gründet, sondern im weltlichen Humanismus. Die Kunst löst sich als eigenständiger Bereich von Politik, Religion, Wissenschaft und Alltag ab.

»Autonomie« heißt selbstverständlich nicht, daß die Künstler unabhängig gewesen wären von ihren Auftraggebern, sondern nur, daß sie einen Sonderbereich für ihre Werke forderten, der eigene Gesetze hat; es sind die Gesetze der Schönheit, und allein diesen fühlt sich der Renaissance-Künstler verpflichtet. Das Gute und Wahre überläßt er der Politik, der Wissenschaft und der Religion. In diesem Sinne wurde die Kunst »zweckfrei«; sie folgte nur noch den Gesetzen der Schönheit, die eben nicht länger die Gesetze des Alltags waren. Schönheit emanzipiert sich zu einem eigenständigen Wert außerhalb des lebensweltlichen Alltags.

Die »Autonomie« der Kunst hatte sich in der Renaissance noch nicht vollständig durchgesetzt. Humanisten wie humanistisch gebildete Künstler beriefen sich, zur Rechtfertigung ihrer Schöpferposition, auf die klassische Antike und auf die Natur. Dabei wurde die Antike interpretiert als die Vollendung der Natur. Gemäß den Prinzipien der Natur, der »natura naturans«, nicht der vorfindbaren Außennatur, der »natura naturata«, galt es, die Welt und die Kunst zu gestalten. Vor diesem Konzept der Renaissance mußte die Gotik als Barbarei erscheinen, als eine antiklassische Verirrung des Geistes. Das berühmte »Selbstbildnis im Pelzrock«, das Albrecht Dürer 1500 gemalt hat, bringt das neue Selbstverständnis des Menschen und speziell des Künstlers zum Ausdruck. Er malte sich »en face«, eine Position, die eigentlich der Jesusgestalt vorbehalten war, und er schreibt auf sein Bild: »Albertus Durerus Noricus ipsum me propriis sic effingebam coloribus aetatis anno XXVIII.« (Ich, Albrecht Dürer aus Nürnberg, malte mich selbst so mit unvergänglichen Farben im Alter von 28 Jahren.) Der Künstler setzt sich an die Stelle des Mensch gewordenen Gottes, er übernimmt dessen Creator-Funktion. Der Künstler ist der Schöpfer schlechthin. Dies ist auch der Grund, weshalb die Skizze immer mehr Bedeutung gewinnt. Nur im ersten Entwurf ist der schöpferische Akt unmittelbar spürbar; die Ausführung kann deshalb den Schülern in der Werkstatt überlassen werden. Der Renaissance-Künstler sprengt die Einheit von »natura naturata« und »natura naturans« und will sie gleichzeitig heilen, indem er das Wirkprinzip der Natur in Kultur überführt; er gestaltet, er schöpft gemäß dem Prinzip, verdoppelt also nicht schlicht die Außennatur. Dies ist die **221**

Wurzel des Genie-Gedankens in der Kunst, der in der modischen pädagogischen Forderung nach »Kreativität« zugrunde gerichtet wird. Joseph Beuys hat dieser Banalisierung mit seinem »erweiterten Kunstbegriff« zugearbeitet: Jeder, erklärte er, sei ein Künstler, und Kunst sei überall.

In der Renaissance also beginnt die Kunst, ihren eigenen Weg zu nehmen, so daß, wer die Kunst verstehen will, nicht mehr von der Politik, der Wissenschaft, dem Alltag, der Religion, der »Gesellschaft« ausgehen kann. Aber auch umgekehrt werden all diese Bereiche immer weniger von der Kunst her verständlich.

Im Barock hat sich die Kunst schon so weit emanzipiert, haben sich die Gesetze der Schönheit schon so verselbständigt, daß keine Verbindung mehr zwischen Orlando di Lassos sieben fünfstimmigen Bußpsalmen und dem Krieg zwischen England und Spanien herstellbar ist. Im Rokoko dann hatte die Formensprache sich so selbständig gemacht, daß sie zur mitunter völlig beliebigen Dekoration herabsank.

Im Protest gegen die Aufklärung und den deutschen Idealismus greift vor allem Goethe auf den Gedanken der Renaissance zurück, daß nämlich der griechischen Antike die Einheit von Natur und Kunst geglückt sei. Die »natura naturans« soll deshalb nicht nur Wirkprinzip der Natur, sondern auch der Kunst sein. Die Romantiker machten aus der »natura naturans« die »natura naturata«, und die Naiveren reproduzierten und stilisierten die Außennatur als Gegenbild zur Gesellschaft; die Nachdenklicheren brachen solche Gegenbilder in der bekannten »romantischen Ironie«. »Das Fräulein stand am Meere und seufzte lang und bang, es rührte sie so sehre der Sonnenuntergang. Mein Fräulein! Sein Sie munter, das ist ein altes Stück; hier vorne geht sie unter und kehrt von hinten zurück.« So weit Heinrich Heine. Der neuzeitliche Verlust der Einheit kann eben nicht in der Verdoppelung einer idyllischen Außennatur aufgehoben werden. Dies gelingt nicht einmal den Naturkonstruktionen in der Malerei von John Constable und

222 Caspar David Friedrich, auch wenn Friedrich vor allem die

Spannung thematisiert, die die ausstehende Versöhnung verursacht. Wo dies mißlingt, verkommt die Kunst zum Ideologie-Kitsch, wie ihn Warenhausbilder bis heute produzieren. Soll unter der Bedingung einer zerstörten Einheit der Wirklichkeit im Schein des Kunsthandwerks Einheit hergestellt werden, dann ist dies nur als deutlich gemachter Bruch zu bewerkstelligen. Kunstproduktion wird Trauerarbeit, der Versöhnung allenfalls als Utopie innewohnen darf.

Der »Klassizismus« begründete das, was heute irrtümlich »Postmoderne« genannt wird. Der Gedanke der Versöhnung ist aufgegeben, weil die Wirklichkeit entweder als Einheit empfunden wird, die Kunst hier folglich keine »Arbeit« mehr zu tun hat, oder weil sich die Künstler ganz auf sich zurückgezogen haben, weil sie, vergleichbar der Machtergreifung der Vernunft, die Kunst als Sonderbereich etabliert haben, der sich nur noch auf sich selbst bezieht. Gegenstand der Kunst wird damit die Kunst selbst, so, wie bei Kant die Vernunft reflexiv geworden ist. Die »klassizistische Postmoderne« greift die Formensprache der Antike und der Renaissance auf und reproduziert ihr Vokabular in einer ästhetisierenden Sprache.

Weil sich in der Renaissance die Kunst als Sonderbereich etablieren konnte, entstand eine Verstehenskluft zwischen Alltagswelt und Kunstwelt. Wer Kunst verstehen wollte, mußte Spezialwissen besitzen. Deshalb entstanden nun Ästhetiken, zum Beispiel die von Alexander Gottlieb Baumgarten (1714–1762), um nämlich das begreifen zu können, was vormals intuitiv verständlich war. Zweitens entwickelten die Künstler selbst das Bedürfnis, dem Publikum den theoretischen Hintergrund der eigenen Werke nahezubringen. Dies erfolgte in den Werken selbst, etwa wenn Goethe in den *Wahlverwandtschaften* eine der Hauptpersonen philosophisch-ästhetische Reflexionen anstellen läßt. Ästhetische Überlegungen finden sich aber auch in gesonderten Schriften, so zum Beispiel schon bei Leonardo da Vinci (1452–1519) und Albrecht Dürer (1471–1528). Dieses Bedürfnis nach künstlerischer Selbstvergewisserung, weil man nicht mehr problemlos im **223** lebensweltlichen Alltag eingebunden war, führte zur Kommentierung der eigenen Werke. So gibt Goethe in *Dichtung und Wahrheit* Selbstinterpretationen. Darüber hinaus erscheinen die »Künstlerästhetiken«. Friedrich Schiller (1759–1850) entwarf in den *Ästhetischen Briefen* das theoretische Konzept seiner Dramen. Im 20. Jahrhundert treten in der bildenden Kunst gehäuft Künstlerästhetiken auf. Das sind mehr oder weniger zusammenhängende Überlegungen von Künstlern über das eigene Werk und über Kunst überhaupt. So die *Notizen eines Malers* von Henri Matisse, *Über das Geistige in der Kunst* von Wassily Kandinsky. Die Aufzählung läßt sich fast beliebig fortsetzen, von Paul Klee über Kasimir Malewitsch, Piet Mondrian, Fernand Léger und Max Ernst bis zu Joseph Beuys. Neben solche Selbstinterpretationen und Grundsatzüberlegungen traten schließlich programmatische Absichtserklärungen in den nun entstehenden »Manifesten«. Etwa das der Futuristen, die Schriften im »Blauen Reiter«, die surrealistischen Manifeste und die des Dada und Fluxus.

Noch in einem dritten Sinn wurde Kunst reflexiv; dadurch nämlich, daß sie sich auf sich selbst, auf die eigene Tradition bezieht, zum Beispiel in der Form, daß Kunstwerke andere zitieren. So greift Pablo Picasso das Bild »Las Neninas« von Velázquez auf und interpretiert es neu. Sigmar Polke malte 1968 ein Bild, das er »Moderne Kunst« nennt, auf dem einige Versatzstücke der »abstrakten Malerei« und des »action-painting« zusammengefügt sind. Eine Variante solcher Reflexion ist eine Art strukturelle Selbstbezüglichkeit, wie sie ansatzweise schon in der Fugenstruktur bei Johann Sebastian Bach vorliegt. Ebenso das Spiegelmotiv, bei dem sich im gemalten Spiegel das Sujet des Bildes wiederholt. Es entsteht das Bild im Bild, das von René Magritte immer neu variiert wurde. Eine weitere Variante solcher Selbstbezüglichkeit stellen Arbeiten von Roy Lichtenstein dar, der die Malmanier des »action-painting« im Druckraster von Comic strips wiederholt. Dies ist auch im Werk Gerhard Richters zu beobachten. Das Kunstwerk bezieht sich hier auf den eigenen Malvorgang, macht ihn selbst zum Thema. Erinnert sei in diesem Zusammenhang auch an Jackson Pollock, Willem de Kooning und Georges Mathieu. Der Malakt selbst wird Gegenstand der künstlerischen Gestaltung. Nicht das fertige Werk, sondern der Malakt ist die Kunst. Dies ging so weit, daß sich der Werkcharakter der Kunst ganz auflöste. Im Happening und in der Performance kommt es nicht auf das Ergebnis an, vielmehr ist der künstlerische Arbeitsprozeß, der auf ein Produkt verzichtet (also kein Herstellungsprozeß mehr ist), die Kunst.

Der Realismus war die erste Gegenbewegung in dieser Entwicklung, in der sich Kunst und Leben getrennt haben: Kunst versuchte sich der Natur zu nähern, um zum Leben zurückzufinden. Der Klassizismus aber hatte schon ganze Arbeit geleistet, es gelang weder dem Realismus noch dem Naturalismus, den Bezug zum Leben zurückzugewinnen. Die klassizistische Akademie hatte sich so vor das Leben gestellt, daß es der Kunst verloren blieb; daran konnte auch der Impressionismus nichts ändern. Ein neuer Versuch wurde unternommen, um das Konzept der Renaissance, die Gewinnung der Natur, gegen die künstlerische Eigenentwicklung durchzusetzen, die, sozusagen gegen ihren Willen, gerade von der Renaissance initiiert worden war. Die unverstellte Natur wurde außerhalb Europas gesucht: Gauguin zog sich in die Gebiete der Südsee zurück, man entdeckte die afrikanische Kunst. Der Expressionismus zog sich auf das empfindende künstlerische Subjekt zurück, in der Hoffnung, im Inneren Ursprünglichkeit zu finden. Diese wurde in einem unmittelbaren künstlerischen Gestus dargestellt, der nicht durch verfeinerte Maltechniken verfälscht werden sollte. Es wurden keine Malgründe in komplizierter Schichttechnik angelegt, die Farben wurden nicht sorgsam gemischt, sondern direkt aufgetragen, die Pinselführung war alles andere als »delikat«. Der Kubismus versuchte sich mit Konstruktionen der Wirklichkeit, der Surrealismus erfand sich seine eigene Welt, und im Dadaismus liquidierte sich die Kunst selbst, nachdem es ihr nicht gelungen war, die Unmittelbarkeit der Natur wiederzuerlangen. Tatsächlich jedoch destruierte sie **225** nur die Formensprache, die seit der Renaissance entwickelt worden war.

Nach der Selbstauflösung unternahm die Kunst in der »abstrakten Malerei« den Versuch, ihre Eigengesetzlichkeit völlig unabhängig von der »Realität« zum künstlerischen Sujet zu machen. Im gegenstandsfreien Kunstwerk endet die mimetische Kunst. In ihm ist nichts mehr nach- oder abgebildet. Der Preis für solche Autonomie, die nur noch der eigenen Gesetzlichkeit folgt, ist die Inhaltsentleerung, so daß die reine Form übrigbleibt. In den ästhetischen Prinzipien, die das »Bauhaus« entwickelte, nämlich die klare, entindividualisierte Sprache aus Beton, Stahl und Glas, erreichten die Architektur und das Design dann endlich den Standard, den die Vernunft schon gut 200 Jahre früher erreicht hatte: die Allgemeinheit, in der das Besondere restlos getilgt ist: Das Thyssen-Hochhaus in der Düsseldorfer City, darauf verwies Wolfgang Welsch, unterscheidet sich nicht mehr von einem Karstadt-Warenhaus oder dem Bungalow, den sich einst Ludwig Erhard erbauen ließ. Auch die Architektur hatte es endlich geschafft: wurde autonom und erhob sich über die Menschen, die in ihren gezirkelten Monstrositäten nunmehr das vernünftige Leben führen sollten. Die Architekten kamen zu spät. Sie hätten ihre Bauten zu Kants Zeiten errichten sollen, um zeitgemäß zu sein. Vermutlich hätte dies einen jähen Karriereknick für die gesamte autonome Vernunft bedeutet. So aber mußte der Philosoph Ludwig Wittgenstein den Architekten im Wien des 20. Jahrhunderts endlich zeigen, wie eine vernünftige Architektur aussieht, so daß wir noch heute darunter zu leiden haben.

Nach der »abstrakten Kunst« setzte eine noch größere Zersplitterung ein. Mit dem Erfolg der amerikanischen Kunst wurden aus den europäischen »Ismen« »-art«-Verbindungen: Op-art, Pop-art, Concept-art bis hin zur Performance. Während es bei den verschiedenen »Ismen« noch möglich ist, sie in einzelnen Ländern in eine zeitliche Abfolge zu bringen, weil sich ganze Generationen von Künstlern einem »Ismus« verschrieben, treten die »Arts« gleichzeitig auf.

Die klassische Antike und die mittelalterliche Kunst waren jedem verständlich, der in diesen Zeiten lebte und an ihnen Anteil nahm. Der mittelalterliche Mensch konnte die biblischen Darstellungen begreifen, weil und sofern er die Bibel kannte; Künstler und Publikum hatten denselben Lebens-, Verstehens-, Handlungs- und Empfindungsrahmen, ihr Selbst- und Weltverständnis fielen weitgehend zusammen. Natürlich gab es Unterschiede im Denken eines Bauern und Giotto di Bondone (1266–1337). Die Unterschiede, so groß sie aber auch gewesen sein mögen, blieben innerhalb des christlichen Selbst- und Weltverständnisses. Der Bezugspunkt der mittelalterlichen Kunst ist die ungeteilte Lebenswelt, aus der sie entstand, aus der sie sich selbst verstand, aus der sie damals verstanden wurde und aus der sie deshalb auch heute verstanden werden muß. Der Gesichtspunkt der Beurteilung dieser Kunst ist somit, wie weit es dem einzelnen Kunstwerk gelungen ist, Ausdruck, Pointierung, Darstellung dieser Lebens- und Kulturwelt zu sein. Ein Kunstwerk, dem dies nicht glückte oder das nur wiederholte, was in einem anderen schon gestaltet war, ist eindeutig minderer Qualität. Die romanischen und gotischen Kirchen sind dann bedeutende Kunstwerke, wenn sie die christlichen Vorstellungen mit den damals vorhandenen architektonischen Mitteln zum Ausdruck brachten oder gar diese vorantrieben. Dies gilt ebenso für den gregorianischen Chorgesang wie für den *Gregorius* des Hartmann von Aue.

In der Renaissance ist dann spürbar, daß die einzelnen Kunstwerke nicht mehr die gesamte Epoche repräsentieren, im Barock wird Kunst zur funktionslosen Applikation und im Klassizismus endgültig reflexiv. Diese Bewegung verdeutlicht, daß die Kunst seit der Renaissance immer weniger aus einer »Epoche« heraus verstanden werden kann, weil es eben keine einheitliche Lebens- und Kulturwelt mehr gibt. Die autonome Kunst hat das lebensweltliche Grundverständnis verlassen und sich einen eigenen Bereich erobert. Deshalb ist die Lebenswelt kein angemessener Bezugspunkt mehr zur Beurteilung der autonomen Kunst. Wer sie beurteilen will, muß Spezialist im **227**

Kulturbereich sein; wer sie verstehen möchte, muß ihr jeweiliges Programm kennen. Die autonome Kunst kann nur noch verstanden werden vor dem Hintergrund einer kunstimmanenten Entwicklung. Die »Stile«, »Ismen«, »Arts«, die Manifeste und Künstlerästhetiken zeigen, daß die Künstler sich dieser Tatsache sehr wohl bewußt waren. Ihre ästhetischen Programme treiben die kunstimmanente Entwicklung voran. Das Bezugssystem der autonomen Kunst ist damit die Kunst selbst. So war das Programm des Realismus die Rückführung der Kunst in die Welt. Das ist der Bezugspunkt seiner Beurteilung: Wie weit ist es dem Realismus gelungen, sein Programm zu verwirklichen? Sofern man der Ansicht ist, daß der Realismus insgesamt gescheitert ist, heißt das, daß es kein einziges gelungenes realistisches Bild geben kann; umgekehrt: Wenn kein Bild aufzufinden ist, welches das Programm des Realismus eingelöst hat, dann ist der Realismus gescheitert. Die Bewertungsfragen, die sich dann noch stellen, sind erstens, wie weit sich einzelne Kunstwerke dem eigenen Anspruch genähert haben, und zweitens, wie sinnvoll das jeweilige Programm in der Gesamtentwicklung der Kunst gewesen war. Ist Picassos »Weinende Frau« innerhalb des Programms des Kubismus bedeutender oder »Das Duett« von Georges Braque? Hat der Surrealismus die Kunstentwicklung vorangetrieben oder nicht? Sind Giorgio de Chiricos »Metaphysische Malereien« nur intellektuelle Mißverständnisse?

Fragen nach den politischen Auswirkungen und den gesellschaftlichen Verstrickungen der Künstler sind sicherlich interessant und ihre Beantwortung aufschlußreich für die Soziologie der Kunst und für die Psychologie des Künstlers – doch solche Fragestellungen stehen in der Gefahr, die Selbstbewegung der autonomen Kunst zu verkennen.

Die autonome Kunst aus dem Denken, Empfinden und Vorstellen der jeweiligen Lebenswelt begreifen zu wollen wäre ein völliges Mißverständnis und muß zu Fehldeutungen führen. Die Kunst, die ihren unmittelbaren Bezug zur Lebenswelt verloren hat, kann aus dieser nicht begriffen werden und wurde deshalb auch für die Zeitgenossen unverständlich. Deshalb beginnen erst in der Moderne die Kunstskandale.

Die Kunst der Neuzeit ist zwar nach wie vor Kunst für jeden, aber im gleichen Sinne wie die Wissenschaft: Was der Wissenschaftler forscht und denkt, ist grundsätzlich von jedem nachvollziehbar, tatsächlich aber nur von denen, die sich intensiv mit der jeweiligen Wissenschaft beschäftigen. Dies gilt ebenso für die autonome Kunst. Sie ist grundsätzlich für alle, doch reicht der gesunde Menschenverstand nicht aus, um sie zu begreifen. Wer sie verstehen will, muß sich schon zum Spezialwissen bequemen, er muß Kenner sein, nicht nur Liebhaber.

In jüngster Zeit sind die Manifeste und Programme spärlicher geworden, die Künstler, mit Ausnahme Joseph Beuys', wurden zurückhaltender in ihren ästhetischen Äußerungen, weigern sich zum Teil, ihre Werke zu kommentieren und ästhetische Aussagen zu machen. Wie kann solche Kunst dann noch verstanden werden, wenn sie sich gleichzeitig dem Alltag entzieht? Es bleibt nur der Werkzusammenhang. Das heißt, der Betrachter muß sich die vom Künstler nicht verbal ausdrücklich gemachte Theorie, das Programm, selbst aus den Einzelwerken des Künstlers erschließen. Dies gelingt nur, wenn man das Gesamtwerk eines Künstlers in seiner Entwicklung vor sich hat. Es ist völlig aussichtslos, gegenwärtige Kunstwerke als einzelne beurteilen zu wollen. Man kann sie allenfalls in dem großen Rahmen ihres eigenen Kontextes betrachten und im Kontext der gesamtkünstlerischen Entwicklung. Dies erklärt auch die Konjunktur der Kunstvermittler, die als Experten für manchmal nur ein oder zwei Künstler in Spezialzeitschriften den Werkzusammenhang darlegen und aus ihm heraus Einzelwerke interpretieren.

Damit haben sich die Auflösung der kulturellen Einheit und selbst die Einheit in der Kunstentwicklung noch weiter verschärft. Nicht einmal mehr die unterschiedlichen »Arts« können den Hintergrund der Beurteilung von Einzelwerken bilden. Der isolierte Künstler und mit ihm seine Kunst sind völlig autark geworden. Der Subjektivierungsprozeß der autonomen **229**

Vernunft hat seine Parallele im Subjektivierungsprozeß der autonomen Kunst.

Joseph Beuys ist es gelungen, die eigene Lebensbiographie als Ersatz für die Epoche, den Stil, den »Ismus« und die »Art« durchzusetzen. Die Aura des Kunstwerks ging auf ihn selbst über und strahlt von dort auf sein Werk. Francis Picabia (1879–1953) hat diese Entwicklung noch einmal einen Schritt vorangetrieben; indem er abwechselnd dadaistisch, surrealistisch und auch schon mal Warenhaus-Akte malte, hat er auch noch die Werkbiographie aufgelöst. Picabias Gesamtwerk ist Symptom der Auflösung der Kunst in die Subjektivität der Künstler. Es ist sein Verdienst, die Kunst auf die Höhe der Zeit gebracht zu haben: ihre Überführung in die spätmoderne Beliebigkeit.

In der Literatur zeigt sich der Subjektivismus als psychologistische Selbstbespiegelung wie in den Romanen Thomas Manns, im quälenden Redefluß eines Thomas Bernhard, aber auch in den minutiösen Beschreibungen James Joyce' oder den Figuren Dostojewskis. So zerfällt die moderne Literatur in die Subjektivismen der »inneren Handlung«, und gilt dann als »Belletristik«, und in die Dramatik der »äußeren Handlung«, und gilt dann als »Trivialroman«. Eine Dimension außerhalb des Subjekts wird nicht mehr gefunden, es kreist um sich und in sich selbst. Die Reflexivität der Literatur zeigt sich als Psychologismus.

Die Moderne hat eine Anstrengung unternommen, die in der Menschheitsgeschichte nicht ihresgleichen hat. In einem gigantischen Unternehmen, Wissenschaft genannt, wollte sie eine Vorstellung der Welt und des Menschen entwerfen, die von der menschlichen Vernunft vollkommen durchschaubar ist und sich nicht auf mythische und religiöse Anschauungen berufen muß, die man nur glauben, aber nicht nachweisen kann. Generationen von Philosophen, Natur- und Geisteswissenschaftlern haben an diesem Vorhaben gearbeitet, die Künstler haben es kommentiert. Vergeblich. Das Projekt ist gescheitert. Wir leben in seinen Trümmern. Es sind nicht nur ideelle, sondern ganz handfeste. Zu Beginn dieses Buches habe ich die wichtigsten aufgezählt.

Was haben wir falsch gemacht?

Das nächste Kapitel zeigt die vier Grundirrtümer auf, die der Moderne unterlaufen sind. Sie beziehen sich zum einen auf die Autonomie der Vernunft und die Selbständigkeit des menschlichen Handelns und zum anderen auf die Rolle des Sinns.

Nachdem die aufklärerische Vernunft mit dem Anspruch der Autonomie aufgetreten war, wurde dieser Anspruch sehr schnell und radikal zurückgewiesen. Dies geschah so erfolgreich, daß wir heute davon überzeugt sind, unser Denken gehorche Zwängen, die uns meist verborgen blieben. Karl Marx und Sigmund Freud wirkten in diesem Sinne am entschiedensten. Deshalb werde ich auf ihr Denken eingehen. Obwohl wir heute von der Abhängigkeit unseres Denkens ausgehen, haben wir paradoxerweise unsere Meinung nicht aufgegeben, daß wir die Welt und uns selbst gestalten könnten. Gerade die beiden Denker, die die Autonomie der Vernunft bezweifelten, verteidigten am verbissensten die Annahme, daß der Mensch seine Wirklichkeit formen (Marx) und daß er seine Psyche beherrschen könne (Freud). Auch deshalb leben wir heute alle in einem Machbarkeitswahn, den ich nach der Erörterung von Freud und Marx darzustellen versuche. Umschlossen werden alle drei Irrtümer vom Grundirrtum überhaupt, dem nämlich, daß die Welt und der Mensch in Sinnbezügen gedeutet werden müßten. Die Überlegungen zum Sinnmißverständnis schließen deshalb das Kapitel ab.

Der psychoanalytische Irrtum   Sigmund Freud hat ein Modell
(»Instanzen-Modell«, »Psychischer Apparat«) der menschlichen Psyche entwickelt, das drei Schichten behauptet: das
unbewußte Es, das vorbewußte und bewußte Ich und das ge-
sellschaftlich bedingte Über-Ich. Das Es enthält alles, was der
einzelne von Geburt an mitbringt, und das sind vor allem die
aus der ererbten Körperlichkeit stammenden Triebe. Das Es ist
die Gesamtheit der körperlich bedingten Bedürfnisse und ist
auf deren Stillung aus. Das Es muß nun mit der Außenwelt
Verbindung aufnehmen, und so entwickelt sich aus dem Es das
Ich. Dieses regelt nach außen die willkürlichen Bewegungen.
Seine Aufgabe ist die Selbstbehauptung in der und gegen die
Außenwelt. Nach innen regelt es die Triebansprüche des Es.
Die Regelungsmechanismen sind allerdings nicht vom Ich entwickelt, vielmehr sind sie im Über-Ich festgelegt. Da der
Mensch im Vergleich zu anderen Tieren eine sehr lange Ju-
gendzeit hat, also in langer Abhängigkeit von seinen Eltern
lebt, findet diese Abhängigkeit ihren Niederschlag im Über-Ich
des psychischen Apparates. Das Über-Ich schränkt im wesentlichen die Triebansprüche des Es ein. Das Ich wird damit zur
Vermittlungsinstanz zwischen den Triebansprüchen des Es
und den vor allem moralischen Ansprüchen des Über-Ich. Das
Es repräsentiert die ererbten Einflüsse, das Über-Ich die von
anderen übernommenen, das Ich die selbst erlebten.
Am Ende seiner theoretischen Überlegungen behauptet Freud
nun, daß die Triebstruktur in zwei Grundkräften gegründet
werden könne: Eros und Thanatos, Lebens- und Todesprinzip.
Beide wirken gleichzeitig und beschränken sich gegenseitig so,
daß sie in einem ausgewogenen Verhältnis zueinander stehen.
Sie können verstanden werden als Energien; die Energie des
Eros nennt Freud »Libido« (= Begierde), für die des Thanatos
hat er keine Bezeichnung eingeführt. Der Eros zeigt sich vor

232

allem in der Sexualität. Diese beginnt sofort mit der Geburt und ist nicht auf die Genitalien beschränkt; Fortpflanzung ist nur ein Teil der Sexualität.

Im Zusammenhang der Klärung des Autonomieanspruchs der Vernunft ist wichtig, daß Freud die Psyche nicht gleichsetzt mit bewußten Vorgängen wie Wahrnehmungen, Gefühlen, Gedankengängen und Willensakten. Er behauptet vielmehr, daß diese bewußten Akte nicht-bewußte Parallelvorgänge hätten. Diese nennt er das unbewußt Psychische. So kann er bei psychischen Vorgängen drei Qualitäten unterscheiden: Sie sind entweder bewußt, vorbewußt oder unbewußt. Vorbewußt sind psychische Vorgänge, die leicht in einen bewußten Zustand überführt werden können, während unbewußt solche Vorgänge sind, die nur durch besondere Techniken ins Bewußtsein gehoben werden können. Das Innere des Ich, das vornehmlich Denkvorgänge umfaßt, hat die Qualität des Vorbewußten, während das Unbewußte die Qualität des Es ist.

Vom unbewußten Es gelangen Inhalte in den vorbewußten Zustand des Ich. Werden solche Inhalte des Es (oder anderweitig aufgenommene Inhalte) in den unbewußten Zustand zurückversetzt, dann spricht Freud von »Verdrängung«. Die Vorgänge im unbewußten Es nennt er »Primärvorgänge«, die im vorbewußten und bewußten Ich »Sekundärvorgänge«. Die Primärvorgänge unterscheiden sich erheblich von den Sekundärvorgängen: Die Gesetze der Logik haben in diesen nämlich keine Geltung. So ist bei den Primärvorgängen vor allem der Satz vom zu vermeidenden Widerspruch außer Kraft gesetzt. Deshalb bestehen im Unbewußten Strebungen mit entgegengesetzten Zielen nebeneinander, ohne daß ein Bedürfnis nach Vereinheitlichung vorhanden wäre.

Das Ich hat die schwierige Aufgabe, einerseits den Ansprüchen des Über-Ich zu genügen, ohne seine Selbständigkeit aufzugeben. Andererseits muß es die Triebansprüche des Es niederhalten. Gleichzeitig muß es in beiden Fällen den Ansprüchen der Außenwelt gerecht werden. Sind die Ansprüche des Über-Ich oder des Es zu stark, dann wird der Bezug des Ich zur Außen- **233** welt gestört, es löst sich von ihr ab und verfällt völlig dem Einfluß der Innenwelt, d. h. dem Es oder dem verinnerlichten Über-Ich. Diesen Zustand nennt Freud »Psychose«, die in harmloser Form in jedem Traum auftritt. Eine schwächere Form der Psychose, die jedoch krankhaft ist, ist die »Neurose«. Die Heilung besteht nun darin, das Ich zu stärken. Dazu muß der Patient unter anderem auf der Couch des Analytikers frei zu Stichworten, die er von diesem bekommt, assoziieren; ob es ihm unangenehm ist oder nicht, ob er es für sinnlos hält, für unwichtig oder nicht. Er muß sogar erzählen, was er nicht weiß. Dazu muß er seine Selbstkritik ausschalten, d. h., er muß aus dem unkontrollierten Unbewußten schöpfen, wozu sich auch vorzüglich die Träume eignen. Die Bewußtmachung des Unbewußten und des Verdrängten soll dann die Heilung einleiten.

Freuds Psychoanalyse erklärt die bewußten Denkvollzüge, die Rationalität der Vernunft als im Unbewußten gegründet, als gesteuert von einem Bereich, der nicht vernünftig ist, dessen Ziel unmittelbare Trieberfüllung ist und der nicht kontrolliert werden kann. Das Lustprinzip, dem das Es gehorcht, dringt auf sofortige Trieberfüllung völlig unabhängig davon, ob diese im Moment möglich ist oder nicht, ob dadurch langfristig das Überleben gefährdet wird oder nicht. Das gesunde Ich hat nun die Kraft, die Bedürfnisse des Ich in ein ausgewogenes Verhältnis zur Außenwelt zu setzen (= Realitätsprinzip), dem kranken Ich fehlt sie. Klar ist aber, daß auch das gesunde Ich nicht autonom ist, sondern eine abhängige Vermittlungsinstanz zwischen Lust- und Realitätsprinzip.

Was ist an Freuds Überlegungen haltbar? Zunächst einmal kann das Instanzen-Modell nicht widerlegt werden. Es ist, mit kleinen Ungereimtheiten, in sich stimmig konzipiert, so daß von hier her keine ernsthaften Einsprüche möglich sind. Da es gleichzeitig empirisch nicht überprüft werden kann, weil Ich, Es und Über-Ich schließlich keine materialen Hirnregionen sind, braucht es auch keinen empirischen Einspruch zu fürchten. Und es ist noch aus einem weiteren Grund unanfechtbar:

Alle Angriffe nämlich, die gegen Freuds Denken geführt werden, sind, aus der Sicht des Psychoanalytikers, leicht dadurch zu parieren, daß sie als Abwehrkampf des Ich gegen das Es interpretiert werden. Das Ich des Angreifers wehre sich deshalb gegen die Psychoanalyse, weil diese die Autonomie des Ich als Schein entlarve. Die Psychoanalyse bedrohe das Selbstverständnis des Angreifers, hebe seine Verdrängungen ins Bewußtsein, und allein deshalb erfolge der Angriff. Dadurch wird die Psychoanalyse insofern unangreifbar, als sie jeden Angriff auf sich als Bestätigung ihrer Theorie werten kann.

Indessen, was deshalb unangreifbar ist, weil es weder bestätigt noch als falsch erwiesen werden kann und das sich eine Immunisierungsstrategie zugelegt hat, gemäß der jeder Angriff als Bestätigung der Richtigkeit erscheint – eine solche Theorie ist sinnlos. Sie ist es deshalb, weil auf diese Art und Weise alles behauptet werden kann und es keine Möglichkeit gibt, die Behauptungen zu überprüfen. Am Ende könnten die Irrenwitze und filmischen Alpträume doch recht haben: Dr. Caligari, der Direktor der Irrenanstalt, ist der Irre.

Wenn nun solche Denkmodelle auch in sich nicht überprüfbar sind, so kann aber gefragt werden, wie erfolgreich sie sind. Der Anspruch der Psychoanalyse ist ja immerhin Heilung. Gemessen an diesem, ihrem eigenen Anspruch, ist festzustellen, daß die Psychoanalyse äußerst langwierig ist und ihr Erfolg äußerst zweifelhaft. Selbst bei den Fällen, die Freud schildert, ist der Erfolg strittig. Dies ist mit ein Grund, weshalb heute viele Psychotherapeuten auf die klassische Psychoanalyse verzichten und statt dessen verhaltensorientierte Trainings veranstalten oder Gesprächstherapien. Wieso ist die Psychoanalyse therapeutisch so wenig erfolgreich?

Der systematisch-methodische Grund ihres Scheiterns ist darin zu sehen, daß es Freud nicht gelungen ist, eine eigenständige Methode der Theorieentwicklung zu finden, sondern daß er geisteswissenschaftliche mit naturwissenschaftlichen Methoden vermischt.

Freuds naturwissenschaftliche Experimentalpraxis entsprach **235** auch schon zu seiner Zeit nicht den Ansprüchen der Naturwissenschaften. So ist zum Beispiel sein »Patientenmaterial« nicht nach statistischen Gesichtspunkten ausgewählt, so daß von Ergebnissen, die Freud bei seinen Patienten gewonnen hat, keine Verallgemeinerungen zulässig sind. Genau dies aber tat Freud. Zufälligkeit und historische Bedingtheit seiner Untersuchungen sind in seiner Theorie zu wenig berücksichtigt.

Geisteswissenschaftlich gesehen, bewegt er sich in einem Zirkel, dem er nicht entkommt. Er geht nämlich so an seine Fälle heran, daß er aus dem Material, das ihm der Patient im Gespräch zur Verfügung stellt, nur das aufgreift, was in die Theorie paßt. Alle anderen Elemente, die der Patient dem Therapeuten aus seinen Träumen oder Kindheitserinnerungen schildert, bleiben bei Freud unberücksichtigt. Er arbeitet mit einer naiven Hermeneutik (Deutungskunst), die sich von der mittelalterlichen Allegorese bei der Bibelauslegung kaum unterscheidet. Den Geschichten der Patienten wird hinter dem Wortsinn ein geheimer Sinn unterstellt, den der Therapeut, bevor er die Geschichten überhaupt zur Kenntnis nimmt, schon kennt, so daß er sie auf ihren geheimen psychoanalytischen Sinn hin »abhört«. Freud unterstellt, daß sowohl im Traum als auch in der Erinnerung »Verschiebungen« und »Übertragungen« stattfinden, von denen der Patient nichts ahnt. Der »manifeste Trauminhalt« sei nur Zeichen für das, was dahinterstehe: der »latente Traumgedanke«. Was aber »dahintersteht«, weiß allein der Analytiker. Die Deutung der Geschichten gerät dadurch in die Nähe der Willkür. Das geht so weit, daß Freud den Traum von einem Hund, der einen Schwanz hat, ebenso wie den Traum von einem schwanzlosen Hund als Angst vor Kastration interpretieren kann. Unterschiedslos alle Äußerungen eines Patienten werden monokausal auf die Kindheit zurückgeführt, und zwar hauptsächlich auf die »Ödipus-« bzw. »Elektrasituation«, d. h. auf den nicht erfüllten Wunsch des Es des kleinen Jungen, mit seiner Mutter, bzw. des kleinen Mädchens, mit seinem Vater zu koitieren.

236 Was durch Kontrolle am Einzelfall zu bestätigen wäre, nämlich die Richtigkeit der psychoanalytischen Theorie, wird also in der Praxis immer schon so vorausgesetzt, daß sie nicht überprüfbar ist, weil sie der Auswahl und Deutung der empirischen Daten zugrunde liegt. So können die Berichte von Freuds Patienten seine Theorie grundsätzlich nicht widerlegen; sie wird in der therapeutischen Praxis nicht der Bewährung ausgesetzt, wie dies von den Naturwissenschaften ständig getan wird: nämlich die gegenseitige Korrektur von Theorie und Praxis. Dies ist auch der Grund, weshalb das Instanzen-Modell und die von der Psychoanalyse behauptete Auffassung von den Entwicklungsstufen der Kindheit seit Freuds Tagen nicht verändert wurden: Neue Erfahrungen, vor allem abweichende, können gar nicht gemacht werden, weil alle unvereinbaren Daten unberücksichtigt bleiben oder auf die Theorie hin eingeebnet werden. Damit kann Freuds Theorie in sich keine Veränderung erfahren. Seine Theorie geht den Gang der Moderne, sie wird unaufhebbar reflexiv, ein Kreisen in sich selbst, das von der Theorie auf den Patienten überspringt, auch er kreist in sich selbst. Deshalb kann der Ansatz Freuds nicht weiterentwickelt, sondern nur gestürzt werden. Deshalb bildeten sich in der Zeit nach Freud auf der einen Seite eine »psychoanalytische Gesellschaft«, die die »reine Lehre« verteidigt, und auf der anderen Seite »Ketzer«, die exkommuniziert wurden, wie es z. B. A. Adler, C. G. Jung und W. Reich erging.

Die Psychopharmaka, die in den letzten Jahren entwickelt wurden, haben jedoch, auch wenn sie therapeutisch problematisch sind, die theoretischen Grundannahmen der Psychoanalyse etwas erschüttert (wenn das die Analytiker auch nicht zugeben), indem es gelang, angeblich psychische Defekte physiologisch zu beeinflussen. Michael R. Liebowitz von der New Yorker Columbia University meint nachweisen zu können, daß das Krankheitsbild, das Freud als »Neurose« bezeichnet, nichts zu tun hat mit psychischen Fehlentwicklungen in der Kindheit. Vielmehr scheinen Zwangshandlungen wie unentwegtes Händewaschen mit dem »Nucleus caudatus«, einer Ansammlung von Nervenzellen im tiefen Teil des Gehirns, etwas zu tun zu **237** haben. Lewis R. Baxter, ein Hirnforscher in Los Angeles, faßt deshalb zusammen: »Beim Zwangsneurotiker gerät die Chemie des Gehirns durcheinander.« Auch die Genbiologen sind guter Hoffnung, daß sie, wenn das Genom erforscht ist, das heißt Gesamtsequenzen des Genoms vorliegen, die Psychiater überflüssig sind. Der Psychotherapeut kann seine Position angesichts eines solchen Angriffs nur noch retten, indem er die chemischen Veränderungen zugibt, sie jedoch auf psychische Vorgänge zurückführt.

Das Denken Freuds beeindruckt durch seine Einfachheit. Dies allein erklärt aber noch nicht den Publikumserfolg der erfolglosen Psychoanalyse in der Literatur, der Soziologie, der Verkaufspsychologie bis hinein in den Alltag, in dem allerlei Spielarten der Freudschen Erfindung heute besonders »boomen«. Ihr Erfolg ist wohl hauptsächlich darin zu suchen, daß sie jedem Bedeutung durch Deutung gibt. Man läßt sich gerne durch Freud täuschen, weil die Psychoanalyse die Nichtigkeit des einzelnen überspielt, weil sie aus Durchschnittsmenschen Ausnahmen macht, weil sie das Individuum zum Zentrum der Welt aufbläht. Freud gibt jedem die Illusion, tief zu sein, Abgründe zu haben, interessant zu sein, mehr zu sein, als auf den ersten Blick ersichtlich, mehr zu sein, als andere vermuten, sogar mehr zu sein, als man von sich selbst denkt. Und zugleich liefert er wohlfeile Versatzstücke, um diese Tiefen auszuloten, dingfest und benennbar zu machen.

Mit Freud scheint endlich auch die menschliche Seele beherrschbar zu sein. Was die Naturwissenschaft für die Außennatur geleistet hat, das, so redet man sich ein, habe Freud für die Innennatur zuwege gebracht. Die Psychoanalyse ist Illusionstheater. Das Unbewußte gibt jedem Menschen eine Tiefe, von der weder er noch andere etwas ahnen. Aber der Mensch ist flach. Die Freudsche Selbstbespiegelung ist nur der Kompensationsversuch seiner tatsächlichen Bedeutungslosigkeit.

Noch ein Punkt ist zu berücksichtigen. Trotz ihres revolutionären Anstrichs ist die Psychoanalyse äußerst konservativ. Es

238 gelingt ihr nämlich, einen Zentralbegriff der europäischen Tradition, des überkommenen Selbst- und Weltverständnisses zu retten: den der Seele. Freud bewahrt sie auf, indem er sie säkularisiert. Aus der metaphysischen Seele wird ein berechenbarer Mechanismus. Die Instanzen teilen das Reservoir an Triebenergie unter sich auf.

Und noch etwas ist Freud gelungen. Er, der als der Verkünder des Unbewußten und der Bestimmungskraft der Triebe gilt, hat unbeirrt an der aufklärerischen Vernunft festgehalten. Der Analytiker geht mit dem Unvernünftigen vernünftig um. Heilung ist für die Psychoanalyse die Rationalisierung des Irrational-Unbewußten. So gelingt es der Spätaufklärung, sich mit der Tradition auszusöhnen. Aus der erkenntnistheoretischen, politischen und theologischen Aufklärung wird bei Freud sexuelle Aufklärung, so erfolgreich, daß das Wort »Aufklärung« im Alltag fast ausschließlich mit der sexuellen assoziiert wird. Indessen: Die Freudsche Psychoanalyse ist der späte Sieg des Aberglaubens über die Aufklärung, der deshalb so total ist, weil er im Namen der Aufklärung errungen wurde.

Es gibt noch einen zweiten Irrtum, der uns so geläufig ist wie der psychoanalytische: die Behauptung nämlich, daß das Denken abhängig sei von geschichtlichen und gesellschaftlichen Bedingungen. Diesen Fehler machte Karl Marx, und er wurde selbst von denen übernommen, die der Marxschen Theorie sonst nicht beipflichten. So wurde die Behauptung der geschichtlich-gesellschaftlichen Bedingtheit des Denkens der andere geschichtswirksame Angriff auf die Autonomie der Vernunft.

Der materialistische Determinierungsfehler   Karl Marx behauptet, daß das gesellschaftliche Sein das Bewußtsein bestimme. Die Vernunft sei keineswegs autonom, vielmehr abhängig von dem, was Marx die »Basis« nennt: Das sind die Lebensverhältnisse der Menschen, und diese sind hauptsächlich geprägt von der Arbeit. Deshalb ist unser Denken von unseren Arbeitsver- **239**

hältnissen bestimmt. Da diese ihrerseits von den Eigentums-
verhältnissen abhängen, bilden diese den untersten Grund unseres Denkens.

Im einzelnen sieht das so aus: Die Basis besteht aus Produktionsmitteln, Produktivkräften und Produktionsverhältnissen.
Die »Mittel« sind alles, was bei der Arbeit eingesetzt wird, also
Maschinen, aber auch die Produktivkräfte, und das sind vornehmlich die Arbeiter. Das Zusammenspiel von Arbeitern und
Produktionsmitteln ist das Produktionsverhältnis. Es ist durch
Widersprüchlichkeit gekennzeichnet. Zum einen nämlich werden die Produktionsmittel, z. B. Maschinen, immer weiterentwickelt, so daß irgendwann der Punkt erreicht sein wird, an
dem die neuen Maschinen die noch bestehenden Produktionsverhältnisse sprengen. So konnten die Dampfmaschinen nicht
in kleinen Handwerksbetrieben eingesetzt werden. Zum andern werden die Arbeiter mit ihren Arbeitsbedingungen nicht
immer einverstanden sein und auf Verbesserungen drängen.
Damit zeichnet sich die Basis durch ständige Bewegung und
Widersprüchlichkeit aus.

Produktivkräfte, Produktionsmittel und Produktionsverhältnisse wurzeln ihrerseits im eigentlichen Grundwiderspruch
einer kapitalistisch organisierten Gesellschaft, nämlich in der
Struktur der Eigentumsverhältnisse. Sie ist gekennzeichnet
durch den Grundwiderspruch der kapitalistischen Gesellschaft:
den zwischen Kapital und Lohnarbeit. Unter Kapital ist der
Besitz an Produktionsmitteln zu verstehen, kraft derer der
Kapitaleigner Herrschaft über den Arbeiter ausüben kann, weil
dieser in seiner (Lohn-)Arbeit vom Kapitalisten abhängt. Dieser kann nämlich bestimmen, was und wie produziert wird,
weil der Arbeiter während der Arbeitszeit seine Arbeitskraft
gegen Geld zur Verfügung stellt. Aus diesem Grundwiderspruch von Kapital und Lohnarbeit, so Marx, entwickeln sich
alle anderen, bis hin zur Revolution.

Die Widersprüche in der Basis sind nun Anlaß und Grund zum
Denken. Das Denken ist also nicht aus sich heraus tätig, son-
240 dern reagiert nur. Marx sieht drei Möglichkeiten: Entweder

schildert das Denken die Widersprüche der Basis »getreulich« ab, wie Marx dies in den Wissenschaften verwirklicht sieht, oder die Widersprüche der Basis werden als notwendige bestätigt, wie dies nach Marx in der Religion, der Jurisprudenz und teilweise auch in der Kunst und Philosophie der Fall ist. Drittens schließlich können die Widersprüche der Basis im Denken auch überwunden werden. Entweder so, daß sie bemerkt und kritisiert werden, oder so, daß das Denken der Basis schon voraus ist. Letzteres schien Marx bei der griechischen Kunst der Fall gewesen zu sein, und Engels meinte, daß die deutsche Philosophie (des Idealismus) der ökonomischen Basis Deutschlands vorausgeeilt sei. In den beiden ersten Fällen werden also Widersprüche der Basis zu Denkinhalten. Solche Denkinhalte nennt Marx »Ideologien«. Ideologie ist also nicht abwertend gemeint, sondern ist die Kennzeichnung der Tatsache, daß das gedacht wird, was an der Basis geschieht. Erst später wird »Ideologie« auf ein Verständnis verkürzt, das es als »falsches Bewußtsein« begreift, als ein Denken, das die theoretische Rechtfertigung von gesellschaftlichen Mißständen ist.

Was ist an diesem Konzept haltbar? Wie das Instanzen-Modell Freuds, so ist auch das Basis-Überbau-Modell in sich weitgehend stimmig, wenn man einmal davon absieht, daß Marx große Schwierigkeiten hatte, zu erklären, daß die antike Kunst, die in einer Zeit geschaffen wurde, deren sozio-ökonomische Basis, gemessen an der Ökonomie und der Gesellschaft Mitte des 19. Jahrhunderts, weit hinter diese zurückfällt, daß diese Kunst einer überwundenen Gesellschaftsform auch für das 19. Jahrhundert noch Vorbild ist. Wie bei Freud, so bürgt auch bei Marx die Widerspruchsfreiheit des Modells nicht für seine Gültigkeit. Auch das Märchen vom Wolf und den sieben Geißlein ist in sich widerspruchsfrei, kann aber wohl kaum zur Erklärung herangezogen werden, wenn im Brunnen des Nymphenburger Schlosses ein toter Wolf gefunden wird.

Ist das Basis-Überbau-Modell auch in sich stimmig, so hat es doch einige Schwachstellen. Zwar wird behauptet, daß das Denken Ausfluß gesellschaftlicher Bedingungen sei, bis heute **241** aber ist ungeklärt, welche Bedingungen es denn genau sind, die das Denken bestimmen. Will man notwendige Beziehungsverhältnisse zwischen Denken und Sein herstellen, muß man das gesamte Sein und das gesamte Denken berücksichtigen – dazu müßte man es kennen. Nun ist leicht zu sehen, daß dies vielleicht nicht prinzipiell, aber faktisch unmöglich ist. Es ist allein schon quantitativ ausgeschlossen, das gesamte Sein mit dem gesamten Denken in Beziehung zu setzen. Dem läßt sich entgegenhalten, dies sei eine überzogene Interpretation von Marx, schließlich spräche er nur von den gesellschaftlichen Bedingungen – welche aber sind das? Von welchen hängt das Denken Goethes ab? Davon, daß 1799 die erste Dampfmaschine in Berlin zum Einsatz kam? Daß Owen in seiner Baumwollspinnerei 1800 soziale Reformen durchführte? Daß 1801 die erste deutsche Zuckerrübenfabrik entstand? Oder davon, daß die Damen Reifröcke, Schnürmieder und Stöckelschuhe trugen und die Herrn in Samtkniehosen, Schnallenschuhen und Dreispitz einhergingen? Oder davon, daß Friedrich II. den Siebenjährigen Krieg führte? Oder davon, daß Goethe Geheimrat wird, in die Schweiz und nach Italien reist, daß er Schwierigkeiten mit seinen Liebschaften hat?

Wir kennen nicht alle Umstände, mit denen sich Denkerzeugnisse erklären ließen, und wir kennen die Regeln nicht, die eine stichhaltige Auswahl ermöglichten. So bleibt nur die Flucht nach vorne: Die Gesamtheit der sozio-ökonomischen Umstände bestimme das Denken. Dagegen ist schwer zu argumentieren; aber eine solche Behauptung ist sinnlos, denn sie ist weder zu bestätigen noch zu widerlegen. Mit dieser Hypothese kann im Einzelfall nicht gearbeitet werden, denn solange keine Regel für die Auswahl der bestimmenden Ereignisse vorhanden ist, können nur alle Ereignisse aufgezählt werden. Abgesehen von der Zeit, die hierzu benötigt würde, höbe sich eine solche Erklärung selbst auf: Die umstandslose Aufzählung aller historischer Daten kann niemals ein einzelnes Denkprodukt erklären. So bleibt ein letzter Rettungsversuch, den Engels vorgeschlagen hat: Die ökonomischen Zwänge nämlich setzten sich »in letzter Instanz« durch. Wohl möglich, aber auch dieser Rettungsversuch scheitert. Denn damit ist zwar klar, daß nicht die Reifröcke der Damen für Goethes Denken verantwortlich sind, aber welche ökonomischen Umstände dann? Zur Beantwortung dieser Frage wiederholt sich das eben erwähnte Problem, oder aber man muß so allgemein bleiben, daß der Einzelfall wieder nicht erklärt werden kann. Goethes Denken nämlich sei aus dem aufkeimenden kapitalistischen Grundwiderspruch zwischen Lohnarbeit und Kapital entstanden. Diese Auskunft befriedigt wenig, weil auch dieser Widerspruch zu allen Zeiten nicht als allgemeiner, sondern immer als besonderer auftritt. Damit aber kehrt das Problem zurück: Welche konkreten Erscheinungen des Grundwiderspruchs bestimmten denn nun das Denken Goethes? Nach welcher Regel können sie herausgefunden werden?

Aber selbst angenommen, daß es ein Gesetz gäbe, gemäß dem die entscheidenden materialen Bestimmungsgründe des Denkens ausfindig gemacht werden könnten, müßte noch ein weiteres Problem gelöst werden: Es bedarf nämlich eines zweiten Gesetzes, dementsprechend die herausgefilterten materialen Bedingungen so miteinander verknüpft werden können, daß ein notwendiger Bedingungszusammenhang von Denken und Sein herstellbar ist. Eine genau bestimmte sozio-ökonomische Situation müßte nämlich zu einem genau bestimmbaren Denken führen. Das zu findende Gesetz müßte es ermöglichen, zu erklären, weshalb Eduard von Kleist, im selben Jahr wie Goethe geboren, ganz anders dachte als dieser. Oder weshalb die drei Jugendfreunde Hegel, Schelling und Hölderlin, alle drei fast gleich alt, alle drei Schwaben, alle drei gemeinsam im Tübinger »Stift« erzogen, so unterschiedlich gedacht haben.

Solange der historische Materialismus keine befriedigende Antwort auf diese Fragen gibt, bleibt er schlechte Metaphysik; bei Licht betrachtet, ist er gar kein Materialismus, sondern Spekulation. Es ist ihm jedenfalls nicht gelungen nachzuweisen, daß das Denken der mehr oder weniger bewußte Reflex der sozio-ökonomischen Basis sei. Es ist ihm nicht gelungen nachzuweisen, daß das gesellschaftliche Sein das Bewußtsein bestimmt.

Bei Freud und Marx zeigt sich, daß die Behauptung, daß das menschliche Denken nicht autonom sei, einer näheren Prüfung nicht standhält. Deshalb müssen wir umdenken, und das fällt uns schwer, zu selbstverständlich geht die europäische Tradition schon mit diesen Gedanken um. Eine neue Wahrheit, so sagte Gottfried Benn, brauche, um sich durchzusetzen, gut und gern ihre hundert Jahre; bei Unwahrheiten, so muß man hinzusetzen, geht es bedeutend schneller.

Der Machbarkeitswahn   Wir gehen heute ganz selbstverständlich davon aus, daß der Mensch vielleicht nicht die Welt insgesamt, zumindest aber die menschliche Welt nach seinem Gutdünken gestalten könne. Zwar klappt es nicht in allen Einzelfällen, insgesamt jedoch erscheint uns unsere Welt machbar. Wir sind überzeugt davon, durch unser Handeln Einfluß nehmen zu können auf den Gang der Welt. Wer deshalb mit ihm unzufrieden ist, der versucht eine Gegenbewegung zu initiieren. Ob es eine Revolution ist, ein neuer Gesetzentwurf, eine Bürgerinitiative, die Gründung einer Partei, eine Demonstration – wer so etwas unternimmt, geht davon aus, den Lauf der Welt beeinflussen zu können. Selbst der Mensch scheint uns willkürlich veränderbar. Wenn nicht durch Erziehung, dann durch Psychologie, auch Anabolika stehen uns zur Verfügung, und notfalls helfen »bio-engineering« und Genmanipulation; Welt und Mensch sind optimierbar.
Diese Denkweise ist in Europa entwickelt worden, und zwar erst in der Neuzeit. Früheren Zeiten und anderen Kulturen ist solches Denken fremd. Natur, Welt, Kosmos – sie gelten als etwas, das der Mensch hüten, pflegen und hegen muß. Eingriffe in die Natur sind verboten, gelten als Frevel. Das europäisch-neuzeitliche Denken hingegen kennt keine Ehrfurcht vor der Natur. Ein letzter Rest ehrfürchtigen Denkens zeigt sich

allenfalls noch in der Debatte um die Zulässigkeit der Genmanipulation. Noch wird die Veränderung des Erbguts nicht umstandslos gutgeheißen. Solche Kämpfe um die Grenzen der Machbarkeit sind jedoch Scheinkämpfe um längst verlorene Positionen, die allenfalls das Gewissen beruhigen.

Die Welt ist vom Menschen machbar, heißt unsere Losung. Deshalb ist der Mensch auch für den Zustand der Welt verantwortlich und nicht mehr Gott. Das kennzeichnet eine bedeutsame Wende in der europäischen Denk- und Realgeschichte. Jetzt erst wird der Mensch eigentliches Subjekt: Bestimmungsgrund seiner selbst und der Welt. Als Subjekt will und kann er es besser machen als Gott. Der »Alte Bund« des Alten Testamentes zwischen Mensch und Gott und der »Neue Bund« des Neuen Testamentes – sie sind gegenstandslos, weil der eine Vertragspartner verstorben ist. Hegel kennzeichnet 1807 in seiner *Phänomenologie des Geistes* diese Bewußtseinslage mit den Worten: »Es ist der Schmerz, der sich als das harte Wort ausspricht, daß Gott gestorben ist.« Er nimmt sogar die Formel vorweg, die später Friedrich Nietzsche gebrauchte: »Gott selbst ist tot« (*Glauben und Wissen*). Aber selbst wenn Gott tot ist, leben in der Neuzeit die Götter doch fort. Sie müssen sich nur verkleiden. Aus dem »deus absconditus«, dem abwesenden Gott, mußte der »deus incognitus«, der unbekannte Gott, werden. Unerkannt hausen die Götter neben uns.

In der Neuzeit ist der Mensch allein auf sich gestellt, er ist gefordert, und er muß es besser machen als Gott, denn die Welt ist nicht vollendet, sondern ist Bruchstück geblieben. Heißt es im Alten Testament (1. *Mose* 1, 31): »Und Gott sah an alles, was er gemacht hatte; und siehe da, es war sehr gut«, so versteht die Moderne diese Selbstbelobigung nicht mehr. Die Welt ist schlecht und muß verbessert werden, und es steht in der Macht des Menschen, dies zu tun. Die Verbesserung der Welt und des Menschen ist seine moralische Pflicht. Dies ist das Pathos der Moderne. Man will nichts weniger, als das Glück des Menschen herstellen, und zwar das totale, lückenlose; alles Unglück soll verhindert werden. Genau dies aber **245** zerstört Glück. Der Mensch ist bekanntlich kein Engel, er würde sich, wie es die kleine Geschichte »Ein Bayer im Himmel« witzig beschreibt, beim Halleluja-Singen und Harfen auf die Dauer wenig wohl fühlen. Die Würde des Menschen besteht darin, die Möglichkeit auch zum Abscheulichen und Gemeinen zu haben und auszuhalten. Wir müssen sogar lernen, das Übel zu ertragen. Das menschliche Glück ist, in der Gefahr des Unglücks zu stehen. Je mehr deshalb das Leid durch Pillen und Unterhaltungsindustrie verdrängt wird, desto größer muß die Bedrohung werden. So gilt es nicht, das Böse zu vertreiben, vielmehr muß gelernt werden, damit umzugehen. Utopisten und Heilige sind aus diesem Grunde schlechte Politiker. Ohne die menschlichen Tiefen gibt es auch keine menschlichen Höhen. Mit der Niedertracht muß man fertig werden, nicht sie ausrotten wollen.

Da wir überzeugt sind, daß wir die Welt nach unserem Gutdünken gestalten können, lastet die gesamte Verantwortung auf uns. Heute heißt es deshalb nicht mehr, daß Gott angesichts der Übel der Welt gerechtfertigt werden muß, heute muß der Mensch für die Übel der Welt gerechtfertigt werden (ein Problem, das den Gießener Philosophen Odo Marquard schon seit Jahren beschäftigt). Aus der »Theodizee« wurde eine »Anthropodizee«. Dieser »Homo creator«, dieser Schöpfermensch, kann keine göttliche Gnade mehr erwarten. Er ist uneingeschränkt verantwortlich für sein Tun und Lassen. Die transzendente Ordnung kann Heil und Gnade versprechen, die menschliche Ordnung ist heil- und gnadenlos. Das Böse ist kein metaphysisches Verhängnis mehr. Der christliche Mensch, selbst wenn er sündigt, steht noch in der Hand Gottes und darf auf seine Gnade und Barmherzigkeit hoffen. Dagegen der aufgeklärte Bürger: Seine Rechtfertigungsinstanz ist nicht mehr der gnädige Gott, sondern die abstrakte, kalte Vernunft; sie kennt keine Gnade, nur Logik. Deshalb lebt der aufgeklärte Bürger in einer gnadenlosen Welt, das letzte Wort über sein Heil und Unheil spricht die unbestechliche Vernunft; und gegebenenfalls, wie gezeigt, die Guillotine.

Weil wir uns für alles zuständig und kompetent fühlen, fühlen wir uns auch für alles verantwortlich. Für den Zustand der Natur, für Krieg und Frieden, für die Lage der Frauen, für den Hunger in der Dritten Welt – es gibt nichts, wofür wir uns nicht angeklagt fühlten.

Wir sehen uns als die Gestalter der Welt, halten uns für grundsätzlich gut, grundsätzlich allwissend und grundsätzlich allmächtig; grundsätzlich also sind wir wie Gott. Obwohl wir uns aber dafür halten, ist das Übel auf der Welt, und deshalb können wir uns nicht rechtfertigen – es sei denn um den Preis, unser Selbstverständnis zu ändern, uns nämlich nicht gottgleich, für grundsätzlich gut, allwissend und allmächtig zu halten. Doch da sei die Vernunft vor . . . Die öffentliche Vernunft nährt in allen Bereichen die Hoffnung, daß wir das Glück doch noch in unseren Händen hätten: Wissenschaft und Technik werden es schon schaffen. Und dort, wo sich die private Vernunft zur öffentlichen emporarbeiten will, verbreitet sie dieselbe Hoffnung: daß wir uns vom Bösen und Übel erlösen könnten; zwar nicht mit Kernkraft und »harter« Technik, aber mit der Pflugschar, mit Windrädern und Sonnenenergie. So ist der Glaube an die Machbarkeit des irdischen Glücks ungebrochen. Entsprechend werden alle Probleme, ob soziale, psychische, medizinische, moralische oder sonstige, zunächst in solche der Wissenschaft uminterpretiert: in soziologische, psychologische, moralphilosophische . . ., und wenn dies geschehen ist, werden sie technisch gelöst. Und so greifen wir in bester Absicht in Bereiche ein, die wir nicht überblicken, und erzeugen das Chaos der Entwicklungshilfe.

Der Mensch ist an einem Punkt angelangt, an dem er seine Ausgangsbedingungen verläßt. Selbstverständlich hat er schon immer die Welt geändert, hat Wälder gerodet, Flüsse verschmutzt. Das Ausmaß der heutigen Änderungen schlägt allerdings um in eine neue Qualität, weil inzwischen die gesamten Lebensbedingungen von den menschlichen Eingriffen in die Natur betroffen sind. Und, die Manipulationen betreffen nicht nur die Außennatur, die »natura naturata«, sie betreffen **247** das Wesen der Natur selbst, die »natura naturans« des Menschen und der Welt. Genau deshalb führt kein Weg mehr zurück, wenn solche Operationen erst einmal durchgeführt wurden.

Der Mensch ist der Welt aber nicht mächtig, er ist seiner Geschichte nicht mächtig, er ist weder das Subjekt der Welt noch der Geschichte, noch der Menschheit. Der Wandel der Welt ist keine Inszenierung des Menschen. Er ist weder Bestimmungsgrund noch Bewegungsgrund der Welt. Das Subjekt der Welt ist einzig die Welt.

Diese Einsicht fällt uns schwer, weil sie unserem Selbst- und Weltverständnis widerspricht. Nach wie vor fühlen wir uns als Täter. Je mehr uns unsere tatsächliche Machtlosigkeit klar wird, desto verbissener verteidigen wir unsere Selbstüberhöhung und nehmen dafür in Kauf, für das die Verantwortung zu übernehmen, was wir gar nicht verantworten können, nämlich den Zustand der Welt.

Der Täter wird schuldig. Wo aber Schuld ist, da bedarf es der Vergebung. Christus, der Erlöser, kann uns unsere Schuld nicht mehr vergeben, denn wir glauben nicht mehr. Deshalb müssen wir uns selbst versühnen. Und so vergeben wir uns, weil wir wissen, was wir tun. Die Heilslehrer treten auf, die atheistischen Apostel, die ungläubigen Glaubensfanatiker mit den fertigen, kleinen Weltbildern, die heute wohlfeil und erfolgreich vermarktet werden. Man glaubt an die Wiedergeburt, den Astralleib, das deutsche Bier, an die Weltrevolution, die Fußballnationalmannschaft, die Macht der Frauen, den französischen Käse und trägt den Rudolf-Steiner-Gedächtnispullover. Denn es ist gut, für die Anthroposophie zu streiten, für den Käse, für die Frauen, für den Fußball, für die Revolution, das Bier und ein neues Bewußtsein. Das hehre Ziel macht skrupellos, macht schuldlos.

Indessen ist es nur eine Frage des Blickwinkels, will man die Machtlosigkeit des Menschen bemerken. Ob der Mensch den Lauf der Welt beeinflussen kann oder nicht, ist eine Frage des

Maßstabs, den man anlegt. Je größer er ist, desto geringer die

Einflußmöglichkeit, je kleiner er ist, desto mehr Einfluß scheint der Mensch zu haben.

Der Mensch wirkt durch sein Handeln auf die Welt ein. Der Handelnde setzt sich dabei einen Zweck, ein Ziel seines Handelns und überlegt sich dann die geeigneten Mittel und Schritte, die er einsetzt und unternehmen will, um sein Ziel zu erreichen. Zwei Unwägbarkeiten spielen dabei eine Rolle. Zunächst ist nicht immer eindeutig entscheidbar, welches Mittel das richtige, d. h. das erfolgreiche ist. Es ist durchaus möglich, daß das eingesetzte Mittel zu einem ganz anderen Ziel führt als geplant. Deshalb streitet sich heute kaum jemand darum, ob Friede sein soll oder nicht, sehr wohl aber ist umstritten, wie er erreichbar und sicherbar ist. Aber selbst wenn das angestrebte Ziel erreicht wird, werden durch den Einsatz der Mittel Neben- und Folgewirkungen entstehen, die auf lange Sicht den momentanen Erfolg zunichte machen können. Und selbst wenn die Neben- und Folgewirkungen den angestrebten Erfolg nicht rückgängig machen, vermieden werden können sie nicht.

So ist völlig unabsehbar, wozu das erfolgreiche und das mißlingende Handeln führen. Der Handelnde kann nie wissen, welche Wirkungen sein Handeln haben wird. Vom Erfolg einer Handlung kann man deshalb nur sprechen, wenn man die Nebenwirkungen und Spätfolgen unberücksichtigt läßt. War die russische Oktoberrevolution erfolgreich? Ja, wenn man nur den Tatbestand berücksichtigt, daß das Zarenregime gestürzt wurde und die Bolschewiki an die Macht kamen. Was aber, wenn es um Freiheit geht? Was, wenn man die Stalin-Zeit berücksichtigt? Was, wenn man die Sowjetunion mit den Augen eines Lagerinsassen oder Verbannten betrachtet, die USA mit den Augen eines Schwarzen aus den Slums, die Bundesrepublik mit den Augen eines Arbeitslosen? War Otto Hahns Kernspaltung erfolgreich? War der Flug zum Mond erfolgreich? – Jede Handlung hat Folgen, die der Handelnde nicht übersehen kann, und jede Handlung für etwas ist zugleich auch eine Handlung gegen etwas. Jeder, der etwas tut, muß unendlich viel anderes unterlassen.

Ist der Mensch der Bestimmungs- und Beweggrund der Welt, ist er ihr Subjekt? Im Handeln stößt der Mensch schnell an die Grenzen seiner Einflußmöglichkeit. Er kann nur das unmittelbare Hier und Jetzt beeinflussen, er kann aber nicht beeinflussen, was die Folgen seiner Beeinflussung sein werden. Jeder, der vom Erfolg einer Handlung spricht, ist ein Fälscher. Er sucht sich aus der Unzahl an Ereignissen, die aus seiner Handlung resultieren, diejenigen aus, die er überhaupt bemerkt und die ihm ins Konzept passen; alle anderen unterschlägt er. Die ausgewählten ordnet er dann in einen Zusammenhang, der eine kausale Ereignisfolge seines Handelns und der Wirkung suggeriert. Die Menschen leben von solchen Fälschungen. Wir haben die Lüge nötig, um unser Selbst- und Weltverständnis aufrechterhalten zu können.

Das Sinnmißverständnis Die einfachen Strichmuster, Diagramme und Ideogramme, die man auf den Höhlenwänden der Steinzeitmenschen entdeckt hat, lassen sich als Versuche verstehen, die fremde Welt in Symbolen zu ordnen. Diese Symbole haben Zitatfunktion, indem sie die Welt in einer äußersten Vereinfachung darstellen und dadurch dem Menschen Orientierung ermöglichen. Die Ordnung auf der Höhlenwand erzeugt Ordnung im Kopf, und diese orientiert in der Welt, aus der sie entnommen wurde. Die Symbole haben jedoch noch eine zweite Funktion, die bei den stilisierten Tier- und Menschendarstellungen besonders auffällig ist: Sie zitieren herbei, was nicht da ist. Darin liegt ein magisches Element. Das in der Wirklichkeit unverfügbare Tier wird im Schein verfügbar, indem es abgebildet wird. Das Abbild macht das Nichtvorhandene gegenwärtig, ohne daß es sich dagegen wehren könnte. Indem der Mensch etwas als Bild gestaltet, stellt er aber nicht nur ein Abbild der Wirklichkeit her, vielmehr imaginiert und produziert er sich in seinem Bild auch selbst. Die Darstellung des Bisons ist indessen auch nicht nur dessen Produktion, **250** vielmehr auch seine Aneignung durch den Menschen, denn die

Darstellung verändert das Dargestellte nach Maßgabe des Menschen. Genau durch diesen Vorgang wird die fremde Welt nun zur vertrauten, wird menschlich. Um eine Formulierung von Karl Marx aufzugreifen: Indem der Mensch in seinen Bildern die Welt humanisiert, naturalisiert er sich gleichzeitig selbst. Er gewinnt Teilhabe an der Welt, er bindet sich in die Natur ein.

Die Ordnung, die der Hominide sich erzeugte, hat demnach vier Funktionen: Orientierung, Verfügung, Selbst- und Weltproduktion, Einbindung in die Außennatur. Mit anderen Worten: Der Mensch stiftet Sinn. Das Sinnbedürfnis scheint groß gewesen zu sein. Es ging so weit, daß die Ordnung der Natur zur Legitimationsfigur menschlichen Zusammenlebens wurde. Dazu übertrug der Mensch zunächst seine Lebensformen, -verhältnisse und -erfahrungen auf den Kosmos, indem er ihn in Verwandtschaftsbeziehungen deutete (vgl. dazu Ernst Topitsch). Das zeigen die Mythen vom Weltelternpaar und dem Zweigeschlechterwesen im »Alten Reich« Ägyptens. In einem zweiten Schritt wurde der so gedeutete Kosmos in einem Rückschluß dann zum Vorbild der menschlichen Ordnung. Was man in den Himmel projizierte, wird zurückgespiegelt auf die Erde und verwandelt sich da zur Norm menschlichen Verhaltens. Diesem Denken liegt die Auffassung von formalen und funktionalen Entsprechungen in der Welt- und Menschenordnung zugrunde. Das brachten die kultischen Gebäude zum Ausdruck. Die vor-autonome Kunst der Pyramiden stellte die universale Ordnung dar. Die Bauwerke wurden kosmisch.

Der Mensch der Neuzeit versteht sich nicht länger aus dem Kosmos, auch nicht mehr von Gott her, er versteht sich aus sich selbst heraus. Der Grund, die Ursache und die Erhaltung des Seienden werden nicht länger als ein den Menschen Überschreitendes gedacht, nicht mehr als Gott und nicht als Natur, sondern als Ich, als der empfindende, handelnde und vor allem denkende Mensch. In der Neuzeit hat der Mensch das Ich erfunden, und dieses Ich machte sich daran, die Welt zu erfinden.

»Selbstbestimmung« wird das neue Schlagwort. Nur dadurch würde sie beeinträchtigt, daß der Mensch Naturwesen ist und als solches den Zwängen der Physis, des Leibes, nicht entfliehen kann und seit Sigmund Freud auch nicht den Zwängen der Psyche. Sowohl die äußere Natur als auch die innere werden als Beschneidungen der persönlichen Freiheit erfahren. Natur und Kosmos sind nicht mehr die selbstverständlichen Bedingungen und Voraussetzungen des menschlichen Lebens, vielmehr werden sie als Zwang empfunden, den es auszuschalten gilt. Deshalb stehen Wissenschaft und Technik in so hohem Ansehen: weil sie die äußere Natur beherrschen. Deshalb steht auch die Medizin in so hohem Ansehen: weil sie die Gebundenheit des Menschen an seinen Leib auf ein Mindestmaß einschränkt. Deshalb haben die Psychologen und Psychiater heute Konjunktur: weil sie versprechen, auch noch die Psyche beherrschen zu können. Und wo diesen Sparten die Beherrschung nicht mehr zugetraut wird, da springen die neuen Wunderheiler in die Bresche. Äußere und innere Natur werden jedenfalls als Bedrohung erfahren, die beherrscht werden müsse. Im lebensweltlichen Alltag machen die Deodorants den Körper unsichtbar. Nur der antiseptische, der beherrschte und entindividualisierte Körper darf gezeigt werden, der allerdings ausgiebig.

Das antike Gefühl des Eingebundenseins in den Kosmos, das christliche Gefühl der Sehnsucht nach dem Jenseits, sie werden verdrängt und machen dem Selbstbehauptungswillen Platz. Dieser ist aggressiv und unterwirft sich alles. Der Mensch schwingt sich auf zum Bestimmungsgrund der Welt und seiner selbst. Er wird der Beherrscher der Natur und der Gesetzgeber der Menschenwelt. Sein Handeln richtet sich weder nach den Sternen noch nach Gott, noch nach einem Heilsplan; es hat seinen Maßstab nur am menschlichen Willen. Der Mensch hat keine Bezugsgröße mehr außer sich. Er beugt sein Knie vor keinem Gott und nicht vor dem Kosmos, er unterwirft sich nur sich selbst. Die Welt der Moderne ist die Welt des Machbaren.

Aber der aufklärerische Mensch ist umgetrieben von der Sehnsucht nach dem verlorenen Paradies. Die vorgegebene Ordnung, in der alles seinen Platz und seinen Sinn hatte, der Kosmos und die göttliche Schöpfungsordnung – aus diesem Paradies hat sich der aufgeklärte Bürger hinausreflektiert. Deshalb muß er seine Welt, seine Ordnung und seinen Sinn selbst erschaffen. Er muß die Wirklichkeit erfinden; sie ist nicht mehr das, was sinnfällig vor Augen liegt. Die Sinne, so erklärte Descartes, täuschen uns, und deshalb dürfen wir uns nicht auf sie verlassen. Wenn wir wissen wollen, was und wie die Welt ist, müssen wir sie uns denken. In seinen *Vorlesungen zur Geschichte der Philosophie* steht der berüchtigte Satz Hegels, »daß der Mensch sich auf den Kopf, d. i. auf den Gedanken stellt und die Wirklichkeit nach diesem erbaut«. Wahr ist nicht das, was wir mit unseren Sinnen wahrnehmen, wahr ist nur das, was wir denken können. Was nicht gedacht werden kann, gibt es nicht und ist sinnlos.

Der aufklärerische Mensch erbaut sich im Kopf die Welt nach seinem Bilde, und das Vermögen dazu ist die Vernunft. Die Kraft der Vor-Ordnungen ist gebrochen, sowohl die des antiken Kosmos als auch die der mittelalterlichen Schöpfungsordnung. Der Mensch stiftet Ordnung und Sinn selbst, und die sind nicht mehr ein Jenseits, sondern menschlich-diesseitig.

Der Mensch hat den unauslöschlichen Drang, sich, andere und die Welt zu deuten; Menschsein heißt, Selbst- und Weltverständnis zu haben. Wenn wir etwas verstehen wollen, müssen wir voraussetzen, daß wir es überhaupt verstehen können. Da wir kraft unserer Vernunft uns selbst und die Welt verstehen wollen, müssen wir voraussetzen, daß wir selbst und die Welt entweder vernünftig sind oder nur in einem solchen Maß von der Vernunft abweichen, daß unsere Vernunft die Abweichung vom Vernünftigen noch begreifen kann. Wenn sich jemand alle fünf Minuten die Hände wäscht, dann ist dieses unvernünftige Verhalten nur dadurch verständlich, daß man es in einen vernünftigen Zusammenhang bringt. Der klassische Psychoanalytiker würde es als Waschzwang interpretieren und als Symptom dafür, daß der davon Betroffene ein frühes Sta- **253** dium der Individualentwicklung, die »anale Phase«, nicht erfolgreich durchlebt hat. Solche Rationalisierungen machen auf den ersten Blick unvernünftiges Verhalten erklärbar. Gelingt es uns nicht, Einzelereignisse in einen größeren Zusammenhang zu bringen, dann begreifen wir sie nicht. Es bleibt das absolut Unvernünftige und entzieht sich damit unserem Verständnis.

Für das antike Denken war das Walten der Götter unbegreiflich. Um mit dem Unbegreiflichen dennoch umgehen zu können, interpretierten die Griechen das individuelle Schicksal als göttlichen Willen. So wußte man zwar nicht, warum und wozu ein Gott einem dieses oder jenes Schicksal auferlegt, aber seine Rückführung auf die Götter beruhigte das Verständnis- und Sinnbedürfnis. Noch im Mittelalter ging man von einem »unerforschlichen Ratschluß Gottes« aus. Aber damals machte man sich daran, die Welt auch zu begreifen. Dazu dachte das mittelalterliche Christentum die Natur als Buch Gottes; Gott sei vernünftig und habe die Welt entsprechend sinnvoll geschaffen, und deshalb könne der Mensch kraft seiner Vernunft die Schöpfung verstehen. Daß die Welt vernünftig und sinnvoll ist, setzt auch die Neuzeit voraus. Nur unterstellt sie nicht mehr, daß sie von einem vernünftigen Gott geschaffen worden sei. Die Welt wird, wie oben gezeigt, von Newton als ein riesiger Mechanismus gedacht, dessen Gesetze alle vernünftiger Art sind. D. h., daß die Bestandteile der Welt in einen Zusammenhang gebracht werden können, der ihre gegenseitige Abhängigkeit in einer Regel festschreibt. Diese Regeln sind die Naturgesetze. Was für die Natur gilt, das gilt selbstverständlich auch für die Menschen und ihr Zusammenleben: Es ist durch Regeln, d. h. Gesetze, Vorschriften, Verordnungen usw., bestimmt.

Sowohl die Antike als auch das Mittelalter und die Neuzeit deuten den Menschen und die Welt so, daß diese eingebunden werden: in den Kosmos, in die christliche Transzendenz oder in den großen Gesetzesmechanismus. Wenn der Mensch also **254** etwas begreifen möchte, dann ordnet er Einzelereignisse in größere Zusammenhänge ein. Dabei ist es unerheblich, ob, wie in der Neuzeit, die großen Zusammenhänge begriffen werden oder, wie in der Antike, eben nicht. Wichtig ist nicht, daß alle Elemente eines Gefüges begriffen werden, sondern nur, daß Zusammenhänge innerhalb eines Gefüges hergestellt werden können. Dies hat zur Voraussetzung, daß es die Götter, daß es den christlichen Gott, daß es Naturgesetze gibt. Mit anderen Worten: Der Mensch unterstellt, daß alles seine Ordnung und seinen Sinn habe. Wenn er Ereignisse verstehen will, muß er also nicht nur voraussetzen, daß ihm die Ereignisse überhaupt verständlich sind, vielmehr muß er, um überhaupt verstehen zu können, Sinn voraussetzen. Menschliches Verstehen ist an Sinn gebunden. Sinn ist das Grundmuster des menschlichen Denkens überhaupt. Das aber heißt: Sinn ist kein Gegenstand und keine Eigenschaft von Gegenständen oder Ereignissen. Er ist nichts, was den Dingen als solchen zukommt, vielmehr ist er ein menschliches Bedürfnis, in dessen Horizont der Mensch sich Dinge und Ereignisse denkt.

Wenn der Mensch sich und Welt deutet, um sich zu orientieren, dann ist also Sinn immer schon vorausgesetzt. Selbst die Frage nach dem Sinn muß Sinn voraussetzen, sonst wäre sie sinnlos. Sinn ist immer dann als Horizont anwesend, wenn sich der Mensch die Wirklichkeit denkend aneignen will. Nur vom Sinn her kann der Mensch sich und Welt verstehen.

Genausowenig wie Gott denkt und Tiere denken, gibt es für sie Sinn. Sinn erschließt dem Menschen die Welt und sich selbst. Weltbezüge sind immer Sinnbezüge. Da nun aber Sinn keine Eigenschaft der Welt ist, sondern ein Bedürfnis des Menschen, folgt, daß der Mensch die Welt notwendig verfehlen muß, weil und sofern er die Welt sinnhaft faßt. Der Sinnbezug ist eine Täuschung des Menschen, die ihn befriedigt. Je tiefer das Erleben der Sinnerfüllung ist, desto weiter hat sich der Mensch von der Welt entfernt. Die Welt ist schlechterdings sinnlos. Es ist völlig verfehlt, zu fragen, welchen Sinn die Zentrifugalkraft hat. Sie wirkt – das ist alles.

Das menschliche Sinnbedürfnis als Eigenschaft den Dingen **255** und den Ereignissen zu unterstellen ist ein Kategorienfehler, der einen Großteil des menschlichen Leidens verursacht. Weltschmerz, Resignation, Depression: All diese Leiden haben ihren Grund im mangelnden Sinn. Genauer: Man leidet am fehlenden Sinnerlebnis. Wer Depressionen hat, hat bemerkt, daß es Sinn nicht gibt. Irrtümlich aber meint er, daß es entweder an ihm liege, den Sinn nicht finden zu können, oder daß es bestimmten Zuständen an Sinn, den sie eigentlich haben sollten, mangelt. Er geht nicht den notwendigen Schritt weiter, nämlich zu erkennen, daß es Sinn grundsätzlich nicht als Eigenschaft von Dingen und Ereignissen gibt, daß das Fehlen von Sinn also weder an ihm liegt noch an den schlechten Zeiten und Umständen, sondern daß es verkehrt ist, überhaupt Sinn zu erwarten. Wer Sinn sucht, muß notwendig enttäuscht werden, denn es gibt ihn nicht, jedenfalls nicht wie ein Leberwurstbrot oder eine Autofarblackierung. Sinn ist Bedürfnis. Deshalb ist die Rede vom Sinnverlust oder vom Sinnmangel irreführend. Es wird dabei so getan, als ob es Sinn als Eigenschaft gäbe. Wo aber nichts ist, da kann auch nichts verlorengehen. Sinn als Bedürfnis ist immer vorhanden, Sinn als Eigenschaft von Dingen und Geschehnissen zu nehmen ist der Grundirrtum.

Infolge dieses Grundirrtums, der uns ständige Niederlagen bereitet, kompensieren wir den mangelnden Sinn, indem wir einen stiften. Nachdem der Mythos vergangen ist und wir dem Christentum nicht mehr trauen, bieten die Boulevard-Presse und die Reklame ihre Geschichten als Ersatz. Sie bescheren uns die neue Mythologie, an die sie allerdings selbst nicht glauben. Die Geschichte von der glücklichen Familie, die morgens Margarine aufs Brot streicht, oder vom Ehemann, der, strahlend von der Arbeit zurückkehrend, entsetzt zurückspringt, nachdem er beinahe die häuslichen Fliesen betreten hätte, da sie so glänzen, als ob sie naß wären. Und der sich dann vor Glück in die Arme seiner Ehefrau stürzt, nachdem diese ihm versichert hat, die Fliesen seien nicht naß, sondern glänzten nur, dank »Meister Proper«, so sauber. Die Geschichten des »Meister Proper« sind die Kompensationsmythen der Spätmoderne.

Auch sie führen die Geschehnisse des Alltags darauf zurück, daß ein willentlich handelndes höheres Wesen in den Gang der Welt eingreift. Davon zehren von Däniken wie die Putzmittelwerbung. Der göttliche »Meister Proper« hat gegenüber dem christlichen Gott und den griechischen Göttern jedoch den ungemein großen Vorteil, bequem im Supermarkt gekauft werden zu können. Aus Gebet, Kult und Widderopfer wurden Preisvergleich, Schlangestehen und Barzahlung. Heute können wir Sinn kaufen. Und so ist »Meister Proper« der säkularisierte Gott, in ihm kehrt das verdrängte Jenseits wieder.

Sinn ist kein Seinsmerkmal der Wirklichkeit, sondern ein Bedürfnis des Menschen und eine Kategorie, gemäß der er die Welt vergeblich zu begreifen versucht. Denn die Welt ist sinnlos und mit ihr der Mensch. Die Quintessenz menschlichen Seins ist: geboren werden, leben, zeugen, sterben. Das ist alles. Nichts weiter. Und es ist genug.

Daß Welt und Mensch sinnlos sind, ist kein Grund zur Verzweiflung. Nur der verzweifelt, der Sinn sucht und ihn nicht findet. Wir müssen es aufgeben, nach Sinn zu suchen. Wir müssen die Sinnsuche als Irrweg erkennen, wir müssen uns jenseits von Sinn einrichten. Sinnlosigkeit entlastet. Sinnlosigkeit macht frei. Die Suche nach Sinn ist ein überwundenes Stadium der Menschheitsgeschichte. Die Zukunft kommt ohne Sinn aus.

DIE LOGIK DER VERNUNFT

Die Moderne ist in eine Sackgasse geraten. Der Weg war von der autonomen Vernunft vorgegeben; er führte in ihre Selbstzerstörung. Vier Grundmißverständnissen saß sie auf. Die Angst der Gegenwart, daß sie wahnsinnig sein könnte, ist deshalb nicht unberechtigt. Der

Wahnsinn der Vernunft ist das Neben- und Gegeneinander der Teilrationalitäten. In diesem Sinne ist die Selbstbewegung der Aufklärung die Geburt des Wahnsinns aus der Vernunft. Die wahnsinnige Vernunft ist die rationale. Die Vernunft ist verrückt geworden. Ihre stärkste Waffe ist ihre Rationalität. Damit ist sie in unserer rationalen Welt unschlagbar. Die Normalität ist der Wahnsinn.

Es ist das Mißverständnis der Gerichtspsychiater, zu meinen, daß die irrsinnige Tat notwendig einen irrsinnigen Täter habe. Gibt es Alternativen zur autonomen Vernunft?

Der Logos   Der blinde Maulwurf durchgräbt die Erde, ohne daß diese Notiz von ihm nimmt. Der Mensch ist der Maulwurf des Kosmos. Kosmisch ist er bedeutungslos.

Der Mensch hat kein Woher und kein Wohin. Er hat weder Vergangenheit noch Zukunft. Er lebt in einem Spiel, von dem er weder den Anfang noch das Ende kennt, geschweige denn die Spielregeln. Er erdichtet sich seine Ordnungen und organisiert darin sein Leben.

Im kosmischen Geschehen sind sein Denken und Handeln ohne Wirkung. Die erzielt er nur in seinen Größenverhältnissen. In seinem bescheidenen Rahmen wird er zum Teil des Schicksals. Nicht des kosmischen, sondern des menschlichen, für das sich der Kosmos nicht interessiert. Das menschliche Schicksal ist das der Vernunft. *Sie* beherrscht den Menschen – nicht das Unbewußte, nicht der Wille, nicht die Ökonomie, nicht die Gesellschaft, nicht die Interessen. Die Vernunft setzt sich durch, auch dort noch, wo der Mensch meint, seinen Begierden und Trieben zu folgen. Wir können der Vernunft nicht entkommen. Ihr Zwang ist für uns universal und nicht zu brechen. Wie der Mensch die Welt auch zurichten und denken mag, er hat dazu nur ein einziges Vermögen, und dies Vermögen ist die Vernunft. Wie unvernünftig uns auch das erscheinen mag, was Menschen tun und denken, immer ist es ein

Produkt der Vernunft, selbst wenn man sich gegen die Vernunft richtet. Wir sind heillos vernünftig, hilflos der Vernunft ausgeliefert. Wenn dies aber so ist, dann ist die Vernunft mehr als nur ein subjektives Denkvermögen des Menschen. Wenn sie das Denken und Handeln des Menschen bestimmt, dann muß sie etwas sein, was auch unabhängig vom Menschen ist. In der Antike unterschieden die Philosophen zwischen der »Phronesis« und dem »Logos«. Unter »Phronesis« wurde das Vermögen der geistigen Wahrnehmung verstanden. Sie entspricht in etwa dem, was wir heute mit Vernunft im Sinne unseres Denkvermögens meinen. »Logos« heißt eigentlich das Sprechen, das Wort. Der »Logos« hat aber noch andere Bedeutungen. Bei Heraklit (544–483 v. Chr.) bezeichnet er ein Prinzip des kosmischen Werdens, des gesamten Weltgeschehens. Der Logos ist also etwas Nicht-Menschliches, dem der Mensch allerdings unterworfen ist. Heraklit fügt hinzu, daß die Menschen den Logos nicht begreifen. »Den Logos, der doch ewig ist, begreifen die Menschen nicht.« (Fragment 1) Weder die, welche von ihm gehört haben, noch die, welche nicht von ihm gehört haben. Deshalb mißverstehen sie ihr Denken als eigenständige menschliche Leistung: »Obgleich der Logos allem gemeinsam ist, leben doch die Vielen, als ob sie eine eigene Denkkraft hätten.« (Fragment 2) Das Nicht-Begreifen des Logos sei der Grund, weshalb die Menschen meinten, selbständig denken und handeln zu können. In Wahrheit jedoch walte das Schicksal: »Alles« nämlich »geschieht nach dem Verhängnis« (der »Heimarmene«) (nach Diogenes Laertius IX, 7). Das Verhängnis ist das Weltgesetz, das infolge des gegensätzlichen Auf und Ab die Dinge gestaltet (nach Aetius I, 7, 22). Wichtig ist Heraklits Feststellung, daß das Geschehen der Welt weder steuerbar noch begreifbar ist, folglich muß es als Unbegreifbares begriffen werden. Dies aber ist ein Widerspruch in sich. Heraklit entwindet sich ihm, indem er das Unbegreifbare wenigstens benennt. Im Logos denkt er ein Geschehen, dessen Sinn und Zweck sich der menschlichen Vorstellungskraft entziehen. Der Logos ist eine Art Steuerungsprinzip des Weltlaufs, ein vernünftiges Subjekt der Welt. **259**

Das christliche Denken ersetzt den Logos durch Gott: »Im Anfang war das Wort« (der »Logos«, *Johannes I, 1*). »Und das Wort ward Fleisch« (»Verbum caro factum est«, *Johannes I, 14*). Gott ist nicht als abstraktes Prinzip gedacht, wie Heraklits Logos, sondern als der leibhaftige Gott. Aber auch er ist das vernünftige Subjekt der Welt. Ihm gegenüber steht, als seine Schöpfung, die Welt mit dem Menschen, der mit dem »natürlichen Licht« der Vernunft ausgestattet ist, kraft der er Einsicht in die Schöpfung Gottes gewinnen kann. Zur Erkenntnis der Wahrheit aber reicht das Denken des Menschen nicht aus; um sie zu erfassen, bedarf es der göttlichen Offenbarung, die allein dem Gläubigen vorbehalten ist. Doch wie bei Heraklit der Logos, so bleibt auch im Christentum das oberste Prinzip, nämlich Gott, das Unbegreifliche.

Georg Wilhelm Friedrich Hegel war der letzte große Philosoph, der ein Bewegungsprinzip der Welt zu denken versuchte, das nicht menschlich ist. Er nannte es (wie oben ausgeführt) den »absoluten Geist«. Diesen denkt er in einer eigentümlichen Verschränkung mit dem subjektiven Geist, dem Denken des Menschen. Er behauptet die Vernunft nicht mehr als ein einheitliches Prinzip, das invariant, überhistorisch und übersubjektiv wäre, vielmehr macht er aus ihr ein Doppelprinzip, das einen Widerspruch, nämlich den von objektivem und subjektivem Geist, in sich selbst trägt, aus dem heraus es sich notwendig entwickeln muß. Insofern dynamisiert er die Vernunft, historisiert sie. Hegel faßt also weder den absoluten noch den subjektiven Geist als selbstgenügsame, eigenständige Prinzipien auf, vielmehr sind sie für ihn wechselseitig aufeinander verwiesen. Das menschliche Denken und Handeln ist zwar, genau wie Heraklit dies sagte, vom menschlichen Selbstverständnis her gesehen, völlig autonom, in Wahrheit aber vollzieht sich im Denken und Handeln des Menschen nur das vernünftige Weltprinzip. Diesen Umstand nennt Hegel die »List der Vernunft«; sie besagt, daß das menschliche Tun und Denken notwendig das verwirklichen, was das Weltprinzip vorgibt.

Hegel hat also als erster den Versuch unternommen, Vernunft sowohl im Sinne von Heraklit als ein Weltprinzip zu denken als auch gleichzeitig als ein subjektiv menschliches (Denk-)Vermögen. Damit gelang es ihm, den Gang der Welt von zwei Faktoren abhängig zu machen: sowohl vom Menschen als auch von einem übermenschlichen Prinzip. Dieser Gang der Welt vollzieht sich nach Hegel im Bewußtsein der Freiheit. Er unterstellt also, daß das Denken der Menschen einem Zwang unterworfen ist, der sie zu immer mehr Freiheit treibt. Das jeweils größere Maß an Freiheit im Denken, so schließt Hegel, wird auch die geschichtlich-gesellschaftliche Wirklichkeit in immer größere Freiheit versetzen.

Zwei Fehler sind Hegel bei dieser Konstruktion unterlaufen. Er, der die Vernunft vergeschichtlicht hat, hat übersehen, daß auch die von ihm in Ansatz gebrachte Vernunft eine spezifisch historische Ausprägung ist und nicht die Vernunft schlechthin. Deshalb verfiel er dem Irrtum, die Bewegung der autonomen Vernunft, die tatsächlich eine zur Freiheit ist, als Bewegungsprinzip der Welt schlechthin zu nehmen. Dadurch aber, daß er die Logik der Vernunft der Aufklärung zum Prinzip der Universalgeschichte verallgemeinerte, und dies ist sein zweiter Fehler, konnte er nicht sehen, daß sich die autonome Vernunft in ihrem Freiheitsgang selbst zerstört. Der Fortschritt im Freiheitsbewußtsein der autonomen Vernunft nämlich schlägt, wie ich oben gezeigt habe, um in neue Abhängigkeiten und Zwänge.

Es gibt noch ein Modell, das im gegebenen Zusammenhang von Interesse ist, das Denken von Oswald Spengler (1880–1936). Er versuchte, die Entwicklung der menschlichen Kultur so zu deuten, wie die organische Natur gedeutet wird: als ein Wachstum mit Geburt, Jugend, einem Höhepunkt, dem Alter und dem Tod. Gleichgültig, was die Menschen auch tun, der biologischen Gesetzmäßigkeit entgehen sie weder als Individuen noch in ihren Staatsgebilden. Das gesamte Geschehen der menschlichen Welt verläuft nach dem biologischen Gesetz von Geburt, Wachstum und schließlich Tod. Spengler konstruiert **261** also das Entstehen und Vergehen von Staaten analog zu Organismen. Damit wird dem Umstand Rechnung getragen, daß das menschliche Handeln nur im kleinen die Welt bestimmt. Die Großabläufe hingegen sind einer anderen Macht unterworfen, sie gehorchen Biologie-ähnlichen Gesetzlichkeiten und können vom Menschen nicht beeinflußt werden. Spengler beschreibt sie als »Morphologie« (griechisch: »Morphe«, die Gestalt), als eine organähnliche Verwandlung der menschlichen Staatsgebilde. Damit verkürzt er die kulturelle Welt auf die biologische. Das Denken und Handeln der Menschen verlieren völlig ihre Eigenständigkeit, sie erscheinen biologisch bestimmt. Deshalb kann Spengler die quasi-biologische Entwicklung als kulturellen Fortschritt sehen. Kultur wird als Natur mißverstanden, weil sie in eins gesetzt werden. So kommt es zum Schein, als ob die Natur zweckmäßig wäre und die Kultur natürlich.

Spengler hat die Autonomie des menschlichen Denkens und Handelns eingeebnet und konnte deshalb die immanente Dynamik in der Selbstbewegung der Aufklärung nicht erkennen. Er hat also kein Prinzip gefunden, nach dem die Weltgeschichte als notwendige Entwicklung zu verstehen wäre. Er hat nur das physische Wachstum mit kulturellen Entwicklungen parallelisiert und beschrieben. Er versäumte es, die Berechtigung seiner Analogie nachzuweisen. Aber selbst wenn dies gelungen wäre, hätte er sein eigenes Problem nicht gelöst. Denn auch dann, wenn sich Kulturen tatsächlich organähnlich entwickelten, bliebe unklar, wieso dies so ist und welche Wirkkräfte dies in Gang setzen. Spengler liefert höchstens eine Beschreibung der Weltgeschichte, aber keine Erklärung.

Alle, die den Versuch gemacht haben, die Welt als eine zu denken, die nicht vom Menschen bestimmt wird – von Heraklit bis Spengler –, bleiben dem Denken verhaftet, daß es ein Subjekt, einen Bewegungsgrund dieser Welt gäbe und daß dieser Grund ein irgend geartetes Ziel hätte. Die Bewegung vom Grund zum Ziel ist dann das Weltgeschehen. Mit anderen

Worten: Alle diese Denker halten noch fest an der Vorstellung eines Sinns in der Geschichte. Zwar sei dieser Sinn für die Menschen nicht erkennbar, geschweige denn begreifbar; daß die Welt insgesamt aber sinnvoll ist, daran wird nicht gezweifelt. All diese Denker unterliegen also der Kategorienverwechslung: Das menschliche Bedürfnis nach Sinn wird zum Beschreibungsmerkmal der Welt, des Seins gemacht.

Ich will nicht den Anspruch erheben, eine Universalgeschichte zu konstruieren. Meine Überlegungen beschränken sich auf die europäische Neuzeit, auf die Zeit, für welche die Vernunft autonom wird und aufgrund dieser Autonomie eine selbständige Entwicklung durchläuft, die geschichtlich-gesellschaftliche Auswirkungen hat. Die autonome Vernunft der Aufklärung hat ihre eigenen Zwänge. Unbeeindruckt vom Wollen des Menschen, nimmt sie ihren Lauf. Das Denken der Neuzeit folgt einzig der Logik der autonomen Vernunft.

Dieser Behauptung scheint der Umstand zu widersprechen, daß wir im Alltag ständig bemerken, daß man eben nicht das tut, was vernünftigerweise getan werden sollte, daß wir uns vielmehr sehr viel stärker von unseren Gefühlen und Vorurteilen leiten lassen. Indessen ist dies eine perspektivische Täuschung, die dadurch entsteht, daß erstens eine einheitliche Vernunft vorausgesetzt wird und daß zweitens das Vernünftige gleichgesetzt wird mit dem Guten, Wahren, Schönen. Dem ist aber nicht so. Die Vernunft, so versuchte ich zu zeigen, hat sich aufgesplittert in eine Unzahl an Einzelvernünften, und deren Logiken gehen auf die unterschiedlichsten Ziele. Die Logik der Moral kann auf die Maximierung von Lust gehen, ohne Rücksicht zu nehmen auf das Wohlbefinden anderer. Die Logik der Ökonomie geht auf Gewinnmaximierung völlig unabhängig von humanen Zielen.

Die Vernunft entfaltet sich durch das Denken der einzelnen hindurch. Die Logik der Vernunft ist also nichts, was dem Denken vorausgeht, sondern ist das, was sich durch das Denken im Denken abspielt. Die Logik der Vernunft ergibt sich aus dem Denken aller. Sie ist der Zwang, der dem Denken selber innewohnt. Und so entfaltet die autonome Vernunft ihre ei- **263** gene Gesetzlichkeit genau dadurch, daß gedacht wird. Die Logik der Vernunft ist ihre Selbstbewegung. Die Vernunft bestimmt sich selbst. Was es erlaubt, von der Selbstbewegung »der« Vernunft zu sprechen, ist, daß die heute miteinander konkurrierenden Geltungs- und Gültigkeitsansprüche der unterschiedlichsten Rationalitäten verstanden werden können als das Ergebnis der sich aufsplitternden aufklärerischen Vernunft. Diese ist das »tertium comparationis«, das Dritte, in dem die pluralistische Vielheit als eine sich auflösende Einheit begreifbar ist. Diese Selbstzerstörung der aufklärerischen Vernunft vollzieht sich mit einer Notwendigkeit, die ihr selbst innewohnt. Der Zusammenbruch der Moderne ist also nicht verursacht durch die Böswilligkeit der Menschen, sondern liegt von Anfang an in ihrem Prinzip beschlossen. Deshalb ist auch keiner dafür verantwortlich, und alle moralischen Appelle sind vergeblich. Genausogut könnte man an einen Baum appellieren, in eine bestimmte Richtung zu wachsen.

Die Logik der Vernunft entspricht im Denken einer Logik der Geschichte in der Realität. In den zwanziger und dreißiger Jahren dieses Jahrhunderts hat keiner der Politiker eine Welt gewollt, in der die USA und die UdSSR zu Supermächten werden, keiner in der damaligen Zeit wollte ein geteiltes Deutschland. Hinter dem Rücken der Politiker hat sich aber eine realgeschichtliche Notwendigkeit durchgesetzt, die jedoch ohne ihre Politik auch nicht hätte zustande kommen können. So haben die Politiker der Vorkriegszeit die heutige politische Situation erzeugt, ohne sie zu wollen. Und wie es in der Geschichte ganz anders läuft, als man denkt, so läuft es selbst im Denken anders, als man denkt.

Die Logik der Vernunft braucht zwar Zeit, und deshalb entwikkelt sie sich, entfaltet sich; sie entfaltet sich aber unabhängig davon, ob in einem sozialistischen, demokratischen, kommunistischen, totalitären oder sonst einem Staat gedacht wird. Die Logik der Vernunft nimmt keine Rücksicht auf Staatsgrenzen und Gesellschaftsformen, sie entfaltet sich nach ihren eigenen Gesetzen. Ausgehend von Europa, überrollt die aufklärerische

Vernunft alles, nichts ist vor ihr sicher, nichts kann gegen sie ausgerichtet werden. Ihr Gang läßt sich zwar verlangsamen und beschleunigen, aber weder verhindern noch umlenken. Die Vernunft ist ein gefährliches Virus. Keine politische und keine militärische Macht der Welt kann es stoppen.

Wo Aufklärung ist, da ist Autonomie; wo Autonomie ist, da ist Kritik; wo Kritik ist, da ist reflexiver Rechtfertigungszwang; aus der Reflexivität folgt Vernunftzerfall, aus dem Vernunftzerfall Beliebigkeit. Das ist die Kurzgeschichte der Aufklärung. Am erschreckendsten zu sehen in Ländern der Dritten Welt, in die Europa und Amerika die aufklärerische Vernunft exportierten. Die Vernunft zerstörte die gewachsenen Kulturen und hinterließ die Öde völliger Orientierungslosigkeit, die in den Slums mit Wellblech und in den Zentren mit sinnlosen Insignien der Warenwelt vergeblich übertuscht wird. Das Virus Vernunft ist deshalb so gefährlich, weil es mit seinem Wirt keine lebensfähige Symbiose eingeht, sondern seinen Wirt in den Tod treibt. Damit begeht es allerdings zugleich Selbstmord. Das Virus der aufklärerischen Vernunft wird mit dem aufklärerischen Menschen in eins zugrunde gehen.

Der Mensch denkt, die Vernunft lenkt. Der Mensch handelt, die Vernunft setzt sich durch. Auch und gerade der kritische Bürger der Spätmoderne entkommt der Vernunft nicht. – Nur weiß er es nicht, will es nicht wissen, wehrt sich gegen diese Einsicht. Die Aufklärung ist über sich selbst nicht aufgeklärt. Wir wissen viel, aber wir wissen weder, was wir denken, noch, was wir tun. Wie die Gestirne unbeeindruckt vom menschlichen Denken, Handeln und Wollen ihre Bahn ziehen, so nimmt die Logik der Vernunft ihren Lauf – unbeeindruckt vom menschlichen Trachten. Das Denken hat seine eigene Geschichte, seine eigene Entwicklung, seine eigene Logik. Wie immer es auch bedingt sein mag, es bestimmt sich immer nur allein.

Die Autonomie des Denkens ist das Walten der Vernunft. Das Schicksal der Moderne ist die Vernunft. Sie wird vom Denken und Handeln der Menschen in Szene gesetzt. In jeder Hand- **265** lung erfüllt sie sich. Deshalb können wir unsere Gegenwart nur verstehen, wenn wir sie als Stadium der Entwicklung der autonomen Vernunft begreifen. Wollen wir unsere Gegenwart denken, müssen wir sie als Entfaltung der Vernunft denken. Sie ist vernünftig, so unvernünftig sie uns auch erscheinen mag. Die Kernwaffen sind genauso vernünftig wie die Zitronenpressen, wie die Fernsehwerbung, die Popmusik, der Friseur, die Staatsgrenzen, die Banken und die Zahnstocher. Hitler ist genauso vernünftig wie Goethe, die Rote Armee Fraktion genauso vernünftig wie der Bundestag, die Volkshochschule, die Gefängnisse und die Salatschleuder. Daß die Moderne vernünftig ist, heißt aber weder, daß sie gut noch daß sie schön oder wahr wäre, noch daß wir in der besten oder schlechtesten aller möglichen oder denkbaren Welten lebten. Daß die Moderne vernünftig ist, heißt nur, daß sie vernünftig ist. In der Geschichte erfüllt sich nichts, weder zum Guten noch zum Bösen. Die Logik der Vernunft und der Geschichte stehen außerhalb der Moral. Jede Epoche hat ihre eigene Logik, folgt ihrer eigenen Gesetzlichkeit, aber es gibt keine Logik der Abfolge von Epochen. Eine solche Universalgeschichte ist vielleicht als Evolution konstruierbar, aber nur in einer »entdarwinisierten« Fassung, in der die Formeln »Angepaßtheit«, »Kampf ums Dasein«, »Überleben der Tüchtigsten« gestrichen sind.

Alle bisher beschriebenen Daseinsverständnisse machen einen Kategorienfehler. Sie haben Ordnung und Sinn nicht als Bedürfnis genommen, sondern als Seinsmerkmale der Wirklichkeit. Sie haben der Welt fälschlicherweise unterstellt, so zu sein, wie es das menschliche Bedürfnis gerne hätte. Von hierher sind auch die Ordnungsmuster der Wirklichkeit verständlich: Ob Verfallsgeschichte, Fortschrittsgeschichte oder Kreisgedanke, sie alle versuchen, den offensichtlichen Veränderungen der Welt Sinn zu geben.
Ein Selbst- und Weltverständnis, das dem sinnsuchenden **266** Menschen und zugleich der sinnlosen Welt gerecht werden

will, muß den Kategorienfehler vermeiden. Es darf Sinn- und Ordnungsbedürfnisse nicht mit Struktureigenschaften der Wirklichkeit verwechseln.

Das Schicksal   Die Griechen dachten sich ihre Götter als übermächtige Menschen, die jedoch auch mit den menschlichen Schwächen wie Neid, Haß, Rache und so fort behaftet waren. Diese Götter waren nicht völlig selbstherrlich gedacht; über sie waltet die »Moira«, das Geschick. Im 18. Gesang von Homers *Ilias* heißt es: »Nicht einmal des Herakles Kraft entging dem Verhängnis, welcher der Liebling doch war des herrschenden Zeus, des Kroniden, sondern ihn zwang das Geschick.« Gegen das Geschick ist auch Zeus machtlos. Die Griechen dachten dieses Geschick nicht als Person. Es ist eine Macht, die nicht personifiziert wurde und der Götter und Menschen gleichwohl unterworfen sind. Seinem Schicksal kann keiner entrinnen.

In der archaischen Zeit Griechenlands haben die Menschen ihr Schicksal angenommen. Solche Menschen galten als Helden. Als Hektor zum Kampf gegen Achill antritt, weiß er genau, daß er unterliegen wird. Dennoch geht er in den Kampf mit den Worten: »Wehe, nun haben mich wirklich die Götter zum Tode gerufen (. . .). Nahe schon ist mir der schreckliche Tod und nicht in der Ferne; kein Entrinnen mehr gibt's. (. . .) jetzt erreicht mich das Schicksal. Kampf- und ehrlos will ich jedoch mitnichten vergehen, nein, nach gewaltiger Tat.« (*Ilias*, 22. Gesang, 297 ff.) Der Held kennt sein Geschick und nimmt es auf sich. Dadurch behauptet er sich in der Welt. Erst in der klassischen Zeit Griechenlands, es ist die Zeit der »Attischen Tragödie« und der »großen Philosophen«, ändert sich die Haltung des Menschen zum Geschick. König Laios von Theben und seiner Frau Iocaste wird vom Orakel beschieden, daß, wenn sie einen Sohn bekämen, dieser den Vater töten und die Mutter heiraten würde. Das Königspaar unterwirft sich dem Orakelspruch nicht, und so erfüllt sich das Schicksal.   **267**

Während der archaische Held seine Kraft aus seiner Schicksals-
bestimmung gewinnt, begehrt der der klassischen Epoche gegen das Schicksal auf; das Heldentum der archaischen Zeit war
Erfüllung des Schicksals, das der klassischen Zeit Auflehnung
gegen das Schicksal. Die Tragödie liegt nun darin, daß das
Aufbegehren vergeblich ist. Dem Schicksal ist nach wie vor
nicht zu entkommen, nur daß es jetzt die Verweigerung sozusagen schon einkalkuliert und entsprechende Sanktionen vorgesehen hat. Laios und Iocaste können zwar Ödipus zeugen,
doch dem Vatermord und der Blutschande können sie nicht
entgehen. Die »Attische Tragödie« gestaltet die Umbruchzeit
Griechenlands vom göttlichen Mythos zur menschlichen Vernunft. Sie gestaltet den Konflikt einer Zeit, deren Menschen
nicht mehr an Götter glauben, aber auch noch nicht an sich.

Das Mittelalter sieht den Menschen nicht mehr eingebunden in
Natur und Kosmos, sondern in eine Architektonik von Jenseits
und Diesseits, in der sich ein Heilsgeschehen abspielt. Die Welt
des Mittelalters ist hierarchisch geordnet, wobei das Diesseits
im Jenseits gründet. Der Mensch weiß sich in eine Weltordnung eingefügt, die zugleich eine Gnadenordnung ist und in
der Transzendenz ihren Halt hat. Der höchste Ordnungspunkt,
Gott, steht außerhalb der Welt, er ist nicht ein vergrößerter
Mensch, er ist das Andere des Menschen. Die gotischen Kathedralen zeigen die Klarheit und Leichtigkeit der Weltkonstruk-
tion, die Kirchtürme ragen aus dem Diesseits ins Jenseits,
zeigen die Verbindung zwischen Gott und Mensch. Das Mittelalter war nicht finster.

Das Mittelalter ist keine heroische Zeit. Der Schicksalsbegriff
ist aufgelöst und ersetzt durch den des Heilsgeschehens. »Der
Herr hat's gegeben, der Herr hat's genommen, der Name des
Herrn sei gelobt.« Die Sonne scheint über Gerechte wie Ungerechte, und der Gläubige nimmt es hin. Das irdische Dasein
mag eine Last sein; es sind nur Anfechtungen, die der Christ
besteht. Er tut weder für noch gegen die Unbilden des Lebens
etwas, er erträgt sie. Und wenn er doch aufbegehrt, dann
268 beginnt er allenfalls zu rechten, wie schon Hiob im Alten

Testament, er klagt, bleibt aber untätig. Sowohl die Antike als auch das Mittelalter dachten die Weltordnung als tief sinnvoll. Der Mensch ist nur nicht in der Lage, den Sinn zu erfassen. Die Moira, die Götter und der Ratschluß des christlichen Gottes sind dem Menschen nicht zugänglich.

Ansätze zu einem Weltverständnis, das die Sinnlosigkeit der Welt und die Machtlosigkeit des Menschen anerkennt und dennoch eine Deutung des Weltgeschehens erlaubt, das nicht zur Resignation führt, finden sich bei Charles Darwin (1809–1882) und in der von ihm entworfenen und bis heute weiterentwickelten Evolutionstheorie. In ihr geht es um die Erklärung der gattungsgeschichtlichen Entwicklung von Lebewesen. Diese Entwicklung, so hat Darwin herausgefunden, ist vor allem von zwei Bestimmungsmerkmalen abhängig: nämlich von der Mutation, der zufälligen Veränderung des Erbguts, und der Selektion, dem Überleben der Lebewesen, deren Erbgut den jeweiligen äußeren Umständen angepaßt ist. Zwar arbeitet die Vererbung sehr genau, doch manchmal unterlaufen Fehler. Davon kann gesprochen werden, wenn gattungsspezifische Merkmale nicht weitervererbt bzw. andere angeboren werden. Solche Vererbungsfehler sind in den allermeisten Fällen für das betreffende Individuum schädlich, so daß es stirbt. In ganz wenigen Fällen jedoch sind sie von Vorteil. Dann nämlich, wenn die neue Eigenschaft zufällig mit geänderten Umweltbedingungen zusammenpaßt. So war es in den englischen Industriegebieten für den Birkenspanner sehr nützlich, daß seine Farbe durch eine zufällige Mutation nicht mehr weiß, sondern schwarz wurde, weil die schwarz mutierten Exemplare auf den verrußten Birken von den Vögeln schlechter zu sehen waren als die nicht-mutierten weißen. So wurden die gut sichtbaren weißen aufgefressen, während die mutierten überlebten. Ob ein Mutationssprung ein Fehler ist oder nicht, kann also nur entschieden werden bezüglich der besonderen Lebensumstände.

Nun ist gegen Darwin eingewandt worden, und Computer-Simulationsversuche haben dies unterstützt, daß sich so hyperkomplexe Lebewesen wie der Mensch allein durch den Zufall von Mutationssprüngen und Selektion in der Zeit, in der es auf der Erde Lebewesen gibt, nicht hätten entwickeln können. Um nun die Kürze der Zeit, die den Lebewesen zu ihrer Entwicklung zur Verfügung stand, mit ihrer Komplexität zu vereinbaren, dachte man sich drei Alternativen aus. Die erste ist der Rückgriff auf die biblische Schöpfungsgeschichte, die vornehmlich von amerikanischen Fundamentalisten vehement verteidigt wird. Die zweite ist die Wiedereinführung des Teleologie-Gedankens von Aristoteles, demzufolge das gesamte Naturgeschehen verstanden wird als die Umsetzung von Potentialität in Aktualität: Im Samen des Baumes steckt die Möglichkeit (Potentialität) des Baumes, dessen Wirklichkeit (Aktualität) nur die Realisierung dessen ist, was im Samen schon zielgerichtet (teleologisch) angelegt ist. Der Samen aktualisiert entweder seine Potenz, oder aber er stirbt ab; er hat aber nicht die Möglichkeit, eine Blume oder ein Tier zu werden, auch nicht langfristig, wie dies in der Evolutionstheorie gedacht wird. Teleologisch gesehen, kann es gar keine Veränderung geben, vielmehr kann nur das verwirklicht werden, was als Möglichkeit immer schon vorhanden ist. Daß der Mensch da ist, ist aus dieser Sicht nicht die zufällige Folge von Mutationssprüngen und Selektion, sondern ist vielmehr von vornherein in der Natur angelegt gewesen. Das evolutionstheoretische Problem der langen Zeit wäre damit gelöst. Die dritte Alternative verringert ebenfalls den Anteil des Zufalls, nicht aber durch die Einführung eines Gottes oder eines metaphysischen Prinzips, sondern durch die Möglichkeit der Lebewesen, sich selbst zu steuern. So konnte nachgewiesen werden, daß Ratten, denen man die Angst vor dem Licht wegdressiert hatte und die sich statt dessen vor der Dunkelheit fürchteten, diese individuelle Verhaltensänderung an ihre Nachkommen weitervererbten. Zur Kontrolle isolierte man Gehirnsubstanzen der dressierten Ratten und spritzte sie anderen Ratten ein, die daraufhin dasselbe Verhalten zeigten. Das individuell Gelernte, so scheint es, kann in das Genom aufgenommen und weitervererbt werden. Wenn dies aber so ist, dann würde die Zeit der Evolution gewaltig verkürzt werden, weil nicht mehr nur der bloße Zufall herrschte. Lebewesen wären vielmehr sich selbst steuernde Systeme, die zweckmäßig handeln, ohne einen »Endzweck« zu haben. Immanuel Kant drückte diesen Tatbestand in der Paradoxie einer »zwecklosen Zweckmäßigkeit« aus, die er allerdings als ein Charakteristikum des Kunstwerkes ansah. Für die Natur zieht Kant einen anderen Schluß: Wir müßten nämlich so tun, als ob die Natur einen Zweck verfolge, ohne daß wir wissen können, ob dies zutrifft oder nicht.

Die gattungsgeschichtliche Entwicklung des Menschen kann als nicht zielgesteuerte begriffen werden, ohne daß ihre Zweckhaftigkeit in Frage gestellt werden muß. Sie hat Ursachen, aber keinen Endzweck. Die Evolutionstheorie denkt also die biologische Genese von Lebewesen so, daß sie weder von einem übermenschlichen Subjekt initiiert ist, noch ein Ziel hat; insofern ist sie sinnlos. Es müßte jetzt gelingen, diese Denkfigur auf den Bereich des gesamten Seins, auf den gesamten Kosmos zu übertragen und vor allem auf den Bereich des menschlichen Denkens und Handelns. Die Frage ist also, ob menschliches Denken und Handeln in einem Rahmen gedacht werden können, der sinn- und subjektlos ist, obwohl das Denken und Handeln des Menschen nach seinem Selbstverständnis sehr wohl sinnvoll und zweckgerichtet sind. Noch schärfer gefaßt lautet die Frage: Kann das Geschehen der Welt gedacht werden als eines, in dem das menschliche Denken und Handeln eine völlig unwesentliche Rolle spielen, so daß der Mensch weder Bestimmungsgrund noch Bewegungsgrund der Welt ist – noch nicht einmal der menschlichen Verhältnisse –, ohne in Resignation und Fatalismus zu verfallen?

»Welaga nu, waltant got, wewurt skihit«, »Nun walte, Gott, das Schicksal nimmt seinen Lauf«, sagt Hildebrand, nachdem es ihm nicht gelungen ist, Hadubrand, seinen Sohn, davon zu überzeugen, daß er sein Vater ist. Der Kampf beginnt, und Hildebrand erschlägt seinen eigenen Sohn. »Wewurt skihit«, das Wehschicksal geschieht. Anders als Achill und Hektor **271** kannten weder Hildebrand noch Hadubrand den Ausgang des Kampfes. Das Schicksal ist nicht das, was immer schon bestimmt ist, vielmehr ist es das, was sich zuträgt, indem gehandelt wird. Dies ist der Schicksalsbegriff der Germanen, weit entfernt von Fatum, Vorbestimmung und Resignation. Im *Nibelungenlied* wird in der 25. und 26. »Aventiure« erzählt, wie Hagen, nachdem ihm die Wasserfrauen (»merwîp«) den Tod der Nibelungen an Etzels Hof prophezeit haben, dennoch mit den Recken über den Rhein setzt, dann das Schiff zertrümmert und den Fährmann erschlägt. Nicht, weil er sich resignierend in sein Schicksal ergibt, sondern weil die Vorhersagen der Wasserfrauen für ihn belanglos sind. »›Swer sich an troume wendet‹, sprach dô Hagene, ›der enweiz der rehten maere niht ze sagene.‹« – »Wer an Träume glaubt, der kennt den wirklichen Gang der Geschichte nicht.« Hagen handelt im Wissen darum, daß sein Handeln sein Schicksal ist und nicht die Weissagung der Wasserfrauen.

Weil die Welt sinnlos ist, müssen wir lernen, das Sinnlose zu denken. Wir müssen lernen, Bewegungen zu denken, die keinen Zweck und kein Ziel haben. Dazu dürfen wir unsere Denkbedürfnisse nicht auf die Welt übertragen, dürfen Denkkategorien nicht mit Seinskategorien verwechseln.

Die Ordnung solcher Bewegungen soll mit Heraklit »Logos« heißen. Ich will diesen Logos aber nicht nach Heraklit als Subjekt der Welt verstehen, sondern, analog dem germanischen Schicksalsbegriff, als ein Walten, das sich ergibt, indem gehandelt wird. Der Logos steht nicht hinter dem Weltgeschehen, sondern ist dieses selbst. Er ist nicht Erklärungsgrund der Welt, sondern ihr Lauf. Er entzieht sich menschlichem Verständnis, weil er außerhalb von Sinnbezügen steht. Er ist ein Walten, auf das der Mensch keinen Einfluß hat.

Unser Denken und Handeln folgen einer Logik, die wir nicht kennen. Deshalb objektiviert sich das, was wir gedacht und getan haben, zu einer selbständigen Kraft. Unser eigenes Denken und Handeln tritt uns als unabhängige Macht entgegen, weil es einer Notwendigkeit gehorcht, die wir nicht beeinflussen können. Plötzlich bemerken wir, daß es sich verselbständigt hat, daß es Situationen erzeugt hat, die wir nicht gewollt haben und die ihre eigenen Zwänge entwickeln.

Die Geschichte – die Denk- und die Realgeschichte – ist kein Subjekt und hat kein Subjekt, sie hat viele Subjekte, deren Zusammenhang das Schicksal ist, dem sich keiner entziehen kann. Im Schicksal treffen sich Denken und Handeln der Menschen mit dem Logos. Es ist kein allwissender Geist, der, noch bevor etwas geschieht, das Ende schon kennt. Das Schicksal ist blind und hat kein Ziel. Um der Welten Lauf zu erklären, ist die Hegelsche Hypothese eines absoluten Geistes überflüssig. Es gibt keinen zwingenden Grund, die Geschichte als den Gang zu einem vorausgesetzten Ziel hin zu konstruieren. Es ist einfach unnötig, sie zur sich entfaltenden Erscheinung eines Absoluten zu machen. Viel einfacher und mit weniger unüberprüfbaren Hypothesen kann der Gang der Denk- und Realgeschichte als zielloser angesetzt werden.

Das Schicksal ist der Lauf der Welt, es ist, was sich ergibt, weil es sich ergibt. Grundlos, ziellos, sinnlos. Es fügt sich. Auch der Mensch ist eine Hypothese, die man entbehren kann, will man die Welt erklären. Der Schicksalsbegriff entsubjektiviert die Welt und ihren Lauf. Fügung ist, was sich ergibt, sie ist eine Tautologie: Das, was sich ergibt, ist. Und es ist nur, sofern und weil es sich ergibt. Was ist, ist. Nicht mehr, aber auch nicht weniger. Der Schicksalsbegriff ist negativ, er verzichtet auf alle Annahmen, die irgend mit Sinn verbunden sind. Das Schicksal weiß nicht, was es will. Es will gar nichts. Es ist eine Notwendigkeit aus lauter Zufällen. Dies aber ist wichtig: Ohne das menschliche Handeln gibt es kein Schicksal, insofern ist es nicht unabhängig vom menschlichen Wollen, was nicht heißt, daß es von ihm in dem Sinne abhängig wäre, daß es von ihm gesteuert werden könnte. Wenn man menschliche Dimensionen zugrunde legt, also historisch überschaubare Zeiträume, dann zeigt sich, etwa auf dem Feld der Politik, daß nichts geschähe, handelte der Mensch nicht, daß aber, was geschieht, nicht das ist, was der Handelnde gewollt hat. **273**

Diente der Schicksalsbegriff in manchen Kulturen dazu, den Zufall zu erklären, Kontingenz zu reduzieren, so anerkennt der germanische Schicksalsbegriff die Unverfügbarkeit des Laufs der Welt, ohne in Resignation zu verfallen: Er respektiert den Zufall im Handeln.

Die Geschichte geht ihren Gang, unbeschadet des Denkens, Handelns und Wollens des Menschen. Wie dem Schimpansen das menschliche Handeln völlig unverständlich bleiben muß, so bleibt dem Menschen die sich fortwälzende Geschichte unbegreiflich. Das Schicksal ist das absolute Jenseits des Denkens. Keiner kennt es; keiner weiß, was er tut, wenn er etwas tut. Der Mensch erleidet den Verhängniszusammenhang als Täter und Opfer zugleich.

Das Schicksal zeigt sich erst, wenn alles vorbei ist. Im nachhinein machen wir uns die Welt zurecht. Plötzlich sehen wir Zusammenhänge, Abhängigkeiten, wir ordnen und katalogisieren Ereignisse, Begebenheiten, Handlungen, Dinge – wir ordnen sie in eine Zeitfolge, nach dem Ursache-Wirkungs-Prinzip. Der Abstand läßt uns die Augen aufgehen, zeigt Verbindungen, für die wir blind waren. Schicksal ist, was gewesen ist, nicht Fatum, nicht Vorsehung. Es zeigt sich in der Rückschau. Dennoch sind Vorhersagen möglich, als statistische Hochrechnungen. Ein Junge, der 1984 in Deutschland geboren wurde, hat eine Lebenserwartung von 70,8 Jahren, ein Mädchen kann mit 77,5 Jahren rechnen. Das Individuum ist einem geheimnisvollen Durchschnitt unterworfen, der sich in Differentialgleichungen ausrechnen läßt und dem es nicht entgehen kann, weil das Individuum ohne Belang ist für die Statistik. Der Mensch muß hinnehmen, was er nicht einsehen und nicht ändern kann. Dies ist das Schicksal; nicht, weil es geschehen wird, sondern weil es geschehen ist: ohne Grund, ohne Sinn, ohne Ziel.

Der Fluch   Nachdem Gott Himmel und Erde geschaffen, Land und Meer geteilt hatte, ließ er Pflanzen wachsen, schied Tag und Nacht und schuf die Tiere. So beginnt das Alte Testament. Der Ort der Tiere ist das Paradies. In dieses Paradies setzt Gott Mann und Frau als sein Abbild. – So weit die erste Fassung der Schöpfungsgeschichte.

Paradies – das ist (altpersisch) der Garten der Tiere. In diesen Garten ist das Tier eingefügt, ohne es zu wissen. Es denkt weder über sich nach noch über das Paradies. Dieses Nicht-Denken ist die Bedingung des Überlebens im Paradies. Auch das weiß das Tier nicht. Planlos und sorglos lebt es, wird satt, ohne zu arbeiten.

Nach dem zweiten Schöpfungsbericht formt Gott den Menschen aus Erde. Er, der sich nach dem ersten Schöpfungsbericht jeden Abend ob seines gelungenen Werkes lobte, merkt nach dem zweiten Bericht selbstkritisch, daß ihm doch nicht alles so gut gelungen ist: Er hat den Menschen nämlich als Mann geschaffen und die Frau vergessen, und Adam hat es noch nicht einmal bemerkt. Gott läßt Adam nun in einen tiefen Schlaf fallen, schneidet ihm eine Rippe heraus und formt daraus die Frau. Nicht, weil ohne sie das Paradies unvollständig wäre, sondern um Adam eine »Gehilfin« zu geben. Er entstammt dem Boden des Paradieses, sie dem Fleisch Adams (»adám« heißt »Mensch«, »adamáh«, aus dem Gott Adam formt, ist der Ackerboden).

Im ersten Schöpfungsbericht ist der Mensch derjenige, der sich auf Geheiß Gottes die Erde untertan machen soll; er soll, so steht geschrieben, sich die Erde unterwerfen, über die Tiere herrschen, und die Pflanzen sollen ihm zur Nahrung dienen. Im zweiten Schöpfungsbericht führt Gott Adam die Tiere vor, auf daß er ihnen Name gebe. Im Benennen wird das Benannte dingfest gemacht. Der Hund hört auf seinen Namen.

Der Tiergarten ist zum Paradies des Menschen geworden, d. h. zur Herrschaft des Menschen über die Kreatur. Dies ist das Glück Adams: Macht, Essen und Trinken. Es fehlt nur die Sexualität, die Adam, der Mensch, jedoch nicht vermißt. Erst **275** als Eva geschaffen ist, wird mit dem Objekt der Befriedigung zugleich die Begierde erzeugt. Nachdem also Gott sein Versäumnis wettgemacht hat, findet Adam, jetzt der Mann, auch geschlechtliche Befriedigung. So ist ihm das Paradies die geschichtslose Zeit steter Erfüllung, ist ewiges Leben in der Ununterscheidbarkeit von heute und morgen, ist Bedürfnisstillung ohn' Unterlaß. Adam hat keine Wünsche. Aber Eva? Sie ist der Fremdkörper im Paradies, sie war nicht eingeplant. Von Anfang an fällt sie aus dem unmittelbaren Bezug, den Adam zum Paradies hat, heraus. Noch schlimmer: Wie Adam den Tieren ihren Namen gab, so gibt er auch der Frau ihren Namen: »Frau soll sie heißen; denn vom Mann ist sie genommen.« Eva ist nicht eigenständig, sondern über den Mann definiert. Sie ist für ihn geschaffen, ist seine Erfüllung, er nicht die ihre. Was für Adam problemlose Existenz ist, ist für Eva nicht selbstverständlich. Sie muß deshalb über sich, das Paradies, über ihr Verhältnis zu Adam nachdenken. Er hat es nicht nötig zu denken: Sie bedarf der Erkenntnis, muß die Intellektuelle sein. Gott aber hat verboten, die Früchte des Baums der Erkenntnis zu brechen. Eva paßt nicht ins Paradies.

Wieso hat Gott die Erkenntnis verboten, sie mit der Todesstrafe belegt? In den altindischen *Upanishaden* lautet eine Passage: »Aber wer eine andere Gottheit verehrt und denkt: ›sie ist etwas anderes als ich‹, der hat kein Verständnis. Er ist ein Nutztier für die Götter. Wie viele Tiere dem Menschen zum Nutzen dienen, so dient der einzelne Mensch den Göttern zum Nutzen. Wenn nur ein einzelnes Tier ihnen genommen wird, so ist das ihnen schon nicht angenehm, geschweige denn, wenn viele ihnen genommen werden. Darum ist es ihnen nicht lieb, wenn die Menschen zu dieser Erkenntnis gelangen.« (*Brihad-Aranyaka-Upanishad* I, 4) Auch Aristoteles gilt das Denken als »Vorrecht der Götter« (*Metaphysik* 982 b). Der Grund ist, daß das zweckfreie Denken, die Kontemplation, die um keines Nutzens willen geschieht, »autark« mache (*Nikomachische Ethik* 1177 a 27 ff.). Das Denken macht unabhängig, unabhängig auch von Gott. Deshalb verbieten die Götter das

Denken. Eva aber, die nicht vorgesehen war, muß denken. Die Schlange hilft ihr dabei. Dank ihrer vermag Eva das Paradies und sich zu verstehen. Sie ißt vom Baum der Erkenntnis und wird klug. Hat aber Gott sein Wissen für sich behalten, so nutzt sie ihre Einsichten nicht als Herrschaftswissen aus; sie will keine Geheimlehre, will Adam nicht vom Wissen ausschließen. Wie eine demokratische Aufklärerin will sie Adam bilden. Sie reicht ihm den Apfel, und Adam ißt die süßen Früchte des Geistes. Dies ist seine Verwandlung. Aus dem genießenden, einfältigen Adam wird das, was Eva schon immer war: der denkende Mensch, der über sich nachdenkt und über das, was ihn umgibt. Und nun stellen sie fest, daß sie nackt sind: Wie sich Adam erst als Mann erkannte, nachdem Eva, die Frau, erschaffen war, erkennen sich beide erst dann als Leib, nachdem sie sich als Geist entdeckt haben. Sie bemerken ihre Doppelung: freier Geist zu sein, der an eine bedürftige Leiblichkeit gefesselt ist.

Die Erkenntnis zerstört die Naivität des paradiesischen Daseins. Das Denken ist der Bruch in der Unmittelbarkeit des Lebensvollzugs. Es zeigt die Abhängigkeit des Menschen, die dem Tier verschlossen bleibt, und macht zugleich die Freiheit des Menschen bewußt: die Freiheit des Geistes und die Abhängigkeit des Körpers.

Das Denken also, das Wissen, ist der Sündenfall. Denn im Denken wird der Mensch autonom und kann ohne Gott auskommen und ohne Paradies; jetzt kann er für sich selbst sorgen. Das göttliche Geheimnis ist gelüftet, der Mensch emanzipiert sich. Das aber heißt auch: Er fällt aus der Schöpfung heraus.

Adam und Eva erfahren die Bedürftigkeit und Hinfälligkeit ihres Körpers. Und insofern behält Gott recht, daß sie nämlich sterben müßten, wenn sie vom Baum der Erkenntnis äßen. Aber auch die Schlange behält recht, die versprach: Wenn ihr erkennt, werdet ihr wie Gott. Die Drohung Gottes trifft nicht voll: Zwar stirbt das Individuum, doch überlebt es in seinem Samen. Insofern versprach die Schlange nicht zuviel: »Nein, **277** ihr werdet nicht sterben.« Doch ihr Versprechen geht nicht ganz in Erfüllung. Im Gegensatz zu Gott ist der Mensch als Individuum endlich und die menschliche Gattung von ihrer Auslöschung bedroht, wie es sich in der Sintfluterzählung dann zeigt. Und auch das menschliche Denken ist nicht das göttliche: Während nämlich beim Menschen Denken und Handeln auseinanderfallen, sind bei Gott Denken und Produzieren ein und dasselbe. Im Alten Testament heißt es: »Gott *sprach*: Es werde Licht! Und es ward Licht.« *(1. Mose 1, 3)* Im Neuen Testament lautet die entsprechende Stelle: »Im Anfang war das *Wort* (der ›Logos‹), und das Wort war bei Gott, und das Wort war Gott. Im Anfang war es bei Gott. Alles ist durch das Wort geworden, und ohne das Wort wurde nichts, was geworden ist.« *(Johannes 1, 1–3)*

Das Denken des Menschen ist an das bedürftige und hinfällige Fleisch gebunden. Dafür schämen sich Adam und Eva. Sie schämen sich, weil sie in ihrer Nacktheit ihrer Leiblichkeit gewahr werden, die ihren Geist einschränkt. Sie sind wirklich nicht wie Gott. Jetzt erst beginnt die Zeugung, nämlich um die Endlichkeit zu überwinden. Aus der sexuellen Lust des Paradieses wird die Abarbeitung des Todes im Geschlechtsakt. Sexualität im Sinne der Zeugung ist das Ergebnis der Vertreibung aus dem Paradies, nicht der Grund der Vertreibung. Die Sterblichkeit des Menschen verlangt die Fortpflanzung: Die Lust wird funktionalisiert. Jetzt erst »erkennt« Adam sein Weib Eva. Das Wissen, das beide von der Unmittelbarkeit des paradiesischen Lebensvollzugs entfernt hat, wird im subjektiven Schein der geschlechtlichen Umarmung rückgängig gemacht. Die Erkenntnis vereint, was das Wissen trennt. Der Vollzug der Erkenntnis ist als Vorgang Vereinigung sowohl im Geistigen als auch im Geschlechtlichen; das hebräische Wort »jadá« (erkennen) bezeichnet deshalb sowohl die geschlechtliche Vereinigung als auch den denkerischen Vollzug; für den Denkakt und den Geschlechtsakt gibt es nur ein Wort. Was aber im Denkvollzug vereint wird, bricht im Resultat des Denkvollzugs, im Wissen, wieder auseinander. Im Wissen ist die Trennung von Wissendem und Gewußtem, Subjekt und Objekt festgeschrieben. Deshalb bleibt Wissen nicht bei sich stehen, sondern drängt vorwärts. Der Erkenntnisvorgang, nicht das Ergebnis ist das Entscheidende. Das Ergebnis nämlich trennt, was in der Erkenntnis vereint ist: »Post coitum animal triste« – auf die Vereinigung folgt die Trauer der Trennung.

Adam und Eva wissen nun um Gut und Böse. Kraft ihres Denkens können sie von sich aus zwischen dem, was ihnen schadet, und dem, was ihnen nutzt, unterscheiden. »Gut« und »Böse« sind keine moralischen Bezeichnungen, sondern die Formel dafür, daß Adam und Eva alles in bezug auf sich selbst beurteilen können. Sie trennen nun zwischen Subjekt und Objekt und begreifen sich als endlich und als bedürftig, die Trennung zu überwinden. Die »Genesis« ist also keine Geschichte der moralischen Erbauung, ist keine Parteinahme für eine einschränkende Sexualmoral, sondern schildert den Zustand des denkenden Menschen, der aus der Schöpfung gefallen ist und sich seiner Endlichkeit schmerzhaft bewußt wird, die er in der Zeugung überwinden will. Von nun an ist er allein auf sich gestellt. Gott vertreibt Adam und Eva aus dem Paradies und stellt die Cherubim davor, »damit sie den Weg zum Baum des Lebens bewachten«. Von nun an müssen sie für sich selbst sorgen. Adam und Eva werden autonom. Im Denken und Wissen haben sie versucht, sich über Gott und die Schöpfung zu erheben, und wurden ihrer Endlichkeit, ihrer Bedürftigkeit und Einsamkeit gewahr. In ihrer Überhebung errangen sie, was uns heute das höchste Gut des Menschen dünkt: Freiheit. Sie ist aber nur geistiger Art. Das Denken ist unlösbar an den hinfälligen Leib gebunden. Das ist die Würde des Menschen: Freiheit des Denkens bei leiblicher Gebundenheit. Körper und Geist sind von Anfang an gespalten.

Als Eva den Apfel brach, begann die Aufklärung, und mit der Neuzeit fand sie zurück zu sich selbst. Die Verheißung liegt nicht mehr, wie im Mittelalter, im Jenseits, sondern im Diesseits. Der mittelalterliche Mensch wußte sich durch den Kreuzestod Christi erlöst. In Christus war der Mensch vor sich **279** selbst gerettet, denn jener hat den Bruch des Menschen mit Gott durch sein Opfer rückgängig gemacht. So gab er neuen Halt; allerdings nicht mehr im paradiesischen Diesseits, sondern im Jenseits. Dies wird der Orientierungspunkt. Es schafft Ordnung, macht das Leben sinnvoll, wie es im mittelalterlichen Ordo-Denken zum Ausdruck kommt und in der Interpretation des Weltgeschehens als Heilsgeschichte. Christus entlastet von der Bürde der Autonomie. Der gläubige Christ kann das Kind sein, das vertrauensvoll an der Hand des himmlischen Vaters geführt wird.

Aus welchen Traditionen, mündlichen oder schriftlichen Überlieferungen die fünf Bücher Mose (das »Pentateuch«) auch zusammengesetzt sein mögen, wie viele Autoren auch daran geschrieben haben mögen: In der Genesis (dem ersten Buch Mose) ist es jedenfalls gelungen, einen einheitlichen Gedankenstrang darzustellen, nämlich die Geschichte der Autonomie des Menschen: von der Vertreibung aus dem Paradies über den Brudermord, die Sintflut, Vaterschändung und Sprachverwirrung bis hin zu Sodom und Gomorra.

In der Erzählung vom Sündenfall löst sich der Mensch aus seiner transzendenten Leitung und wird mit der Vertreibung bestraft, deren Folgen der Schmerz der Geburt und der Schweiß der Arbeit sind. Der nun autonome Mensch kann mit seiner Freiheit nicht umgehen. Als das Opfer Kains, des Bauern, aus uneinsehbaren Gründen nicht angenommen wird, geht er hin und erschlägt seinen erfolgreichen Bruder, den Hirten Abel. Kamen Adam und Eva mit dem Glück des Paradieses nicht zurecht, so Kain und Abel nicht mit der Ungerechtigkeit des täglichen Lebens. Gott läßt es zu, daß derjenige ermordet wird, der sich in der Hege der Tiere seiner Strafe der schweißtreibenden Arbeit entziehen will. Es überlebt der Bauer, der seinen Fluch hinnimmt: »So ist verflucht der Ackerboden deinetwegen. Unter Mühsal wirst du von ihm essen alle Tage deines Lebens. Dornen und Disteln läßt er dir wachsen, und die Pflanzen des Feldes mußt du essen. Im Schweiße deines **280** Angesichts sollst du dein Brot essen, bis du zurückkehrst zum

Ackerboden; von ihm bist du ja genommen.« *(1. Mose 3, 17 f.)* Der Fluch soll lange währen, und so zeichnet Gott Kain mit einem Zeichen, damit er nicht, des Brudermordes wegen, von anderen erschlagen wird. So geht er hin und gründet eine Stadt, heiratet und zeugt Kinder. Die weitere Geschichte ist die der mordenden Arbeiter, in deren Verlauf Gott beschließt, sie alle zu ersäufen. Nur einen nimmt er aus, den Noah, so daß die Geschichte des autonomen Arbeiters weitergehen kann: Wieder werden Städte gegründet, und der Paradiesfall wiederholt sich: Die Menschen überheben sich. Im Paradies, indem sie, um wie Gott zu sein, die Früchte des Geistes brachen, in Babel, indem sie, um den Himmel zu stürmen, einen Turm bauten. Aber Gott verhindert dies und bestraft sie wieder: Er verstreut sie in alle Welt und verwirrt ihre Sprache. Mit wenig Erfolg: In Sodom und Gomorra führen sie sich auf, als seien sie im Paradies; da dies aber nicht so ist, Arbeit und Tod also unausweichlich sind, wird aus der sexuellen Freizügigkeit Gewalt. Die Einwohner Sodoms wollen die Gäste Lots notzüchtigen. Lot flieht mit Frau, Töchtern und Gästen, und Gott vernichtet die Städte Sodom und Gomorra in einem Feuermeer.

Für die Autoren des Pentateuch stellt sich die Geschichte der autonom gewordenen Menschen als eine Folge von Greueltaten dar, die Gott immer von neuem rächt. Die Lösung aus einer transzendenten Bindung, so dachten sie, führe ins Unglück, aus dem sich der Mensch aus eigener Kraft nicht retten kann; stets verstrickt er sich ins Unheil. Der Mensch, der wissend geworden ist und insofern wie Gott zu sein scheint, aber eben nicht Gott ist, kommt mit seinem Wissen nicht zurecht.

Arbeit   Die Vertreibung aus dem Paradies ist der Verlust der Ewigkeit und der Verlust der Einheit, sie ist der Gewinn von Freiheit und Autonomie. Ewigkeit und Einheit sind von nun an die Sehnsucht des Menschen; sie sind nicht mehr vorgegeben, sie sind aufgegeben. Der Mensch muß selbst dafür Sorge tragen. Die Ewigkeit soll im Gebären, die Einheit soll in der Arbeit erreicht werden. »Du sollst mit Schmerzen Kinder gebären« und »Im Schweiße deines Angesichts sollst du dein Brot essen«; der Tod aber ist gewiß: »Denn du bist Erde und sollst zu Erde werden.« So spricht der Herr.

Die Wehen der Geburt sind Fluch und Hoffnung zugleich, Schmerz des Individuums und Überleben der Gattung. Auch die Arbeit ist Fluch und Hoffnung zugleich. Mühsal und Überleben des Individuums. Mit der Arbeit beginnt die Geschichte. Nach dem Paradies kommt die Geschichte des Menschen. Er greift in die Natur ein, macht sie sich untertan, verwandelt sie sich an. Das Paradies ist der vorgeschichtliche Zustand des Ewig-Gleichen. Arbeit hingegen ist Veränderung. Sie ist nicht Abarbeitung der Sünde, sondern der Leiblichkeit. Denn aus der Einsicht in die Bedürftigkeit des Leibes und aus dem Verlust des Baums des Lebens folgt der Zwang zur Arbeit.

In der Arbeit befreit sich der Mensch von der Leiblichkeit, in der Zeugung befreit er sich von der Sterblichkeit. Was jedoch im Paradies selbstverständlich war, ist nun schmerzhaft und mühevoll. Der Mensch im Paradies genoß: das Trinken, das Essen, die Sexualität, aber er wußte nichts davon. Der aus dem Paradies vertriebene Mensch arbeitet und zeugt, um zu genießen und zu überleben, und er weiß davon. Er denkt, bevor er arbeitet, er überlegt: Wozu? Womit? Vor den Genuß sind Denken und Arbeit geschaltet. Arbeit ist die Strafe Gottes, ist der Preis der Unabhängigkeit des Menschen von Gott. Arbeit macht tatsächlich frei, frei von der unwürdigen Abhängigkeit vom Leib. Aber die Freiheit ist nicht total. Die Arbeit stellt nur die Mittel zur Verfügung, um die Bedürfnisse des Leibes für eine gewisse Zeit zu stillen. Arbeit ist Lebensfristung. Sie kann die Endlichkeit des Leibes nicht wegarbeiten; dazu bedarf es der Zeugung, und selbst ihr gelingt es nicht, den einzelnen ewig zu machen. Und so wurden aus der paradiesischen Sexualität Zeugung, aus dem paradiesischen Genuß Arbeit, und die Zeugung entfernte sich von der Lust und geriet in den Bannkreis von Arbeit und Zwang.

282 Abel, der Viehhirt, verkörpert den Traum vom Paradies nach der Vertreibung. Die Arbeit des Viehhirten ist die Hege. Dagegen die keuchende und schwitzende Plackerei des Bauern Kain. Dies ist die Arbeit, die Gott meinte. Deshalb muß Kain Abel erschlagen, er erfüllt den Fluch des Herrn an sich selbst. Bevor also der erste Mensch den von Gott verhängten Tod sterben konnte, wurde er umgebracht. Der Stammvater der Menschen ist der Mörder Kain, der Bauer, der die Erde bearbeitet, die Abel nur nutzte. Kain ist das menschliche Urbild: der Homo destructivus.

In der Arbeit akzeptiert der Mensch seine Vertreibung aus dem Paradies, im Genuß macht er sie rückgängig. Das wiedereroberte Paradies ist aber nicht das alte, denn der Mensch hat seine Unschuld des unmittelbaren Lebensvollzugs verloren; das neue Paradies muß vom Menschen hergestellt werden. Um nun wenigstens für kurze Zeit ins neue Paradies zu kommen, muß er entweder vorher arbeiten oder aber kämpfen, um Arbeit und Lust ungleich verteilen zu können. Dies war die antike Lösung: Arbeit wird den Tieren, Sklaven und Frauen aufgebürdet, der Genuß ist den freien Bürgern vorbehalten. Der Grieche arbeitete nicht, der Römer arbeitete nicht. Sie kämpften, um nicht arbeiten zu müssen. So entzogen sie sich dem einen Teil des alttestamentarischen Fluchs, dem anderen unterliegen ohnehin nur die Frauen. Für Griechen und Römer waren die Sklaven keine Menschen. Wer arbeitet, ist kein Mensch, während heute nur der Mensch ist, der arbeitet. Für die Antike war nur derjenige Mensch, der Muße hat. Deshalb konnte auch ein frei Geborener seines Menschseins entkleidet werden, dadurch nämlich, daß er Sklave wurde. Menschsein war nicht gedacht als eine anthropologische Grundkonstante der Gattung. Für die Antike gibt es nicht den Menschen, der dann irgendwelche Dinge verrichtet oder eben nicht, vielmehr ist nur Mensch, wer nicht arbeitet. Die Muße macht den Menschen zum Menschen, nicht die Geburt. Arbeit macht aus einem Menschen einen Sklaven.

Selbst noch im christlichen Mittelalter ist »arebeit« nicht nur schweißtreibende Tätigkeit zur Fristung des Lebens, sondern auch das Abenteuer, das der Ritter in der Regel um der Liebe einer Frau willen besteht. »Uns ist in alten maeren, wunders vil geseit, von helden lobebaeren, von grôßer arebeit.« »In alten Geschichten wird uns Erstaunliches berichtet von bewundernswürdigen Helden und großartigen Taten.« – So heißt es am Beginn des *Nibelungenliedes*. Erst der neuzeitliche Europäer findet sein Selbstverständnis in der Arbeit. Die atheistische Neuzeit wird vom jüdisch-christlichen Fluch eingeholt. Nur haben wir vergessen, daß Arbeit Fluch ist, weil wir sie umgedeutet haben. »Sich regen«, so lautet das neue Losungswort, »bringt Segen.« Und, so ermahnen wir uns, »Müßiggang ist aller Laster Anfang«.

Die Wertschätzung der Arbeit beginnt mit der europäischen Neuzeit. Karl Marx hat sie zum Gattungsmerkmal des Menschen erklärt und den Arbeitsbegriff, ausgehend von Hegel, systematisch entwickelt.

Für Marx ist es das entscheidende Gattungsmerkmal des Menschen, daß er sich selbst produziert. Es gehöre zu seinem Wesen, nicht von der Außennatur bestimmt zu werden, sondern sich selbst zu bestimmen. Nicht aber nur in Gedanken, sondern »werktätig«, tatsächlich, in seiner Realität innerhalb einer besonderen, geschichtlichen Zeit. Diese Selbstgestaltung geschieht in der Arbeit. In ihr wird also nicht nur die Außennatur geformt, sondern gleichzeitig erzeugt sich der Mensch selbst. Marx denkt die Rückkoppelung bei der Bearbeitung der Außennatur an den Arbeitenden: Arbeitender und Bearbeitetes werden gleichzeitig verändert. Arbeit ist deshalb Subjekt- und Objektproduktion zugleich. Dieser Rückkoppelungsprozeß kommt dadurch zustande, daß der Arbeitende sich zunächst etwas im Kopf ausdenkt, das er dann verwirklicht. Das Produkt ist insofern die Vergegenständlichung des Menschen: Er hat sein Denken zu einem Gegenstand gemacht. Dieser ist ihm deshalb nichts Fremdes, sondern ein Teil seiner selbst, ein Teil, in dem sich der Produzent, wie Marx sagt, »anschauen« kann; eine Art Spiegel seiner selbst. Marx spricht auch von **284** »Verdoppelung«, wobei das Produkt aber nicht nur eine bloße

Wiederholung ist, denn im Produkt ist der Produzent um dieses Produkt reicher geworden; nämlich um die Realisierung des zuvor nur Gedachten. So denkt sich der Künstler etwas aus, das er verwirklicht. Damit bildet er etwas, das er gleichzeitig selbst ist. Das Kunstwerk ist somit eine Art »Erweiterung« seiner selbst.

Der Grundgedanke ist also, daß der Mensch in der Arbeit Natur so verändert, daß sie den menschlichen Bedürfnissen entspricht, und daß sich der Mensch, indem er die Natur bearbeitet, gleichzeitig selbst erzeugt. Den Menschen prägt seine Arbeit. Weil nun die Menschen Unterschiedliches tun, weil die Arbeit unterschiedlich organisiert ist, genau deshalb gibt es verschiedene Gesellschaften. Mit der Veränderung der Produktionsformen veränderten sich auch die Gesellschaften. Herrschten in früheren Zeiten einige wenige Produktionsformen vor (z. B. Ackerbau und Viehzucht), so zeichnen sich hochkomplexe Gesellschaften dadurch aus, daß sie die unterschiedlichsten Produktionsformen vereinen. Doch allen ist in kapitalistisch organisierten Gesellschaften eines gemeinsam: Der Rückkoppelungsprozeß ist abgebrochen. Der Bauer konnte noch selbst bestimmen, was er anbaut, wie und wann er das tut, er ist nur an die Natur gebunden. Der Schlosser hingegen, der in einem Betrieb arbeitet, kann weder bestimmen, was, noch wann, noch wie er etwas tut. Zudem gehört ihm das, was er herstellt, selbstverständlich nicht (wie dies beim Bauern der Fall ist). Deshalb kann sich nach Marx in der kapitalistischen Produktion der Produzent, der Arbeiter, in seinem Produkt nicht anschauen; er verdoppelt sich nicht mehr, die Objektproduktion ist abgetrennt von der Subjektproduktion. Dies nennt Marx »Entfremdung«. Der Arbeiter stellt etwas her, das nichts mit ihm zu tun hat, dessen einziger Zweck es ist, Gewinn zu machen. Damit verletzt die kapitalistische Produktionsweise, da sie nicht das Subjekt produziert, sondern allein um des Profits des Kapitalisten willen verrichtet wird, die Gattungsbestimmung des Menschen. Die kapitalistische Produktion ist in diesem Sinne inhuman.

Marx denkt also den eigentlichen Arbeitsbegriff als die Einheit von Denken und Herstellen. Ähnlich wie Plotin (205–270) den Gottesbegriff faßte (vgl. z. B. *Enneaden II*, 8,8): Gott ist die Einheit von Denken und Leben, Denken und Herstellen fallen bei ihm zusammen. Nun bleiben, im Gegensatz zu Gott, beim Menschen Denkvorgang und Handlung aber immer getrennt. Dieser Bruch ist für Marx jedoch kein grundsätzlicher, vielmehr das Resultat kapitalistischer Produktionsverhältnisse. Diese nämlich verhindern in der Entfremdung die wahre Arbeit, die eben Selbst- und Weltproduktion ist. Diesen Grundirrtum von Marx hat die DDR in ihrer Verfassung als »Recht auf Arbeit« festgeschrieben. Es geht zurück auf die französische Verfassung von 1791, in die es nach dem Sieg der Revolution aufgenommen wurde: »Die Gesellschaft schuldet den unglücklichen Bürgern die Subsistenz, sei es, daß sie ihnen Arbeit verschafft, sei es, daß sie jenen die Existenzmittel gewähren, die nicht imstande zu arbeiten sind.« (Artikel 21) Ob Kommunist oder Antikommunist: In der Wertschätzung der Arbeit ist man sich in Marx einig. Wir erkennen den Fluch nicht mehr, der auf der Arbeit lastet, weil uns Freud gesagt hat, daß die Schuld, zu deren Sühne wir arbeiten müssen, in Wahrheit nur eine Neurose sei.

Die Arbeit ist unsere Selbsterlösung. Sie gibt uns den Grund, den wir seit dem Verlust des antiken Kosmos und des christlichen Jenseits missen. Calvin hat gar den göttlichen Fluch zur Bedingung des Heils gemacht. Gelderwerb wird Heilserwerb, die göttliche Gnade ist kein Geschenk mehr, sondern muß erarbeitet werden. Noch Papst Johannes Paul II. schreibt in der Enzyklika *Laborem exercens*: Der Mensch »ist zur Arbeit berufen«. Die Arbeit höret nimmer auf. Sie wird zum Legitimationsgrund der puren Existenz: Wer nicht arbeitet, hat sein Leben verwirkt, er soll kein Brot essen. Leben heißt arbeiten, arbeiten heißt produzieren, produzieren heißt Eigentum schaffen, das es zu mehren gilt. So steht es auch bei Hobbes und Locke. Arbeit rechtfertigt den Besitz. Weil das Eigentum die **286** Frucht einer Arbeit ist, in der ich mich selbst erzeuge, deshalb habe ich das Recht auf Eigentum: Mein Produkt ist ein Teil meiner selbst, wer es mir wegnimmt, stiehlt nicht nur ein Äußeres, sondern beraubt mich meines Inneren. So bringt es unser perverses Arbeitsethos mit sich, daß, wer nicht arbeitet, kein Mensch ist; entsprechend geht es in manchen Altenheimen zu.

Wir müssen umdenken: Nicht die Arbeit unter besonderen Bedingungen entfremdet, vielmehr entfremdet die Arbeit als solche: gleichgültig, unter welchen Bedingungen sie getan wird. Dies liegt daran (und Marx hat es sehr wohl erkannt, nur nicht zu Ende gedacht), daß in der Arbeit etwas verwirklicht wird, was zuerst im Kopf vorhanden ist. Es muß also gar nicht darüber gestritten werden, ob Arbeit tatsächlich ein Gattungsmerkmal des Menschen ist (außer in der neuzeitlichen europäischen Kultur kam dies in der gesamten Menschheitsgeschichte niemandem in den Sinn), wichtig ist nur, daß derjenige, der arbeitet, das herstellt, was er sich selbst oder ein anderer im Kopf ausgedacht hat. Genau das nämlich ist die nicht zu verhindernde Entfremdung, die zu den Problemen führte, die wir heute haben. Indem der Mensch seine Kopfgeburten realisiert, erzeugt er eine Welt, die nicht seinem Körper, sondern seinem Kopf entspricht. Die Trennung von Körper und Geist und die Produktion gemäß der in sich zersplitterten Vernunft sind unsere Normalität. Denken und Sein sind getrennt, und das Sein wird vom Körper bekämpft. Das Denken will seinen Leib nicht wahrhaben. Die Arbeit also produziert die Entfremdung von Denken und Leib, von Geist und Körper. Deshalb gilt: Die Arbeit als solche ist von Übel, nicht erst die kapitalistisch entfremdete.

Erst heute können wir die Ausmaße des göttlichen Fluchs erkennen. Die Arbeit und der Tod, mit denen Adam und Eva bestraft wurden, sind nicht zwei voneinander getrennte Übel, sondern hängen auf heimtückische Weise voneinander ab: Damit wir überleben können, müssen wir arbeiten, genau diese Arbeit aber trennt unseren Geist von unserem Leib, so daß wir Dinge und Zustände erarbeiten, die mit unserem Leib nicht **287** vereinbar sind und uns den Tod bringen. In der Arbeit arbeiten wir nicht nur unsere Bedürfnisse weg, sondern auch unseren Leib. Wir erarbeiten uns den Tod, wir arbeiten uns zu Tode. Nicht aber deshalb, weil die Arbeit so anstrengend wäre oder weil wir die Früchte unserer Arbeit nicht genössen, sondern deshalb, weil die Arbeit nicht mehr sonderlich anstrengend ist und wir ihre Früchte genießen. Ihre Früchte sind der Tod. Es sind die Früchte des Baums der Erkenntnis und eben nicht die des Baums des Lebens.

JENSEITS VON ARBEIT UND SINN

Wir wissen heute nicht mehr, was Erfolg ist. So geht der wirtschaftliche Reichtum auf der nördlichen Halbkugel der Welt einher mit Umweltbelastungen und der Armut in der Dritten Welt, der Friede erzeugt in den Nukleararsenalen zugleich seine eigene Bedrohung, Wintersport zerstört die Fauna der Berge, Sommersport die Küsten, der Tourismus Kulturen. Die Waschmittel säubern Hemden und verschmutzen das Grundwasser. Die Pestizide erhöhen den Weizenertrag, aber Restbestände bleiben im Brot. Die Medikamente, die die Schweine vorm Herzinfarkt bewahren, essen wir im Schnitzel mit. Wir trinken DDT-Tee.

Das Geröll und die Wassermassen verschlangen im Veltlin einige Nutznießer alpinen Raubbaus. Die geschändete Natur schlägt zurück, und sie trifft Schuldige wie Unschuldige. Die neuen Gefahren sind weder zeitlich noch räumlich begrenzbar. Der kurzfristige wirtschaftliche Gewinn wird zur langfristigen Selbstgefährdung.

Zwar kann die Emission von Schadstoffen sehr klein gehalten werden, nicht aber ihre Produktion. Und so werden sie optisch verringert, werden konzentriert und handlich verpackt, um auf den Friedhöfen der Industrie auch diesem neuen Zweig zum Aufschwung zu verhelfen. Unsere Produktion produziert mit ihren Produkten zugleich das Risiko, das tödlich sein könnte. Der Fortschritt, so ist uns klargeworden, scheint an einem Punkt zu stehen, an dem er sich selbst aufhebt.

Wir sind aber nicht nur am Erfolg, am Fortschritt irre geworden, sondern auch an uns selbst, an unserem modernen Selbstverständnis: Subjekt zu sein, Bestimmungsgrund der Welt und unserer selbst. Wir haben erfahren, daß wir, trotz unseres Wissens, kaum etwas wissen, daß sich, je mehr wir wissen, um so größere Lücken auftun und daß wir noch weniger in der Lage sind, das, was wir kennen, auch beherrschen zu können. Damit bricht das moderne Selbstverständnis zusammen. Wir merken, daß wir nicht die Subjekte der Welt sind, daß wir nicht beherrschen, sondern beherrscht werden, daß wir nicht die Wahrheit gefunden haben, sondern neue Irrtümer.

Die Moderne hat den Halt des Menschen in der Natur und in Gott aufgegeben und ihn im Menschen gesucht. Das erwies sich als vergeblich, und so sind wir haltlos geworden. Der Haltlosigkeit aber wollen wir entrinnen. Da wir jedoch einen neuen Halt noch nicht haben, greifen wir auf die Modelle der Vergangenheit zurück. Die einen entdecken den christlichen Gott wieder. Es ist aber nicht der Gott des Mittelalters oder des Protestantismus, es ist ein christlicher Gott, der die Aufklärung passiert hat, ein Christentum, das auf der einen Seite gründlich entmythologisiert wurde und auf der anderen Seite, als Kompensation, vermengt wird mit Hippie- und Popkultur, mit östlicher Meditation und sozialrevolutionärem Denken. Ob der christlichen Kirche dadurch erneut die Anpassung an das geänderte Daseinsverständnis gelingen wird, ist heute nicht abzusehen. Die anderen entdecken die Natur wieder. Es ist aber nicht die Natur der Antike, nicht die »natura naturans« und nicht die »natura naturata«; die neue Natur ist die hilfsbedürftige, nicht das Subjekt allen Seins, sondern Objekt der menschlichen Fürsorge. **289**

Sowohl die neue Religiosität als auch die Wende zur Natur sind durchsetzt mit irrationalen Denkmustern. Beide versuchen wohl vergebens, Daseinsverständnisse vergangener Zeiten wiederzubeleben. Eingedenk des Scheiterns des modernen Selbst- und Weltverständnisses, der Fehlschläge der Wissenschaften und der Technik, wendet man sich ab von solch rationalen Formen der Wirklichkeitsbewältigung in der Hoffnung, daß außerrationale Denk- und Lebensweisen besser geeignet wären, das Glück der Menschheit zu befördern.

Gegen solche Formen des Irrationalismus wird Front gemacht von denen, die noch das ungebrochene Selbst- und Weltverständnis der Moderne haben. Nachdrücklich setzen sich diese für die Rezepte ein, welche den Erfolg der Moderne ausmachten. Der Grundsatz der Machbarkeit soll noch die Nachteile der Machbarkeit beseitigen. Man vertraut darauf, daß Wissenschaft und Technik auch die Probleme noch bewältigen können, die sie selbst hervorgebracht haben. Das Problem der Endlagerung radioaktiven Materials, so die Hoffnung, wird in einigen Jahren von Wissenschaft und Technik gelöst sein. Dies gilt im gleichen Maß für das Waldsterben, die Reaktorsicherheit, den Hunger in der Dritten Welt, den Krebs, Aids, die Verseuchung von Wasser, Luft und Erde, die Erschöpfung der natürlichen Rohstoffe – kein Problem gebe es, das sich nicht von Wissenschaft und Technik lösen ließe, man müsse nur beharrlich forschen, und man dürfe nichts Unmögliches erwarten. Man dürfe nicht das Absolute fordern, sondern müsse sich mit Annäherungen zufriedengeben. Der Standpunkt des »Alles oder Nichts« sei zu vermeiden, statt dessen gelte es, eine Politik der kleinen Schritte zu verfolgen.

Wir müssen einsehen, daß die Arbeit, wie sie die Neuzeit erfunden hat, unsere Probleme vergrößert. Es ist ein grandioses Mißverständnis, Arbeitslosigkeit als »Anschlag auf die körperliche und seelisch-geistige Integrität, auf die Unversehrtheit der davon betroffenen Menschen« zu deuten, wie Oskar Negt. Welche Verkehrung im Selbst- und Weltverständnis hat stattgefunden, daß diese Einschätzung wohl von den meisten geteilt wird? Der Mensch nämlich, das ist die Voraussetzung von solch unüberlegten Forderungen, beginnt erst mit der Arbeit, und deshalb muß, wer die Arbeitslosen und Frauen zu Menschen machen möchte, sie in die Erwerbsarbeit eingliedern. Nicht aber die Arbeitslosigkeit ist das Unglück, sondern erst einmal die Arbeit selbst. Deshalb ist es ein Hoffnungsschimmer, daß wir, gemessen an der vorhandenen und erforderlichen Arbeit, zu viele Arbeitsfähige und -willige haben. Das Problem der Arbeitslosigkeit ist nicht die mangelnde Arbeit, sondern die Verteilung des erwirtschafteten Reichtums. Die Forderung darf deshalb nicht lauten »Arbeit für alle«, sondern »gerechte Verteilung des erwirtschafteten Reichtums«.

Karl Marx scheint geahnt zu haben, daß nicht die Arbeit das Glück des Menschen ist. Am Ende des dritten Bandes des *Kapitals* schreibt er: »Das Reich der Freiheit beginnt in der Tat erst da, wo das Arbeiten, das durch Not und äußere Zweckmäßigkeit bestimmt ist, aufhört; es liegt also der Natur der Sache nach jenseits der Sphäre der eigentlich materiellen Produktion.« Sehr bescheiden fügt er noch hinzu: »Die Verkürzung des Arbeitstages ist die Grundbedingung.« Hans Jonas hat nun zu Recht darauf aufmerksam gemacht, daß der Grundirrtum der Marxschen Konzeption die Vorstellung ist, daß das »Reich der Freiheit« jenseits der Notwendigkeit liege. Mit guten Gründen verspottet er die These von Ernst Bloch, daß die Hobbys von heute das Modell einer Arbeit jenseits der Notwendigkeit darstellen könnten. Das Ganztagshobby wäre in der Tat ein Selbstwiderspruch, entbehrte als Scheinarbeit des Ernstes und führte womöglich zu »amtlichen Seelsorgern«, welche die Hobbys verteilten und die aus ihnen resultierende Lust überwachten. Freiheit und Notwendigkeit, so meint er statt dessen, müssen zusammengedacht und praktiziert werden.

Richtig, menschenwürdiges Tun ist im Schlaraffenland schwer vorstellbar. Dies zugegeben, hat Jonas aber doch den entscheidenden Punkt übersehen. Heute kommt es darauf an, menschliche Tätigkeit erstens nicht nur als Erwerbsarbeit zu verstehen, zweitens den Menschen nicht erst beginnen zu lassen, wenn er Lohnarbeit verrichtet, und drittens jegliche menschliche Tätigkeit zurückzubinden an den Leib. Dann erst wäre die von Jonas eingeklagte Einheit von Freiheit und Notwendigkeit, unser Erbteil seit Adams und Evas Vertreibung, hergestellt und die Würde des Menschen gewahrt.

Vielleicht kam die Arbeitslosigkeit gerade noch zur rechten Zeit. Nur vordergründig ist sie das Ergebnis wirtschaftlicher Umstrukturierung und zu hoher Lohnkosten. Die Arbeit nimmt denselben Gang wie die neuzeitliche Vernunft, die sie erfunden hat. Wie sich diese auflöst, so auch die Arbeit. In der Arbeitslosigkeit zerstört sich die Arbeit selbst, wie sich in der Beliebigkeit die Vernunft zerstört. Beide Bewegungen sind notwendig aus sich selbst heraus, völlig unabhängig von sozio-ökonomischen Bedingungen. Man muß umgekehrt urteilen: In der Selbstbewegung der aufklärerischen Vernunft zerstören sich Vernunft und Arbeit selbst und produzieren damit die tatsächlichen sozio-ökonomischen Gegebenheiten.

Ob wir wollen oder nicht: Die Eigenbewegung der Arbeit wird uns zum Umdenken zwingen. Mit der aufklärerischen Vernunft löst sich auch die neuzeitliche Arbeit auf. Wie jene, so wird auch diese reflexiv. Ihre Reflexivität liegt in ihrer Struktur als Subjekt-Objekt-Produktion, wie Hegel und Marx gesehen haben. Die strukturelle Reflexivität der Arbeit führte indessen zur Reflexivität der gesamten Ökonomie. Dies zeigt sich in den Kapitalgesellschaften, beispielhaft in der GmbH & Co. KG. Bei einer Kommanditgesellschaft (KG) haftet ein Gesellschafter (der »Komplementär«) persönlich, also nicht nur mit seinem Kapitaleinsatz, sondern seinem gesamten Vermögen. Die GmbH & Co. KG. ist nun eine KG, bei der eine Gesellschaft mit beschränkter Haftung (GmbH) der einzige Komplementär ist. Die persönliche Haftung ist also dadurch völlig aufgehoben, daß an die Stelle einer Person eine Gesellschaftsform, eine »juristische Person« tritt: Die GmbH haftet

für die Verbindlichkeiten der KG. Die Selbstbezüglichkeit der

Ökonomie zeigt sich weiter in Firmenzusammenschlüssen, im Kartell, dem Konzern, dem Trust. Messerschmitt-Bölkow-Blohm und Mercedes fusionierten trotz des Einspruchs der Kartell-Behörde im Spätsommer '89. Die Ökonomie wird insofern reflexiv, als sich die einzelnen Unternehmungen in Produktion, Vertrieb, Rohstoffbeschaffung und Preisgestaltung nur noch mit sich selbst auseinandersetzen müssen. Die Selbstbezüglichkeit ist inzwischen aber auch in der Produktion zu beobachten. Die Industrie nämlich stellt nicht nur Produkte her, sondern beseitigt sie auch wieder. Die Nuklearwirtschaft hat das ökonomische Perpetuum mobile erfunden. Versorger und Entsorger sind dieselben, selbstgenügsam wird der Nuklearmüll mit großem Gewinn hin- und hertransportiert. Inzwischen begann auch die einträgliche Epoche der Verschrottung ausgedienter Kernkraftwerke. Weltweit, so berichtete die »Zeit« im April '89, sind über fünfzig Kernreaktoren stillgelegt; das segensreiche Werk ihrer Demontage läuft an. Andere Branchen haben längst nachgezogen: der Personenschutz, die Hersteller von Luftfiltern, die Deponieerbauer, die Produzenten von Sicherheitsgurten. Die Selbstbezüglichkeit der Industrie ist perfekt, das Rad läuft von alleine; es besteht keine Gefahr, daß der Müll ausgeht.

Selbstbezüglichkeit ist der Beginn des Untergangs. Mit der aufklärerischen Vernunft verschwindet auch die neuzeitliche Arbeit. Als die Krise der Vernunft nicht nur von Philosophen diagnostiziert, sondern erstmals auch ins allgemeine Bewußtsein drang, nämlich in den zwanziger Jahren dieses Jahrhunderts, war dies zugleich die Zeit der ersten großen Arbeitslosigkeit. Zu anderen Zeiten und in anderen Kulturen gab es zwar Hungersnöte, aber keine Arbeitslosigkeit; sie ist eine Erfindung der Neuzeit. Der erste Höhepunkt ihrer Krise fiel mit dem ersten Höhepunkt der Arbeitslosigkeit in der Weimarer Republik zeitlich und sachlich zusammen. Während wir inzwischen den Verfall der Vernunft als Pluralismus zum Programm erhoben haben, gelingt es uns nicht, die Arbeitslosigkeit in unser Selbstverständnis aufzunehmen. Unbeirrt halten wir an **293** der Arbeit fest. Nicht nur Psychiater sind der Auffassung, daß »Arbeitstherapien« zur geistigen Gesundung beitrügen. Und so sitzen psychisch Kranke in kargen Räumen um einen häßlichen Tisch herum und flechten Körbe. Dies ist die westliche Variante der östlichen Arbeitslager. Wir bekämpfen nach wie vor die Arbeitslosigkeit, lassen uns Arbeitsbeschaffungsmaßnahmen einfallen, wir zahlen sogar Subventionen für die Produktion von Waren, die keiner braucht, schulen arbeitslose Schlosser zu arbeitslosen Bürokräften um. Offensichtlicher kann der Zusammenfall der Auflösung von Vernunft und Arbeit nicht werden. Wir müssen umdenken, und wenn wir es nicht tun, werden wir dazu gezwungen.

Wir stehen an der Schwelle zu einem neuen Selbst- und Weltverständnis. Die Gegenwart ist eine Umbruchzeit, in der einerseits das moderne Selbst- und Weltverständnis noch ungebrochen vorherrscht, in der andererseits dieses Verständnis nicht mehr von allen geteilt wird, ohne daß es gelungen wäre, ein tatsächlich neues zu finden. Was sich heute als »neu« und »alternativ« ausgibt, ist in Wahrheit entweder Aufguß, der Versuch der Wiederbelebung historisch vergangener Denk-, Handlungs- und Verhaltensmuster, oder aber der vergebliche Versuch, Versatzstücke aus anderen Kulturen und Zeiten ins Europa des ausgehenden 20. Jahrhunderts zu verpflanzen. Wir können aber unsere Vergangenheit nicht ungeschehen machen, unsere Tradition steht nicht zur Disposition, wir entkommen ihr nicht. Europa muß den Gang der Vernunft hinnehmen, muß den Weg der Moderne zu Ende gehen. Wir müssen unser Schicksal annehmen: nämlich die Auflösung der Epoche der Aufklärung.

Der Mensch gründet in einem Grund, den er nicht begreift, er lebt ein Schicksal, das er nicht kennt, er handelt in einer Welt, die er nicht steuern kann. Die Welt ist älter als der Mensch, das Ereignis umfassender als das Individuum, das Schicksal ist dem Menschen trotz der Notwendigkeit seines Handelns vorgängig. Nicht der Mensch ist Herr der Welt, vielmehr ist die Welt der Herr des Menschen. Er kann nur reagieren. Wir schaudern, wenn wir unsere Nichtigkeit fühlen. Die Welt ist da, nichts weiter. Alle Rechtfertigungsversuche sind hinfällig; sie wären Kategorienverwechslungen. Die Welt kümmert sich nicht um den Menschen. Dafür kümmert sich der Mensch sehr viel mehr um die Welt. Sie ist ja wirklich nicht die beste, die wir uns denken können, und nur unser Handeln hat uns vorange-bracht. Wo stünde der Mensch, hätte er nicht gearbeitet, hätte er keine Revolutionen gemacht, hätte er nicht aufbegehrt ge-gen die Zwänge der Natur und der Gesellschaft? Die Freiheit von Not und Gewalt ist teuer erkauft, die Geschichtsbücher sind voll der Heldentaten mutiger Frauen und Männer; daran erinnert Jürgen Habermas in seinem Essay-Band *Die neue Unübersichtlichkeit*. Nicht sein Wesen, aber seinen ökonomi-schen, politischen, wissenschaftlichen, technischen und medi-zinischen Erfolg verdankt der Mensch seinem Denken und seiner Hände Werk; die Kultur ist Menschprodukt – mitsamt den Fehlschlägen, die gering sind, gemessen am zivilisatori-schen Gewinn. Aus der Krise der Gegenwart, so zeigt die Menschheitsgeschichte, kann man sich nur handelnd befreien. Das Handeln widerspricht dem Schicksalsgedanken nicht, wenn Schicksal verstanden wird wie von Hagen und Hilde-brand. Handelnd nehmen wir unser Schicksal auf uns und stellen es dadurch her. Solches Handeln ist eingebunden in eine Ordnung, von der der Handelnde weiß, daß er sie weder begrei-fen noch ändern kann. So läßt sich das Schicksal annehmen, ohne es weinerlich zu beklagen oder in vergeblichem Berser-kertum zu berennen. Wer im und als Schicksal handelt, der muß die Beliebigkeit in der Endphase der Aufklärung auch nicht beschönigend als »Pluralismus« umschreiben; er hält den Untergang der Kultur der Aufklärung aus. Wer im und als Schicksal handelt, der steht auch nicht in der Gefahr, einem neuen Tugendterror zu verfallen; er vermag das Ende der Neuzeit zu leben.

Noch im Machbarkeitswahn befangen, meinen wir, das irdi-sche Glück erzwingen zu müssen. Statt dessen aber heißt es, die eingeschlagene Richtung weiterzuverfolgen, wir können **295** gar nicht anders, wir müssen unser Schicksal annehmen. Wir sind zum »Homo creator« geworden, und deshalb müssen wir auch wie Gott sein. Gott ist zwecklos, sein Handeln geschieht jenseits von Sinn, Nutzen und Verwertbarkeit. So müssen auch wir lernen zu handeln. Es wäre von keinem Zweck geleitet, wäre nicht Mittel, sondern Zweck in sich. Wir müssen lernen, Handlungen um ihrer selbst willen zu tun. Die gute Handlung braucht keinen Zweck. Die Nutzenorientierung wäre ausgeschaltet, die Dinge gerieten nicht länger als nur verfügbare und verwertbare Objekte in den Blick. Die vernutze Welt, in der die Berge, Meere und Landschaften allein schon vom vielen Fotografieren abgeschabt sind, erhielte ihre Erhabenheit zurück.

Solches Handeln ist keine Arbeit. Der Arbeitende ist umgetrieben von seinen Motiven, von seinen Absichten, seinen Nöten und Zwecken; die Arbeitswut und die Veränderungssucht reiben ihn auf. Nie kommt er zur Ruhe. Hechelnd läuft er seinen Begierden hinterher, und die Erfüllung weckt nur den nächsten Wunsch. In der Arbeit will die Neuzeit dem Schicksal entgehen, das sie gerade dadurch produziert.

Zweckrationales Denken und nutzenorientierte Arbeit beendeten die Hungersnöte auf der nördlichen Halbkugel der Erde. Sie haben uns aber auch die Probleme beschert, die uns heute bedrängen. Wie der Fortschritt von der theologisch gegängelten zur autonomen Vernunft der Neuzeit diese in die Selbstauflösung trieb, so könnte auch die Arbeit, die uns den Fortschritt brachte, diesen zurücknehmen. Vielleicht leben wir in einer Zeit, in der wir besser innehielten.

Wir müssen einsehen, daß die Arbeit, wie sie die Neuzeit erfunden hat, unsere Probleme vergrößert. Heute kommt es darauf an, das Erreichte zu sichern, das im Handlungszwang, der Arbeitswut und Verbesserungsmanie aufs Spiel gesetzt wird. Im Wissen um die Unabwendbarkeit des Gangs der autonomen Vernunft, um das Ende der Epoche der neuzeitlichen Aufklärung kann man sich Besinnung leisten. In der Atem-
pause, die wir noch haben, kann sie allein die geistigen und

materiellen Folgen des Zusammenbruchs begrenzen. Die Kontemplation, das Innehalten ist der Luxus, den wir uns leisten müssen, wollen wir nicht verzweifeln, das Ende beschleunigen und fast unerträglich machen.

Besinnung tut heute not. Wir brauchen ein neues Selbst- und Weltverständnis. Aristoteles galt das »theoretische Leben«, die kontemplative Lebensform, als die höchste Vollendung, derer der Mensch fähig ist und die ihn den Göttern gleichstellt, die allerdings vom Menschen nur kurzfristig erreicht werden kann. Die wirkliche Parallelisierung von Leben und Denken will uns heute nicht einmal mehr für kurze Zeit gelingen. Vor dem Fernsehapparat wird die Kontemplation zum Voyeurismus, im Büro gerät uns das Leben zur Plackerei, und in der Freizeit verkommt das Leben zum Jux. Was an Denken übrigbleibt, ist zweckrationale Kalkulation der Effektivität von Handlungen. Wir müssen eine Denk-Pause einlegen, müssen uns erinnern, daß es ein Denken gibt, das um seiner selbst willen geschieht.

Wer während der Denk-Pause durch Kaufhof oder Karstadt schlendert, wird mit Sokrates bemerken, wie viele Dinge es gibt, derer er nicht bedarf. Auch ein Blick in einen Neckermann-Katalog klärt darüber auf. Und wer einmal mit Besinnung »Die Montagsmaler« oder »Dingsda« angesehen hat, wird erleichtert feststellen, wieviel Zeit er künftig am Abend haben wird. Nur die völlige Bewußtlosigkeit kann jemanden dazu treiben, seine 200-Sinus-Watt-HiFi-Anlage um weitere 100 Watt zu steigern, sich zur Saison ein neues Surfbrett zu erstehen oder sein Auto mit Rallyestreifen zu bekleben. Besinnung tut not. Ein Denken, das nicht nur bis zur nächsten Wahl, dem folgenden Geschäftsbericht, dem kommenden Urlaub reicht. Besinnung ist ein Denken, das nicht alles auf ein Ziel, einen Zweck, einen Sinn hin untersucht.

Nur Kontemplation macht frei, frei von der beschämenden Einschnürung durch Zwecke, vor der Adam und Eva erschraken. Sie macht uns offen, auch das annehmen zu können, was wir nicht verstehen, das zu akzeptieren, was sich nicht verwerten läßt, das auszuhalten, was unser Selbstverständnis kränkt: unsere Hilflosigkeit angesichts des Waltens der Vernunft. Solches Denken macht aber nicht nur uns frei, sondern entläßt auch die Dinge aus dem Zwang, den wir ihnen in ihrer Bearbeitung auferlegen, die wir uns anpassen, auf unser Denken nivellieren, auf unser Maß reduzieren und dabei zerstören. Wollte man die Behauptungen von Schiller bis Marx ernst nehmen, daß sich der Mensch im Produkt seiner Arbeit widergespiegelt findet, dann schaute er in eine Fratze.

Wir müssen lernen zu handeln, obwohl wir wissen, daß wir ein Ziel letztlich nicht erreichen, daß unser Tun keinen Sinn hat. Wir müssen lernen zu handeln, ohne auf Zwecke zu schielen. Wir müssen lernen zu handeln jenseits von Arbeit und Sinn. Heute müssen wir handeln, obwohl das Ende der Aufklärung unaufhaltsam ist. Aufhaltsam aber ist, jedenfalls mittelfristig, das Ende der Welt. Wenn die Aufklärung zugrunde gegangen ist, erlischt mit ihr die autonome Vernunft, nicht die Vernunft schlechthin. Die Vernunft wird nicht untergehen, aber sie wird nicht mehr autonom sein, auch nicht mehr kosmisch oder transzendent gebunden. Wie aber wird sie sein?

Das neue Selbst- und Weltverständnis, das diese Einsichten gewonnen hat, lebt das Leben nicht nur, sondern macht es zugleich zum Gegenstand der Betrachtung. Das Subjekt sieht sich auf der Bühne der Welt zu, während es zugleich agiert. Es erlebt seine Niederlagen und Siege, seine Tränen, sein Unglück, seinen Schmerz und seine Lust, seine Freude, sein Lachen. Es empfindet all dies und sieht es zugleich: seine Ängste und Hoffnungen, sein Glück und sein Leid. Der Mensch lebt auf der Objekt- und Metaebene zugleich. Er ist Objekt und Subjekt seiner selbst, steht mitten im Geschehen und geht gleichzeitig auf Distanz. Er spielt Klavier, hört die Melodie und rekonstruiert die Partitur. Aber er weiß: Es gibt keinen Komponisten.

LITERATURHINWEISE

Um dieses Buch zu schreiben, mußte ich viel lesen, und ich verdanke der Lektüre so viel, daß ich es im einzelnen gar nicht sagen kann. Auf die Dokumentation meiner Auseinandersetzung mit der Literatur habe ich verzichtet, weil ich weder Belesenheit beweisen noch akademische Gefechte austragen will. Die Veröffentlichungen, auf die ich mich beziehe, sind, nach Problembereichen geordnet, in den folgenden Literaturhinweisen angegeben.

Geschichte

Arasse, Daniel: Die Guillotine. Die Macht der Maschine und das Schauspiel der Gerechtigkeit. Reinbek bei Hamburg 1988

Dux, Günter: Die Logik der Weltbilder. Frankfurt (Main) 1982

Geiss, Immanuel: Geschichte griffbereit. Band 6: Epochen. Die universale Dimension der Weltgeschichte. Reinbek bei Hamburg 1979

Hegel, Georg Wilhelm Friedrich: Phänomenologie des Geistes. Hamburg 1958

ders.: Philosophie der Geschichte. In: Werke in zwanzig Bänden. Hrsg. von Eva Moldenhauer und Karl Markus Michel. Band 12. Frankfurt (Main) 1970

König, Marie E. P.: Am Anfang der Kultur. Berlin 1973

Koselleck, Reinhart: Vergangene Zukunft. Frankfurt 1979

Lautemann, W., und Schlenke, M. (Hrsg.): Geschichte in Quellen. Amerikanische und Französische Revolution. München 1981

Neue Anthropologie. Hrsg. v. Hans-Georg Gadamer und Paul Vogler. Band 4: Kulturanthropologie. Stuttgart 1973

Schulin, Ernst (Hrsg.): Universalgeschichte. Köln 1974

Spengler, Oswald: Der Untergang des Abendlandes. München 1972

Vogt, Josef: Wege zum historischen Universum. Stuttgart 1961

Krise

Die neueren Zahlenangaben, Fakten und statistischen Erhebungen sind den Agenturmeldungen (vor allem ap und dpa), dem »Spiegel«, der »Zeit« und der Tagespresse der Jahre 1987 bis 1989 entnommen.

v. Ditfurth, Hoimar: So laßt uns denn ein Apfelbäumchen pflanzen. Es ist soweit. Hamburg 1985

Global 2000. Frankfurt (Main) 1980

Koestler, Arthur: Der Mensch – Irrläufer der Evolution. München 1978

Krämer, Walter: Die Krankheit des Gesundheitswesens. Die Fortschrittsfalle der modernen Medizin. Frankfurt (Main) 1989

Lahl, Uwe, und Zeschmar, Barbara: Wie krank ist unser Wasser?. Freiburg 1981

Nach dem Atomschlag. Frankfurt (Main) 1984

Schell, Jonathan: Das Schicksal der Erde. München 1982

Schönwiese, Christian-Dietrich, und Diekmann, Bernd: Der Treibhauseffekt. Reinbek bei Hamburg 1989

Schütt, Peter u. a.: Der Wald stirbt am Streß. München 1984

Zur Lage der Welt 89/90. Worldwatch Institute Report. Frankfurt (Main) 1989

Kunst

Gehlen, Arnold: Zeit-Bilder. 3. Auflage. Frankfurt (Main) 1986

Hauser, Arnold: Sozialgeschichte der Kunst und Literatur. München 1969

Haftmann, Werner: Malerei im 20. Jahrhundert. 2 Bände. München 1965

Hofmann, Werner: Grundlagen der modernen Kunst. Stuttgart 1966

Sedlmayr, Hans: Verlust der Mitte. 4. Auflage. Salzburg 1951

Moderne/Postmoderne

Anders, Günther: Die Antiquiertheit des Menschen. 2 Bände. München 1987

Beck, Ulrich: Risikogesellschaft. Frankfurt (Main) 1986

Bell, Daniel: Die nachindustrielle Gesellschaft. Reinbek bei Hamburg 1979

ders.: Die Zukunft der westlichen Welt. Reinbek bei Hamburg 1979

Blumenberg, Hans: Die Legitimität der Neuzeit. Frankfurt (Main) 1966

Elias, Norbert: Über den Prozeß der Zivilisation. 2 Bände. Frankfurt (Main) 1976

Gehlen, Arnold: Urmensch und Spätkultur. Frankfurt 1964

ders.: Moral und Hypermoral. Frankfurt (Main) 1973

Habermas, Jürgen: Der philosophische Diskurs der Moderne. Frankfurt (Main) 1985

ders.: Die Neue Unübersichtlichkeit. Frankfurt (Main) 1985

Horstmann, Ulrich: Das Untier. Wien und Berlin 1983

Luhmann, Niklas: Soziale Systeme. Frankfurt (Main) 1984

Lyotard, Jean-François: Das postmoderne Wissen. Wien 1986

Marquard, Odo: Abschied vom Prinzipiellen. Stuttgart 1981

ders.: Apologie des Zufälligen. Stuttgart 1986

Meyer, Thomas: Fundamentalismus. Aufstand gegen die Moderne. Reinbek bei Hamburg 1989

Münch, Richard: Die Struktur der Moderne. Frankfurt (Main) 1984

Postman, Neil: Das Verschwinden der Kindheit. Frankfurt (Main) 1983

ders.: Wir amüsieren uns zu Tode. Frankfurt (Main) 1987

Weber, Max: Wirtschaft und Gesellschaft. Tübingen 1976

Wellmer, Albrecht: Zur Dialektik von Moderne und Postmoderne. Frankfurt (Main) 1985

Welsch, Wolfgang: Unsere postmoderne Moderne. Weinheim 1988

Philosophie

Albert, Hans: Traktat über kritische Vernunft. Tübingen 1968
Jonas, Hans: Das Prinzip Verantwortung. Frankfurt 1984
Landgrebe, Ludwig: Philosophie der Gegenwart. Frankfurt und Berlin 1961
Löwith, Karl: Weltgeschichte und Heilsgeschehen. Stuttgart, Berlin, Köln und Mainz 1953
Schulz, Walter: Philosophie in der veränderten Welt. Pfullingen 1972
Stegmüller: Hauptströmungen der Gegenwartsphilosophie. 2 Bände. Stuttgart 1965 ff.
Topitsch, Ernst: Vom Ursprung und Ende der Metaphysik. Wien 1958

Physik

Einstein, Albert: Über die spezielle und die allgemeine Relativitätstheorie. Braunschweig 1979
Heisenberg, Werner: Der Teil und das Ganze. München 1973
ders.: Physik und Philosophie. Frankfurt und Berlin 1959
Höfling, Oskar, und Waloschek, Pedro: Die Welt der kleinsten Teilchen. Reinbek bei Hamburg 1984
Lohrmann, E.: Einführung in die Elementarteilchenphysik. Stuttgart 1983
Sexl, R.: Was die Welt zusammenhält. Stuttgart 1982
Weinberg, Steven: Die ersten drei Minuten. Der Ursprung des Universums. München 1977

Vernunft/Unvernunft/Mythos

Blumenberg, Hans: Arbeit am Mythos. Frankfurt (Main) 1979
Böhme, Hartmut, und Böhme, Gernot: Das Andere der Vernunft. Frankfurt (Main) 1983
Bohrer, Karl Heinz (Hrsg.): Mythos und Moderne. Frankfurt (Main) 1983
Duerr, Hans Peter (Hrsg.): Der Wissenschaftler und das Irrationale. 2 Bände. Frankfurt (Main) 1981
Foucault, Michel: Wahnsinn und Gesellschaft. Frankfurt 1978

Frank, Manfred: Der kommende Gott. Frankfurt (Main) 1982
Hübner, Kurt: Die Wahrheit des Mythos. München 1983
Lukács, Georg: Die Zerstörung der Vernunft. 3 Bände. Darmstadt und Neuwied 1962 ff.
Poser, Hans (Hrsg.): Wandel des Vernunftbegriffs. Freiburg und München 1981
Schnädelbach, Herbert: Vernunft und Geschichte. Frankfurt (Main) 1983
Sloterdijk, Peter: Kritik der zynischen Vernunft. Frankfurt (Main) 1983

ÜBER DEN AUTOR

Wulff D. Rehfus, geb. 1944 in
Zwettl (Österreich). Studium der Philosophie, Germanistik,
Kunstgeschichte und Pädagogik. Zunächst Studienrat, dann
Fachleiter für Philosophie am Studienseminar Düsseldorf. Seit
1982 Lehrauftrag am Philosophischen Institut der Universität
Düsseldorf. Zahlreiche Buch- und Aufsatzveröffentlichungen
zu den Themen Ästhetik und Philosophiedidaktik.